現代中国の就労・自立支援教育

都市コミュニティにおける労働・福祉と成人教育

肖 蘭 著

北海道大学出版会

北海道大学は，学術的価値が高く，かつ，独創的な著作
物の刊行を促進し，学術研究成果の社会への還元及び学術
の国際交流の推進に資するため，ここに「北海道大学刊行
助成」による著作物を刊行することとした。
　2009 年 9 月

目　　次

序　章　労働と教育の研究的課題 …………………………………………… 1

　第1節　本書の背景と目的　1
　　1.　現代中国の失業問題　1
　　2.　成人教育の視点から見た失業問題　2
　　3.　本書における「社区」と「社区教育」　3
　　4.　本書における成人教育と社区教育　4
　　5.　本書の目的　7

　第2節　先行研究の検討　8
　　1.　経済学・社会学研究　8
　　2.　職業教育・職業訓練の研究　9
　　3.　成人教育と社区教育の研究　10
　　4.　日本の社会教育研究　13
　　5.　本書の学術的意義　15

　第3節　研究課題と方法　17
　　1.　研　究　課　題　17
　　2.　研　究　方　法　18
　　3.　本書の構成　20

第1章　「脱国有化」から見る再就職支援と成人教育 …………… 27

　第1節　「脱国有化」と失業問題の出現　28
　　1.1.1　建国初期の失業問題と国有企業の雇用システム　29
　　1.1.2　雇用システムの変革とレイオフ労働者の出現　32

　第2節　中国における成人教育の変容　34
　　1.2.1　成人教育制度の定着　34
　　1.2.2　国有企業改革に伴うレイオフと成人教育の変容　35
　　1.2.3　社区コミュニティの形成に伴う再就職支援と成人教育　37

　第3節　成人教育概念の批判的検討　41

ii

第2章　レイオフ労働者の再就職訓練と成人教育
――旧工業地帯の事例を通して―― ……………… 47

第1節　レイオフ労働者の実態　48

第2節　旧工業地帯における失業の実態と再就職訓練の実施体制　54

2.2.1　旧工業地帯の失業実態　54

2.2.2　ハルビン市における再就職訓練の実施体制　56

第3節　当事者による再就職訓練の評価　61

2.3.1　支援者側から見た再就職訓練の困難　63

2.3.2　被支援者から見た再就職訓練の評価　67

小　　結　74

第3章　上海市における社区教育の展開と
失業問題への対応……………………………… 79

第1節　社区教育の展開過程　80

第2節　上海市における社区教育の環境整備と教育内容　85

3.2.1　社 区 学 院　85

3.2.2　社 区 学 校　88

3.2.3　住民教育拠点　93

3.2.4　住民の学習ニーズから見る社区教育の課題　93

第3節　上海市の社区における就労支援の実態　96
――楊浦区D街道を事例に――

3.3.1　社区教育による就労支援　97

3.3.2　労働部門による就労支援　100

小　　結　101

第4章　出稼ぎ労働者の主体的な学習と社区教育……………… 107

第1節　出稼ぎ労働者と都市市民の新たな二重構造　109

第2節　出稼ぎ労働者の職業訓練　112

4.2.1　企業による企業内訓練　112

4.2.2　国家支援制度下の公共職業訓練　115

第3節　出稼ぎ労働者のための社区教育　118

4.3.1　L社区の概要と出稼ぎ労働者のための教育実態　118

4.3.2　自治組織の形成と住民の意識変化　123

小　　結　129

iii

第5章　農漁村地域の産業転換に伴う就労支援と社区教育········ 135

第1節　寧波市における「失土農民」への就労支援活動　137

5.1.1　海曙区 W 街道における社区教育と就労支援　137

5.1.2　考　察　142

第2節　離島地域の産業転換に伴う漁民への転業支援　144

5.2.1　舟山市の社区教育の環境整備　146

5.2.2　沈家門街道における社区教育の概要と社区学院の取り組み　149

5.2.3　考　察　157

小　　結　158

第6章　障がい者の自立支援と社区教育の役割 ····························· 161

第1節　障がい者の特殊教育制度の変容と社区教育の登場　163

6.1.1　義務教育の普及　163

6.1.2　職業教育の実施　165

6.1.3　社区教育の開始　167

第2節　上海市の知的障がい者の就労支援活動　169
　　　　──「陽光の家」の事例を通して──

6.2.1　徐匯区「陽光の家」の取り組み　169

6.2.2　黄浦区 H 街道「陽光の家」の取り組み　172

6.2.3　黄浦区「陽光職業リハビリ支援センター」の取り組み　177

第3節　「労働・教育・福祉」を融合する成人教育の意味と可能性　181

小　　結　183

第7章　香港の社区における青少年の就労・自立支援················ 189

第1節　香港における青少年問題　192

7.1.1　青少年犯罪　192

7.1.2　就　労　問　題　193

7.1.3　移　民　問　題　194

第2節　香港の成人教育と非政府組織の役割　196

7.2.1　香港の社会政策　197

7.2.2　香港の成人教育　199

第3節　非政府組織を主体とする青少年支援事業　204
　　　　──ソーシャル・ワーカーに着目して──

7.3.1　長洲島の若者問題　206

7.3.2　明愛長洲青少年総合サービスセンターの取り組み　　208

　　小　　結　216

終　章　就労・自立支援教育の多様性と
　　　　成人教育概念の再提起……………………………………221

　第1節　失業問題の複雑化と多様な教育的実践　　221

　第2節　就労・自立支援教育の実態モデル　　230

　第3節　現代成人教育概念の再構築　　235

　主要参考文献　　239

　あとがき　　253

　索　　引　259

中国全土地図

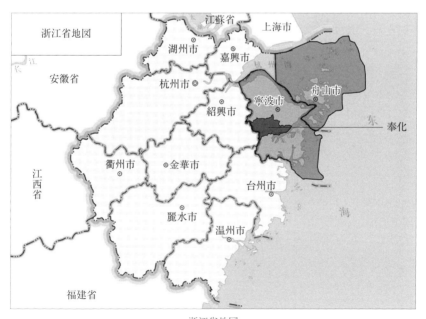

浙江省地図

序　章　労働と教育の研究的課題

第1節　本書の背景と目的

1. 現代中国の失業問題

　中国では改革・開放政策が実施されて以来，市場経済への転換に伴い，著しい経済成長を遂げた反面，富裕と貧困の両極化が広がる格差社会が形成され，様々な社会問題も引き起こされている。この流れのなかで失業問題が発生し，激しい勢いで顕在化した。

　1990年代以降，国有企業のレイオフ労働者[1]をはじめ，農村から都市への出稼ぎ労働者[2]，都市化に伴って従来の生活手段を失った農民や漁民，結婚に伴って都市部に移住した農村出身の女性，大学入学者の急増によって生まれた大卒無業者など，様々な形態で就労困難者が出現している。これらの人たちのための支援対策の構築が求められている。また，現代の社会変化に伴って新たに現れてきた失業グループのほか，障がいを持つ人など従来から就労に不利な立場にいる人たちの自立を支援するためには，地域社会における各種サービスの拡充に伴い新しい対応の施策も必要となってきた。

　こうした現代の社会状況を踏まえ，本書は就労困難者に対する就労・自立支援をテーマに取り上げ，主として教育学の立場から，彼らに対する教育的支援の実態と課題を明らかにする。この場合の就労困難者とは，一般的に理解されている失業者より広義のものとし，「不安定な仕事に就きながら，よりマシな働き口を求めつづける」者たち，いわゆる「半失業者」も含めるも

のとする[3]。また，教育的支援とは，短期の職業技能訓練に代表されるような，当事者の職業能力の開発や主体性の形成に役に立つと思われる様々な教育活動である。

2. 成人教育の視点から見た失業問題

中国ではこれまで国民の労働に関わる教育は主に成人教育領域において論じられてきた。それにもかかわらず，労働者の失業が増えつつあるなか，そうした問題にいかに成人教育の立場から対応すべきかについては検討されてこなかった。また，近年の都市部の成人教育のなかで生起した新たな教育実践「社区教育」に関する研究が成長の兆しを見せており，都市部の住民の学習を積極的に研究課題として位置づけてきているが，肝心の経済的な生活課題としての就労・自立支援が検討の重点に置かれることはなかった。

一方で，実践の場面においては，現代社会における深刻化，複雑化しつつある失業問題に対応するために，様々な工夫がなされている。それらは，労働部門が主体となって各種の職業訓練施設を活用して失業者に行う職業技能訓練が挙げられるほか，近年の地域コミュニティ「社区」の基盤整備に伴い，コミュニティに根ざした就労・自立支援の実践もなされている。例えば，地域の失業者の実態を把握するために，調査員を配置して家庭訪問をし，失業者の現状とニーズについて統計調査を行ったり，それに基づいて社区学院や社区学校等の社区教育施設が失業者に職業技能訓練を実施したりしている。本書は，こうした実践的動向を踏まえた上で，特に「社区教育」に着目して，それを通じた就労・自立支援システムの現状と課題について検討を進めていく。

失業・貧困問題がクローズアップされる現代社会において，教育学研究と社会問題との関連性は必ずしも明確であるとは言えない。しかし，本書をはじめとした実態解明の蓄積によって，いかなる方法と体制によって問題状況が対応され，また当事者の主体性が形成・育成されているのかを把握することで，失業増加という社会的リスクへの対応の糸口を見出す可能性があると考える。

3. 本書における「社区」と「社区教育」

まず,「社区」とは何かについて説明しておきたい。「社区」は,英語のCommunity の訳語である。「一定の地域に集住する人々からなる社会生活共同体であり,政治・経済・文化等の各種活動に従事する人々から構成される区域的,社会的実体である」と定義される[4]。「生活共同体」における生活関連の緊密度などについて未だ検討の余地があるが,「区域的,社会的実体」に関しては,端的に言えば,中国の「市—区—街道—社区」というふうに上から下へ形成される行政区画単位の基礎と理解できる。「社区」と言えば,行政の末端組織としての社区居民委員会や社区事務所を指す場合もあるが,本書では住民の所属区域を規定する街路から形成される地域社会の単位として用いる。

では,「社区」の名に基づいた「社区教育」とは何だろうか。それは規定された区域内で行われる教育のことだろうか。葉は次のように定義している。

> 社区教育とは,社区という範囲のなかで,社区のなかのすべての住民を対象に,民衆の利益とコミュニティ発展のニーズに結びつき,社区の建設と発展,社会問題の解消,及び社区構成員と彼らの生活の質の向上を目的とする教育活動の総合体である[5]。

上記の定義から読み取れるのは,社区教育には3つの機能があるということである。1つは,その元来の教育的機能であり,つまり教育を通じて社区住民自身の資質の向上と彼らの生涯発達と自己形成を促す機能である。また,2つの派生機能がある。それぞれ,教育を通じて社区住民の生活の質の向上を促すこと,及び社区そのものの発展を促すことである。第1の社区教育の元来的な機能は,個々人の自己形成という側面から見て,社会で自立的に生きていく基盤を支える職業に関する能力の向上が非常に重要であるため,「労働」という要素との関連が読み取れる。それに対して,派生機能である生活の質の向上やコミュニティそのものの発展との関連は,社会的あるいは

福祉的な機能という性格を有すると言える。つまり，社区教育は，「教育的」，「社会的」，「福祉的」な機能を有しており，教育と労働と福祉との結合を表す教育実態であると言えるだろう。

　一方で，葉の定義では社区教育が「社区という範囲」での教育活動に限定されているが，実際に市，区／県，街道／郷／鎮[6]等の異なる行政レベルでは，それぞれ社区教育のための施設を持っており，各レベルの施設は異なった教育機能を果たしている。近年の生涯学習社会の形成に向けて，社区教育がその担い手となり，住民の学習ニーズを満たすために，多レベルで多種多様な教育活動と学習手段を住民に提供している。つまり，社区教育は末端組織の社区／村のみならず，社区を超えて，街道や区などより広い範囲での教育活動である。

　以上を踏まえると，社区教育はマクロとミクロとの2つの次元で役割を有すると言える。マクロな次元においては，国家発展の方針に従う，生涯学習社会の形成を実現するための実践の受け皿としての社区教育である。ミクロな次元においては，地域コミュニティに密着した，地域問題の解決の手段としての社区教育である。これまでの研究は前者の生涯学習の手段としての社区教育に注目するものが多いが，本書は特に後者に着目し，「地域」との関連のなかで行われる就労・自立支援が持つ社会的意義を検討する。社区教育のこの2つの次元での機能を結びつけながら再考することは，社区教育の本質を究明するのに必要不可欠な作業であると言える。

4. 本書における成人教育と社区教育

　成人教育は「家庭，社会，国家に責任を持ち，既に生産活動に従事し，職業についた従業者のための教育活動であり，幹部教育，職工教育，農民教育と成人社会教育を総称する用語である」と定義されている[7]。つまり，中国の成人教育領域において，「成人」という言葉は，18歳以上の法律上において成年になった者を指すのではなく，社会的な意味も包含しており，生産活動に従事する労働者のことを指す。ここから，マルクス主義に基づいた成人教育と労働との密接不可分の関係がわかる。

しかし，このような成人教育の意味づけは，社会主義計画経済の国家体制下において「失業」という概念が存在しない，あるいは「失業」という現象が認められない時代の定義であったと言える。一方で，1990年代以降におけるレイオフや失業問題が発生する根本的な原因をなす国有企業の改革が，成人教育の内容や体制などに実質的に大きな変化をもたらした。その最も顕著な変化は，成人教育の場は，従来では労働者を対象としていたために職場（企業）が担っていたが，それが企業の改革（スリム化）により社区に移行したことである。

具体的に言えば，市場経済体制下の国有企業改革は，企業の管理，運営や労働者の配置のみならず，国有企業を土台に形成された企業労働者の生活コミュニティの崩壊ももたらした。つまり，効率的な生産を確保するために，従来企業が抱えていた商店，病院，学校等の企業労働者の生活基盤となっていたものは企業から切り離されたため，それまで企業によって保障されてきた労働者とその家族の生活，福祉，教育等の機能が社会に移行した。それらの福祉的な機能を引き受ける代替物として，「社区」と呼ばれる地域コミュニティが政府の政策的推進により新たに形成された。

それによって，従来企業が役割を担っていた成人教育はどうなっただろうか。1980年代において成人教育制度が成立した際，それまでに十分に教育を受けることができなかった労働者に対する学歴や職業技能等の補償のための教育（補償教育）が主な内容であった。その後の1990年代において，職業教育制度の構築と教育法の公布をはじめとする教育制度の整備，学歴社会の進展や雇用制度の変革等の社会変化に伴い，成人教育における職工教育や職業教育の必要性が薄まった。学校教育が担いきれない機能を補い，常に社会の教育要求の変化に応える役割を持っていた成人教育にも改革が迫られた。

1990年代における生涯教育理念の導入に伴い，学歴社会から学習社会へというスローガンが打ち出された。「生涯学習を見据えた，成人教育を中心として，学校教育をもその中に組み込もうとする新たな教育システムの形成の動き」として，普通教育・成人教育・職業教育の一体化が図られ，職業資格や学歴等が相互に乗り入れる生涯教育制度の構築が試みられてきた[8]。こ

の制度的試みを実現するための受け皿となったのは「社区教育」である。成人教育の組織改編が行われ，従来の成人教育部門に新たな機能を加え，学歴教育[9]，職業教育や市民教育などを含めて「社区教育」として複合的に展開していった。

つまり，社区は，国有企業が行っていた成人教育を引き受け，社区教育という新たな領域となり，従来の成人教育の機能を継続しながら，新たな教育ニーズに対応する役割も果たすようになった。成人教育が企業コミュニティから社区コミュニティへとその受け皿が転換するにつれ，労働者の職業能力の向上にアプローチする教育から，社区住民の生活にアプローチする方向へと展開を見せた。

このような流れのなかで，2010年に公布された「国家中長期教育改革発展規画綱要（2010-2020年）」では，成人教育を含めて「すべての社会構成員を対象とする学校教育終了後の教育活動」を表す用語として「継続教育」という言葉がかわりに使われた[10]。これは成人教育の社区教育への新たな展開，及び生涯教育システムの構築を意識した改革の動向であるだろう。

一方で，社区教育の登場と展開は必ずしも成人を対象としているのではなかった。社区教育は，1980年代後半に上海市をはじめとする一部の大都市で，子どもの全面的な発達のための教育システム改革のなかで始まった教育活動である。当時，社区行政や社区内の学校及び企業等で「社区教育委員会」が組織され，学校と社会の相互作用に着目し，社会的ネットワークを活用しながら学校教育改革を推進することや，国民の道徳，教養を高めるために学校施設を地域住民へ開放するなどの活動を展開した。その後，生活の基盤であるコミュニティの性格の変化，都市部住民のライフスタイルの変化，余暇生活の過ごし方など，都市部における生活課題が多様化するにつれ，そうした課題に呼応する形で社区教育がすべての住民に広がり，多様な生涯教育活動へと展開した。

牧野は，このような社区教育の展開過程を3段階に分けている。第1段階は1990年代前半における学校支援のための地域教育資源ネットワークとしての社区教育である。第2段階は1995年以降における地域社会の教育事業

体としての社区教育である。第3段階は2000年以降における行政的に再編された社会的セーフティネットとしての社区教育である[11]。社区教育は，その急速な展開により，学習社会の形成，社会問題の解消や学校と社会との相互作用等との関連で盛んに議論されるようになった。

1980年代に成人教育制度が成立した際，「伝統的な教育から生涯教育へと発展するための新たな教育制度である」と規定されていた。一方で，生涯教育システムの実現のための受け皿となる新たな教育形態としての社区教育[12]が登場し，こうした成人教育の社区教育へのシフトがあったにもかかわらず，成人教育の概念や理論及び社区教育との関係性についての再検討は行われないまま，社区教育に関する議論が始まったことに課題が残っている。

前述のように，中国の成人教育理念における教育と労働との密接な関係は明らかである。成人教育の役割は常に社会の発展段階に密接な関連を持っているため，そのなかに教育と労働のみならず，福祉的な要素も組み込まれた社区教育の登場は，教育を通じた社会問題への対応や社会発展にどのように寄与しているのか，または寄与することが可能なのだろうか。本書はこうした問題意識から始まったものである。

本書では生涯教育に関わる概念として，成人教育を制度的・理論的概念として捉え，社区教育を実践的概念として捉える。「失業」という事象を通して，教育実践としての社区教育について「コミュニティ」や「地域」という要素との関連のなかで，その労働と福祉の本質を検討する。それをもとに，「社区教育」に基づく成人教育の新たな理論的概念の提起を試みる。

5. 本書の目的

以上の背景と問題意識に基づき，本書は2つの目的がある。1つは，就労困難者に対する就労・自立支援について主として教育学の立場から，彼らに対する教育的支援の実態と課題を明らかにすることである。もう1つは，今日の成人教育学において成人教育の意義とは何かを，失業・貧困などの社会問題との関係で捉えることで，改めて検討することである。

近年の生涯教育論の思潮のもとで，理論的裏付けの少ない対症療法的な職

業教育に重点を置く成人教育が批判を受けている。つまり，改革・開放政策以降の成人教育は人材養成の促進や在職労働者の教育ニーズを満たす面において大きな役割を果たしてきたが，教育期間が短く，職業的地位や賃金の上昇等を目的とする実利主義な傾向が非常に強いというデメリットも指摘されている[13]。

このように個人の利益や効用に焦点を当てる成人教育に限界が示されるなか，社会との関連のなかで今一度成人教育の意義を検討し，現代の就労・自立支援に関する労働と教育と福祉を統合した，新たな教育システムと理論の構築について提案する。

第2節　先行研究の検討

1．経済学・社会学研究

これまで失業問題に関する研究は，社会学，経済学，労働政策の分野で数えられないほど多くの蓄積がなされている。これらの研究は，領域が異なるものの，相互に関連しながら様々な側面から失業という事象に現れる現代中国の社会変動を論じている。例えば，経済学研究では中国の社会主義計画経済体制から社会主義市場経済体制へという経済システムの構造的な変容がしばしば議論の焦点となっている。その代表的な研究の1つとして，上原は，「弱者を容赦なく放逐する市場競争の残酷さを一掃し，失業の恐怖がない社会を構築すること」を社会主義国家の重要な価値基準とし，失業という現実現象を軸に現代中国の社会主義の本質を論じている[14]。上原は中国建国後の就業政策の展開過程を明らかにし，国家の経済政策，雇用政策が国民の失業や非正規就業をもたらす現実から，中国の「市場経済の社会主義」の特質を論じている。この本は建国後の雇用政策や失業問題の実相を丹念に整理している点で評価できる一方，失業問題の解決策まで踏み込んでいないため，課題として残されている。

経済学の視点からの要因分析を中心とする研究と異なり，社会学研究では

福祉的な視点からアプローチし，失業者の失業後の困窮状況に着目するものが多い。例えば，王は，中国社会科学院社会ブルー・ブックのデータによって，中国のいくつかの省における住民の最低生活基準とレイオフ労働者が支給されている基本生活費を比較しつつ，レイオフ労働者の厳しい生活状況について論じたうえで，再就職サービスセンターの設置と再就職プロジェクトの実施等のレイオフ労働者の再就職支援政策について考察している。于は，国有企業のレイオフ労働者に対応するための基本的生活保障制度を通して失業保険制度の変容について論じている。楊は，国有企業のレイオフ労働者に対する社会保障制度の現状及び存在している問題について論じている[15]。これらの研究は，失業者の生活実態調査から失業状態に陥った人たちの困窮状況を指摘したり，制度，政策，法律等多岐の分野にわたって失業者に対する社会保障制度を改善する必要性を指摘するものが多い。しかし，現行の失業者に対する就労支援の現状や実態についての実践レベルでの議論には踏み込んでいない。

2. 職業教育・職業訓練の研究

失業者に対しては社会保障や労働市場，雇用政策等の視点から制度的に支援を行う必要があるほか，特に社会保障制度の不完全性が指摘される現状では，失業者自身の問題解決能力の向上が重要となる。それは，職業教育や職業訓練を通じた再就職能力の向上である。

中国の職業教育に関する研究の代表的なものは陸素菊の博士論文「中国における社会主義市場経済の展開と職業教育の変容—国家主義的職業教育から個人主義的職業教育へ—」である。この論文は，社会主義市場経済の展開に伴う職業教育の変容を分析しつつ，職業教育の性格が国家建設に奉仕するものから，「国家規制のもとでありながら，地域の経済発展や，労働者個人の就職の手段として利用されるなど，個人主義的なものに変わりつつある」ことを明らかにした[16]。

この論文は本書においても検討される農村から都市への出稼ぎ労働者への職業教育にも着目しながらも，学校を主体とする取り組みに主眼を置いてい

るため，出稼ぎ労働者が学校から送り出された後の職業の継続状況や失業した場合の都市部での対応等については触れられていない。つまり，同論文は新規労働力の職業準備教育に重点を置いて検討しており，就労支援の手段としての職業教育という視点は見られない。

　また，普通教育，職業教育と成人教育の融合を図る生涯教育システムの構築に向けて，職業教育制度の改革が重視されるようになり，各種教育の相互の単位，資格の認定を十全にするための教育制度の構築も職業教育領域で本格的に検討されるようになった[17]。しかし，これらに関する研究の多くは職業との関わりについて言及していながらも，仕事に就いている者を対象にするものであり，高等職業教育段階のキャリアアップのための資格や学歴の取得及びその互換システムの構築に主眼を置いているように思われ，人々の生活に切実に迫る課題を意識しているとは言えない。

　失業者やレイオフ労働者のための職業訓練に着目する研究として，胡の研究が挙げられる。胡は都市部のレイオフ労働者や失業者の構成について統計資料を通して明らかにしながら，レイオフ労働者の再就職を支援するために，産業構造の調整に基づいた職業技能訓練を行う必要性を指摘し，中国における職業技能教育の新たな役割を指摘している[18]。また，現行の再就職訓練全般の類型，方式と特徴を体系的にまとめたのは鄧の研究である。同論文の成果として評価される点は再就職訓練の制度・政策的な問題点と改善策について指摘するところにある。しかし，再就職訓練を支える理論枠組みについての整理が行われないまま，問題点を指摘しようとしており，再就職訓練について再就職の達成のみで評価するのではなく，自立した人間となるために失業者の内面的な成長や発達に着目する教育学の視点で鑑みる必要があると考えられる[19]。

3. 成人教育と社区教育の研究

　失業者の再教育に関する研究は十分になされていないものの，労働者の教育は今まで成人教育学のなかで論じられてきた。成人教育の歴史，制度・政策に関する多くの研究[20]をかえりみれば，中国ではかねてから労働と教育の

関連が強いことがわかる。改革・開放政策以降の成人教育制度の確立は，働いている者の職業能力の向上を目指すことがその根底にあると言える。このなかで，労働者の教育を行う主体としての国有企業の改革・開放政策以降の組織改革は成人教育に大きな変容をもたらしたことを背景になされている研究が多く見られる。

　方による，成人教育の変容を考察した研究では，国有企業の構造改革に伴って企業内部にある教育部門において「教育資源の合理化」が求められ，職工教育，いわゆる在職労働者に対する教育訓練における教育有給休暇制度が縮小ないし廃止され，それによって労働者の成人教育も外部化，個人化されてきたことが明らかになった。しかし，方の研究は一面的な考察であり，制度・政策上の変容を考察している一方，労働者という身分を失ったレイオフ労働者や失業者に関わる問題は意識されていない[21]。

　中国の成人教育の変容を振り返るには，牧野の研究は欠かせない。牧野篤『中国変動社会の教育』(勁草書房，2006年)は，改革・開放政策が策定された後の「中国の社会変動とその変動と深く関わる民衆意識の変化を，教育という現象において読み取ろうとする」試みである。牧野は中国の社会主義から市場主義への変容を「『単位』社会主義から個人市場主義へ」の転換と称しており，それを軸とする都市部の成人教育の変容について考察している。労働市場の流動化に伴い，労働市場における市場価値を高めるための教育を受ける機会を保障すること，キャリアアップや離転職のための短期の再教育・再訓練の機会を保障すること，「単位」の職員から「社区」の住民へと性格を変えた人々に対する文化・教養教育，地域コミュニティにおける住民相互の融和を図るための市民教育などが，成人教育分野で社会的に要請されることになってきたと述べられている。このような変革を迫られているなかで成人教育分野で顕著な動きを示しているのが，社区教育である。牧野は，社区教育は，市場経済の進展とくに従来の「単位」を中心としたセーフティネットの解体に伴って構築されてきた新たな社会的なセーフティネットとしての役割を果たしつつある教育の新たなあり方だと評価している。

　このような社区教育は，社会的な公正と経済的な競争とを両立させる施策

として，政府の行政行為として進められるようになった。つまり，「市場化の進展にともなって，流動し，分散化する民衆を，旧来のトップダウン型の統治モデルで管理することが困難となり，社会が不安定要因を抱え込む中で，政府の機能を民衆管理から行政サービス提供へと切り替えて，職業を基本とした生活の安定を図りつつ，民衆をボトムアップ式に統治の構造へと組み込もうとする」ことである[22]。

　牧野はこのような社区教育を「市場経済の展開にともなう新たな社会開発の手法」と捉え，社区教育の展開は，「社区建設と深くかかわりつつ，『学習』をキーワードとして，人々の教養の向上および職業生活の安定による社会の安定を目指すところに特徴がある」と述べている[23]。具体的に言えば，「流動化する民衆の生活を，人々が居住するコミュニティで安定させる必要から，社区教育は，住民相互の軋轢や矛盾を回避する市民教育と住民への就労支援や再就職保障を行う職業教育などをその機能の中に組み込んでいった」[24]ということである。

　これは，つまり社区教育による社区建設（地域づくり）という考え方である。このように展開した社区教育は，成人教育の新たな領域としてクローズアップされるとともに，従来の成人教育論で一般的に思われているような，労働者の職業のための教育や，学校教育終了後の継続教育として考えるだけでは不十分となった。

　一方で，中国の生涯教育論に関する代表的な研究として，呉遵民『現代中国の生涯教育』(明石書店，2007 年)が挙げられる。呉によれば，中国生涯教育の展開は，国際社会で主流となったラングランとジェルピの個人の学習者を意識した生涯教育論とは異なり，マルクス主義に基づいた社会主義生涯教育論であると考えている。すなわち，個々人の発展は国家と社会の発展と強い関連を持ち，社会主義共同体の構築を前提とすべきとされている。このような生涯教育論の提起は，マルクス主義を基盤にして展開してきた中国成人教育論と根底から一貫性があると言える。実用性と経済性が中国生涯教育のユニークな性格として特徴づけられており，「教育と労働との結合」を強調する社会主義的な教育理念に基づくと考えられている。この実用性や経済性は，

序章　労働と教育の研究的課題　　**13**

つまり，成人教育の「職業・技術の訓練や職業能力の形成など個人の社会的生産能力を高めるという役割と機能」である。呉による中国生涯教育論の提起は，「社会」との関連や個人の学習の社会への還元などについては意識されているが，「社会」の意味が明確に検討されておらず，「国家」と同一概念として読み取れるため，従来の国家主義に基づく成人教育論の限界を乗り越えることはなかった。

このように，近年では中国の体制改革に伴う成人教育の変容と生涯教育理念の浸透によって，従来の教育と異なる役割を有する新たな教育形態が現れている。このような新たな教育が失業問題の解決に役割を果たすべきことについてはすでに指摘されているが，その成人教育研究のなかでの正当な位置づけが必要となってきた。

しかし，これまでの研究は，現存の問題に対して何をすべきかを提示する傾向が強く，実際にどのような取り組みがなされているのか，そうした実践がなぜ可能になっているのかという点が十分に問われてこなかった。実際の成人教育の現場での再就職に関わる教育の過程は分析対象に据えられておらず，失業者支援の教育実相を体系的・実証的に検討した本格的な研究は未だなされていない。

4．日本の社会教育研究

日本の社会教育領域では 1950 年代から労働者教育に関する検討が行われていた。1951 年の産業教育振興法の制定は，学校教育の補足・拡充としての社会教育領域における職業教育の議論をももたらした。学校教育と異なり，「すでに何等かの職業に就いている成人—社会人—」を対象とする社会教育における職業教育を考える場合，「社会なり国家なりの経済力の増大あるいは，産業の振興等によって，地域社会の住民あるいは国民の生活の安定，社会福祉の増大，文化的水準の向上等々が望まれ，またそれを保障しなければならない」と指摘されている。すなわち，「職業教育の振興によって，経済の自立化が確立され，生活の安定—水準の向上—が図られると同時に，国民生活を合理化し改善する」ことが社会教育における職業教育の意義である[25]。

職業に関わる教育は，教育部門だけの問題としてではなく，常に産業・経済と強く結びついているため，地域社会・国といった立場からの産業・経済計画が樹立され，そのなかで労働者の養成計画が考えられなければならないということであった。このような認識は現在にも継続しており，失業問題は地域的な課題として認識され，自治体レベルで多行政部門の連携の下で取り組まれることが，強く要請されている。

　当時の公民館で行われていた職業教育活動も明らかにされた。しかし，その後，公民館の役割が住民自治能力の向上へとシフトし，住民の自由なたまり場，集団活動の拠点としての役割が強まったため，日本の社会教育において「地域主義の主体から勤労者が欠落し，かわって住民あるいは市民が登場し（中略）住民と労働者・勤労者とが分裂してとらえられた」[26]と指摘されている。

　1970年代になって，日本社会教育学会が労働者教育について年報（倉内史郎編『労働者教育の展望―日本の社会教育―』（東洋館出版社，1970年））を刊行し，社会教育領域から労働者教育を捉える必要性を改めて唱えた。倉内史郎，古賀皓生らは，それまでの社会教育研究が企業内教育に対して「なぜ関心の外にあったか」について解釈するとともに，「技術革新による労働過程の急速な変化」，「生涯学習への関心の高まりと労働時間短縮にともなう労働者の余暇の過ごし方」及び「労働者自身が教育問題を意識し出してきたこと」等の背景に基づいて，社会教育領域において成人の職業再訓練に注目する必要性を提起した。しかし，問題の提起はそこまでにとどまっており，労働者の教育についてはその後の社会教育研究領域においてあまり関心が払われてこなかった。

　『労働の場のエンパワメント』（東洋館出版社，2013年）と題する年報の出版は，社会教育学会が労働者の課題を取り上げる約40年ぶりの取り組みであった。この年報は，働き方の変革等の労働に関わる環境が厳しくなる今日において，労働をめぐる複雑な問題と学習課題の検討を社会教育研究の課題として再び捉え，図書館，地域青年団活動，NPO等を含め，国内外の多様な実践を通して今日的な課題解決を展望する糸口を見出そうとしている。．

現代日本では，労働問題と言えば，特に若者の就労問題が注目を集めている。フリーターやニートの増加や若年失業率の上昇などの課題を受け，学校教育やキャリア教育の領域を中心に，教育と労働・職業との関係の再構築が強く求められている。キャリア教育の強化と各自治体における「ジョブカフェ」の設置等学校内外での就労支援施策が展開されており，若者支援における仲間集団，コミュニティの役割が着目され，社会教育研究としても注目されるようになった。労働及び職業技術を抜きにした人間形成はあり得ないことから，労働者を社会教育の主体として位置づけ直し，新たな教育論理を構築する必要性が唱えられている[27]。

　このような失業をめぐる問題やその解決策に関する研究が多数行われるなか，日本の就労支援施策の参考として，早くから若年失業問題に直面し，様々な工夫がなされてきた他の先進諸国の経験を踏まえる研究も少なくない。例えば，小杉礼子・堀有喜衣編『キャリア教育と就業支援―フリーター・ニート対策の国際比較―』（勁草書房，2006 年）は，イギリス，アメリカ，ドイツ，スウェーデンの 4 カ国の取り組みを紹介している。一方で，アジアにおいても近年では生涯教育政策の導入によって，就労支援に関して新たな取り組みが展開されてきた。日本に適合的なモデルを考える時，アジアの実践を射程に入れることもまた重要な研究的課題であると言える。

　そこで，本書が以下で取り扱う，アジアのなかでも社会教育領域で就労支援が積極的に取り組まれている中国における社区教育実践の実態解明は，日本の社会教育研究の今日的展開にも示唆を与え得るものとなるだろう。

5. 本書の学術的意義

　以上の失業問題と生涯教育，成人教育，社区教育，職業教育等についての先行研究に基づき，ここで改めて成人教育領域で労働に関わる教育を検討する意義を整理しておきたい。

　中国では生涯教育の理念が導入された当初から，国家政策では成人教育が生涯教育の重要な一部であると明示していた。従って，政策的に成人教育の新たな発展方向として捉えられる社区教育の分野においても，そして，今日

的に社区教育を基盤にそのシステムの構築を目指す生涯教育の分野において
も，労働がどのように扱われているのかは，本来重要な検討課題なのである。
しかし，国家政策で労働のための教育は生涯教育の一部としてその重要性が
強調されているものの，政策研究がとりわけ多い中国においても，生涯教育
研究では労働が直接な研究対象としては取り扱われてこなかった。

　中国の成人教育や生涯教育に関する研究は，前述の牧野と呉が代表的であ
る。後者の成果として挙げられることは，2000年までの教育政策への考察
を通して，マルクス主義成人教育論論理に裏付けられ，国家を第一義的に考
え，実用性と経済性を特徴とした社会主義生涯教育論を提起したことである。
それに対して前者は変動期の教育制度改革のなかで成人教育の変容と社区教
育の登場を取り上げ，社区教育の社会的セーフティネットとしての役割を提
起した。しかし，牧野は，個々人のキャリアアップを保障するセーフティ
ネットと，人々のコミュニティ生活の安定のためのセーフティネットとの2
つの側面を切り離して論じているように思われ，必ずしも両者の関連を意識
しているわけではない。

　最近の社区教育に関する研究成果として，馬による社区教育の住民自治に
寄与する役割に着目するものがある[28]。社区教育と住民自治が重要な研究的
テーマであるものの，この傾向は集団活動の拠点と住民自治能力の向上へと
シフトした戦後日本の社会教育の展開と同じ路線であり，住民と労働者・勤
労者とが分裂して捉えられてしまい，社区教育の主体における労働者の欠落
が危惧される。

　これらの制度・政策を中心とする研究成果をさらに掘り下げ，実態調査を
通して地域産業の発展との関連で考察を行い，社会的に排除された人々の就
労とコミュニティ生活の安定への保障，及びそれらを通じた地域づくりとい
う社区教育のダイナミックな構造を実証的に解明したのが本書である。

序章　労働と教育の研究的課題　　**17**

第3節　研究課題と方法

1. 研 究 課 題

　本書は上記の研究動向を踏まえた上で，近年の失業問題への関心の高まり
と成人教育論を関連させながら，就労困難者に対する教育的な支援に関する
実証的研究を行う。前節で述べた研究目的を達成するために，研究課題を以
下の4点に設定する。

(1) 就労困難者に対する教育的支援，いわゆる職業技能訓練はいかなる体
　　制やプロセスの下で行われているのか。
(2) 職業技能訓練の実施にあたって，労働部門と社区教育部門はそれぞれ
　　どのような役割を果たしているのか。
(3) 就労困難者の教育訓練は，歴史的に労働者の教育を中心になされてき
　　た成人教育の今日的な展開にどのような関連を持つのか。
(4) 今日において展開されている社区教育は，就労困難者の就労・自立支
　　援にどのような役割を果たしているのか。

　つまり，本書は就労困難者の教育訓練現場の実態に着目し，いかなる支援
が行われているのか，いかなる課題が内在しており，また，職員や支援者た
ちがいかに課題を克服しつつあるのかを解明する。その際，特に重視したい
点が，社区のなかで行われている就労・自立支援は，いかに労働部門の支援
と補完し合っているのか，それが就労困難者本人の自立ないし地域社会の発
展にどのような意味を持つのかという視点である。それを踏まえて社区教育
における就労・自立支援の実施は，現代成人教育論の展開にどのようなイン
パクトを与えるのかについて検討する。なお，本書における成人教育の検討
はあくまでも都市部の成人教育を対象とし，農村地域の成人教育は含まれて
いない。

2. 研究方法

　本書の研究課題に取り組むためにフィールド調査を行うに際し，調査地域の選択に関しては，中国全土の広大性と地域の多様性を考慮し，「都市の失業率」と「社区教育の発展水準」という2つの軸に沿って中国の地域を4種類に分ける（図0-1）。そのなかから「失業率が高い・社区教育の発達地域」，「失業率が低い・社区教育の発達地域」と「失業率が高い・社区教育の未発達地域」という3つを取り上げる。もう1つの「失業率が低い・社区教育の未発達地域」に関しては，失業問題の解決に寄与する社区教育の実践が存在しないと想定されるため，本書の検討対象としない。このように分類された地域の先進的な実践事例を取り上げ，それぞれにおける就労困難者への教育訓練の実像を考察する。なお，研究倫理上の配慮に鑑み，地域名や人名などは記号化しており，公開を希望する地域のみ，街道または社区名を記載することとする。

　中国では職業技能訓練に関わる行政部門は，労働部門と教育部門がある。労働部門は主な役割を果たしているが，社区教育の発達の度合によって教育部門が職業技能訓練を行う場合があり，また，両者が連携して取り組む場合もある。本書では，これらの部門がそれぞれ果たす役割に着目しながら，同じ中国であっても，それぞれの地域でいかにその地域の特質に応じた取り組みがなされているのかという点に注意を払う。

　また，中国大陸地区だけでなく，香港特別行政区の事例も取り上げる。香港は旧イギリス植民地であり，1997年に返還された後，それまで高等教育を中心としてきた成人教育が，生涯学習理念の受容によりその範囲を広げてきており，市民教育や社区教育も展開しつつある。一方で，「一国両制（1つの国，2つの制度）」という制度の下で香港は大陸地区と異なるシステムを有しており，異なる実践もなされている。こうして析出された実態を通して，中国の全体像をコンパクトに示すことができる。

　本書は，以下のフィールド調査で得られた調査結果やデータを中心とする研究成果によって構成される。フィールド調査は主として筆者との対面方式

序章　労働と教育の研究的課題　19

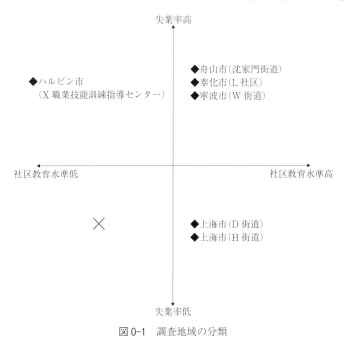

図 0-1　調査地域の分類

による，当事者への個別の半構造化インタビュー調査や実践現場での参与観察等の実証的研究の手法を用いて実施した．

　1）2009 年 8 月 22 日から 9 月 8 日にわたってハルビン市で行った，ハルビン市人力資源社会保障局，X 再就職訓練施設における支援者と被支援者を対象とする調査(インタビュー調査)

　2）2010 年 3 月 15 日から 3 月 22 日にかけて上海市で行った，生涯学習指導センター，街道辦事処(街道の事務所)における社区教育の担当者，及び労働部門の担当者を対象とした調査(インタビュー調査)

　3）2010 年 4 月 23 日から 5 月 7 日にわたって寧波市で行った，区社区

学院，街道辦事処における社区教育の担当者を対象とした調査（インタビュー調査）

4）2011年5月3日から5月13日にわたって行った，上海市徐匯区「陽光の家」における，施設の職員と教師を対象にした調査（インタビュー調査）

5）2012年12月27日から1月5日にわたって奉化市で行った，社区居民委員会の責任者，社区教育の担当者と社区自治に携わる住民を対象とした調査（インタビュー調査）

6）2013年12月17日から2014年1月8日にわたって上海市で行った，区障がい者連合会，黄浦区「陽光の家」を対象とした調査（参与観察，インタビュー調査）

7）名古屋大学「卓越した大学院拠点形成支援補助金」の助成を受けて，2014年1月13日から1月18日にわたって香港で行った，教育局の職員，複数の非政府組織，ソーシャル・ワーカーを対象とした調査（参与観察，インタビュー調査）

8）日本学術振興会科学研究費補助金（若手研究B）「地域における失業者への教育的支援に関する中国，香港と台湾の実証的比較研究」の一環として，2015年9月から2016年12月にかけて数回に分けて行った舟山市の社区教育の職員を対象とした調査（インタビュー調査）

3．本書の構成

以上を踏まえて，本書を以下のように構成する。

第1章では，失業者への支援を成人教育の視点から検討する意義を明らかにするために，国家の雇用政策と成人教育政策について検討する。まずは

「脱国有化」という大きな社会変容を軸に，中国の失業問題が発生した経緯，及び現代の失業問題の構造を解明する。それを踏まえて，失業問題の出現によって出された国家の再就職支援に関する教育的政策の展開過程を軸に，再就職支援と成人教育の関係性を描き出す。時期としては，文化大革命以降の成人教育の回復期(1979年)から現在に至るまでの時期を対象とする。

　第2章では，中国で初めての失業形態として現れたレイオフ問題に着目し，レイオフ労働者の現実を踏まえながら，その再就職に向けた教育的取り組みを解明する。調査対象は旧工業地帯である黒竜江省ハルビン市とする。それは，レイオフ労働者が著しく多い旧工業地帯のなかから，「社区教育の未発達地域」と「失業率が高い」という2つの要因を考案した上で選定した結果である。具体的には，労働部門の再就職訓練施設で行われる再就職訓練の実態について，支援側と被支援側の当事者を対象に行ったインタビュー調査を通して考察する。その取り組みの成果と課題を明らかにすることで，労働部門の役割と課題を検討し，教育部門との連携の必要性及び社区教育の果たし得る役割について考察する。

　第3章以降では，社区教育が主体となる就労・自立支援を中心に検討を行う。社区教育の発祥地である上海市を事例にして，まず中国の社区教育の体制と実像を把握する。また，「社区教育の発達地域」と「失業率が低い」地域の代表例として，上海市の就労・自立支援の事例を取り上げる。その際，社区教育における就労・自立支援の体制はいかなるものなのかについてのみならず，それぞれの地域において就労に関わる課題はいかなるものがあるのか，社区教育の関係職員はいかにその地域の課題に即して取り組んでいるのかについても留意する。

　第4章では，近年浮かび上がってきた農村から都市への労働者の移動によって生じた諸問題を受け，出稼ぎ労働者の社区教育に着目し，彼らの都市部での就労や生活に関する教育の実態を明らかにする。事例として選んだのは，全国において先導的で独特な実践を行っている奉化市L社区である。L社区は企業と政府の連携に基づいて成立した出稼ぎ労働者のための社区であり，出稼ぎ労働者を社区運営の主体として巻き込むことで注目を集めている。

本章の考察は，社区管理者，企業関係者と社区の自治運営に関わる出稼ぎ労働者へのインタビュー調査に基づく。このような就労能力の向上のみならず，生活課題の解決に関連する自治力を育むような実践から，社区教育で就労・自立支援を行う意義，いわゆる「セーフティネットとしての社区教育」の意義についての検討を行う。

　第5章では，「社区教育の発達地域」と「失業率が高い」地域の代表例として，寧波市と舟山市の事例を取り上げる。それらを農漁村地域の社区教育の実践として取り上げ，地域の産業転換に伴う住民の生活課題とその解決に向けて取り組む社区教育の実態を考察する。農村地域では都市化の進展に伴う農地の喪失，島嶼地域では伝統漁業の衰退によって，地域産業の転換が迫られ，住民も転職・転業を余儀なくされる。そのような状況のなかで，社区教育がいかに住民の生活保障に向けて取り組んでいるのかを社区教育の担当職員へのインタビュー調査を通して解明していく。

　第6章は，これまでセーフティネットとしての社区教育の役割に注目するなかで，近年新たに現れた社会問題だけでなく，従来のコミュニティのなかで就労に不利な立場に置かれている者を対象とする新たな取り組みにも着目する。その事例として，成人の知的障がい者を対象として設置され，生活，就労，リハビリ等の教育を含めた総合的な教育施設である「陽光の家」の実践を取り上げる。施設の活動への参与観察及び施設職員へのインタビュー調査に基づいて，以前からコミュニティに存在している生活課題の解決に向けた社区教育の役割を検討する。

　第7章では，大陸地区と異なる制度の下で異なる取り組みを行っている香港特別行政区の実践に着目する。非政府組織が主体となる教育活動に焦点を当てて，コミュニティを基盤にして行われる若者の就労・自立支援の実態を考察する。支援者としてのソーシャル・ワーカーへのインタビュー調査に基づいて，就労・自立支援におけるソーシャル・ワーカーの役割と非政府組織による就労・自立支援の可能性について分析を行う。

　最後に終章では，本書の総括として，これまで検討してきた就労・自立支援の教育的内容，及びそこにおける成人教育・社区教育の役割を解明する。

本研究で明らかにした就労・自立支援の実態をモデル化するとともに，今後中国における就労・自立支援の展開に向けてその改善のための提案を行う。また，都市部成人教育や社区教育の新たな展開に基づいて，就労困難者の教育的支援が現代の成人教育論の構築に与える意義を検討する。

1）中国語では「下崗」という。労働統計年鑑の定義によれば，レイオフ労働者は，労働契約制が実施される以前に就職した国有企業の正式労働者（農村から募集された臨時契約工は含まれない）及び労働契約制実施後に就職した契約期間未満の労働者で，企業の経営事情によってレイオフされ，企業と労働契約関係を解除しておらず，他の労働現場に再就職していない者を指す。「下崗」という一時帰休と同じ意味の名をつけられていたが，実際に職場復帰の可能性が低く，失業者と同等な状態であったと言える。現在はレイオフ労働者も失業者に統一されている。本書でのレイオフ労働者は，失業者という名称に統一される前の元レイオフ労働者のことを指す。

2）中国語では「農民工」と呼ばれる。国務院研究室課題研究チーム『中国農民工調研報告（中国の出稼ぎ労働者に関する調査研究報告）』（中国言実出版社，2006年）では，「農民工」の定義について広義と狭義があると定められている。それによれば，広義では，「農民工」は出身地の農村地域にある企業で働いている，あるいは都市部へ出稼ぎをしているかにかかわらず，農村戸籍を持っているものの，農業でない仕事に従事している人々を指す。狭義では，農村地域にある企業での就労は含まれず，農村戸籍を持っていながら，都市部に出稼ぎをしている非農業従事者を指す。本書の検討対象は，狭義の「農民工」に限定し，その呼称を「出稼ぎ労働者」に統一する。

3）後藤道夫・布川日佐史・福祉国家構想研究会編『失業・半失業者が暮らせる制度の構築—雇用崩壊からの脱却—』大月書店，2013年，22頁。同書はOECD，ILO，アメリカ労働局等の議論を踏まえ，広義失業には完全失業のほかに，生活することが困難あるいは持続困難な職で働くことを余儀なくされながら，そうした状況を変えたいと願っている状態が含まれると論じている。また，失業時保障のカバー率あるいはその保障水準が低ければ，完全失業状態でいつづけることは困難となり，意にそわない条件の職であっても就かざるを得ない場合が多くなると考えられている。実際に日本の広義失業率はOECD平均を上回っており，「高失業社会」となっている状況が明らかになった。中国はOECDの概念に即した統計はないが，都市と農村の間の人口流動等により，正規の労働契約が結ばれないまま，3K（きつい，きけん，きたない）労働に従事し，違う現場を転々とする出稼ぎ労働者が多く存在する。そうした人たちはまさしく「半失業」状態にいる者であると理解できる。

4）『現代漢語詞典』第7版，商務印書館，2016年。

5）葉忠海『社区教育学基礎』上海大学出版社，2000年，24頁。

6）基本的に区と県が同じ行政レベル，街道と鎮と郷が同じ行政レベル，社区と村が同

じ行政レベルである。区，街道，社区は都市部地域を表す行政単位であり，県，鎮，郷，村等は農村地域を表す行政単位である。近年の農村地域の都市化により，行政合併等が行われており，農村地域の単位は次第に区，街道，社区などに改名されてきている。

7）顧明遠『教育大辞典（改訂版）』上海教育出版社，1998 年（第 1 巻），400 頁。

8）牧野篤『中国変動社会の教育―流動化する個人と市場主義への対応―』勁草書房，2006 年，151 頁。

9）学歴を取得するための教育活動であり，教育部門に認定されるカリキュラムに基づいて実施されなければならない。

10）国務院「国家中長期教育改革和発展規画綱要（2010-2020）」2010 年。

11）日本公民館学会編『公民館コミュニティ施設ハンドブック』エイデル研究所，2006 年，394-395 頁。

12）社区教育が「生涯教育に関わる概念と教育形式である」と定義されている。顧明遠，前掲注 7，568 頁。

13）杜以徳・姚遠峰・李醒東『成人教育発展縦論』中国人民大学出版社，2007 年。

14）上原一慶『民衆にとっての社会主義―失業問題からみた中国の過去，現在，そして行方―』青木書店，2009 年。

15）王越「中国における一時帰休者，再就職及び失業」関西大学大学院『千里山商学』第 50 号，2000 年，1-36 頁；于洋「中国の失業問題とその対策―1998 年以降の失業保険と再就職センターを中心に―」『早稲田経済学研究』58 号，2003 年，31-52 頁；楊春英「完善国企下崗職工社会保障制度研究」中国石油大学修士論文，2006 年。

16）陸素菊「中国における社会主義市場経済の展開と職業教育の変容―国家主義的職業教育から個人主義的職業教育へ―」名古屋大学大学院教育発達科学研究科博士論文，2003 年。

17）例えば，張偉遠「工作為本学習―突破終身学習立交橋瓶頸―（仕事本位の学習―生涯学習の立体交差橋の難関を突破する―）」『開放教育研究』第 22 巻第 6 号，2016 年，58-64 頁；王泰・李慧鳳「基於終身職業教育的『学習雲』構建（生涯職業教育に基づいた『ラーニング・クラウド』の構築）」『現代教育管理』第 9 号，2013 年，89-92 頁等が挙げられる。

18）胡宇彬「従我国城鎮失業人員統計分析看下崗職工再就業培訓与職業技術教育（我が国の都市部失業者の統計分析からみたレイオフ労働者の再就職訓練と職業技術教育）」『河南職業技術師範学院学報（職業技術版）』第 6 号，2002 年，39-41 頁。

19）鄧文謙「下崗職工再就業培訓問題研究（レイオフ労働者の再就職訓練の課題に関する研究）」厦門大学公共管理研究科修士論文，2006 年。

20）例えば，方如偉「中国成人教育の行政組織に関する一考察―上海市を事例に―」『九州女子大学紀要』第 26 巻第 1 号，1990 年，27-37 頁は，上海市を事例に成人教育の行政組織について考察した；陸素菊「中国の成人教育に関する一考察―その概念と歴史的変遷を中心に―」『名古屋大学教育学部紀要（教育学）』第 44 巻第 1 号，1997

年，105-121 頁は，成人教育の概念及び中国建国前からの成人教育の歴史的変遷について考察した；夏鵬翔「中国における成人教育の歴史と課題―日本の生涯学習と比較して―」『東京学芸大学国際教育研究』第 25 号，2005 年，39-54 頁は，成人教育を建国期，文化大革命期，改革・開放期に分けてその歴史的変遷，各時期の法律・政策，管理・運営，形態，内容と成果を明らかにし，日本の生涯学習と比較しつつ，成人教育の課題について指摘した；黄梅英「中国における生涯学習ニーズの構造変化と成人学習支援システム―成人教育を中心に―」『大学研究』筑波大学研究センター第 33 号，2005 年，81-96 頁は，具体的に成人教育機関の類型と成人教育のタイプを考察した。また，学歴の取得を目的とする成人高等教育に焦点を当てる研究として，李振渓「日本生涯学習の特徴と中国成人教育の現状」『立教大学教育学科研究年報』第 41 号，1997 年，79-85 頁；牧野篤「中国成人高等教育の動向と課題」『名古屋大学教育学部紀要・教育学』第 45 巻第 1 号，1998 年，81-98 頁；張玉琴「中国成人高等教育と職業教育・訓練―1980 年代以降の経済改革・開放政策との関連において―」『東北大学教育学部研究年報』第 47 号，1999 年，173-194 頁；佐々木邦子ら「中国の成人教育―現代中国における成人教育の概況―」『北海道浅井学園大学生涯学習システム学部研究紀要』第 2 号，2002 年，267-281 頁；耿鉄珍・戴玲「中国における大学と継続教育―哈爾濱工業大学における継続教育の現状―」『生涯学習研究と実践：北海道浅井学園大学生涯学習研究所研究紀要』第 6 号，2004 年，53-61 頁；趙楊「中国の成人高等教育における学習支援組織の役割―『自学考試』制度の変容と『自学助学』の発展に着目して―」『名古屋大学大学院教育発達科学研究科紀要・教育科学』第 55 巻第 1 号，2008 年，25-35 頁等が挙げられる。

21）方如偉「市場経済移行期における中国の成人教育―上海市の事例を中心に―」『九州女子大学紀要』第 34 巻第 1 号，1997 年，17-28 頁。

22）牧野篤「生活実感に寄り添う社区教育へ―上海市の社区教育を一例に―」松田武雄編著『社会教育福祉の諸相と課題―欧米とアジアの比較研究―』大学教育出版，2015 年，69 頁。

23）同上，68 頁。

24）同上，70 頁。

25）国立国会図書館調査立法考査局『社会教育における職業教育』国図調立資料 B，1954 年，1-3 頁。

26）大串隆吉「社会教育は職業訓練と関係をつけられないか？」『産業教育学研究』第 33 巻第 1 号，2003 年，8 頁。

27）同上。

28）馬麗華『中国都市部における社区教育政策』大学教育出版，2016 年。

第1章 「脱国有化」から見る再就職支援と成人教育

　本章は，「脱国有化」が中国社会に大きな変容をもたらすなか，失業問題の出現によって打ち出された国家の再就職支援に関する教育的政策の展開過程を軸に，再就職支援と成人教育の関係性を国家政策分析の視角から描き出す。再就職支援であれ，成人教育であれ，その動向には国家の政策・方針が大きな影響を及ぼしているため，その展開を考察する際の政策解明は重要になる。

　第1節では中国建国以来の雇用システムの変革を踏まえて，失業問題の出現の経緯を考察する。第2節では，文化大革命以降の成人教育の回復，変容と「改革・開放」以降に出現したレイオフ・失業問題に対応するための再就職支援の展開を概観し，再就職支援と成人教育との関連性を考察していく。以上の作業を踏まえた上で，再就職支援を成人教育の視点から再検討する意義を解明していく。

　中国においては「国家発展のために」というスローガンが教育の基本方針として強調されている。国家の経済発展に最も貢献しているのは労働者であり，労働者のための成人教育は，そのスローガンに最も直接的な関連を持っていると言える。従って，国家の安定に大きな影響を与える深刻な失業問題に対して，成人教育の果たすべき役割は極めて大きい。

　文化大革命が終わった後，成人教育は急速に復旧し，10年間にわたる大幅な社会変化とともに大きな変容を遂げた。「改革・開放」以降の計画経済から市場経済への体制転換期において，1987年に成人教育は制度的に在職労働者の教育として定着した。それから約30年が過ぎた今日において，社

会情勢の変化によりさらに大きく変容している。つまり，終身雇用制度の廃止と労働市場の自由化に伴い，1990年代初頭における国有企業のレイオフ労働者の出現によって失業問題が顕在化した。このような社会問題の発生は成人教育の発展にも大きな影響を及ぼした。

　そこで，本章では「改革・開放」政策以降における国有企業改革に起因する失業問題が成人教育にもたらす変容及び両者の関連性を明らかにしていく。成人教育の歴史的考察に関する時期区分については，国有企業改革を軸にして，文化大革命以降の成人教育の回復を基点(1979〜1987年)とし，企業改革以前の国有企業コミュニティにおける成人教育(1987〜2000年)と企業改革以降の社区コミュニティにおける成人教育(2000年〜現在まで)という3つの時期に分ける。

第1節　「脱国有化」と失業問題の出現

　本節ではまず中国建国以降の就労政策を概観し，国有企業の改革によって始まった失業問題の背景を探り，なぜ今再就職支援が重要な課題となるのかについて分析を行う。その前に，失業問題と成人教育を検討する際の重要なキーワードとして，毛の下記の定義に基づき，中国語の「単位」という言葉の持つ意味について説明しておきたい。

　　中国社会は，国家によって総体的に統制された「単位社会」とされてきた。諸個人は，組織である「単位」に帰属し，「単位人」となる。「単位」は社会であり，「単位共同体」である。「単位」は，英語では単に「danwei」あるいは「work unit」と訳されるが，社会保障機能のほか，また一定の行政機能ないし政治機能をもっている。「単位」は従業員およびその家族の「生老病死」(「ゆりかごから墓場まで」)に関するすべての責任を負い，大きい「単位」では，各種の社会サービス機構(食堂，浴場，商店，学校，病院)を内在化し，従業員及びその家族の各種社会サービス需要に対応し，小さい「社会」を形成する。従業員及びその家

族は単位の内部で自己完結する暮らしを送る，小さい福祉国家あるいは
福祉社会である。また戸籍の身分管理は単位によって行われ，政党組織
も設置され，政治学習，思想動員のほか，選挙準備なども行われる。都
市住民は，単位に入ると，終身雇用同然の身分を獲得し，他の「単位」
に移り変わることはほとんどなく，また自由にできるものではなかっ
た[1]。

　つまり，「単位」という言葉は，中国語では「職場」という意味であるが，
計画経済体制下では，国有企業を基盤とする職場には複合的な社会的機能も
含まれており，一種の「共同体」として理解されている。国有企業のこうし
た「単位」としての存在意義を前提とした上で，その雇用システムの変容を
考察していく。

1.1.1　建国初期の失業問題と国有企業の雇用システム

　中国の建国初期，長期にわたる戦争による経済の衰退，新旧政権・制度の
交替によって社会秩序が混乱した状況となり，失業問題は非常に深刻であっ
た。1949 年に都市部失業者数は 472.2 万人であり，失業率は 23.6 パーセン
トに達していた[2]。そうした状況のなかで，社会秩序の安定を確保するため
に，1950 年に政務院(現在の国務院)は帰農促進，失業登録，職業斡旋，職業
訓練，短期就業及び救済金の支給等様々な手段を講じて失業問題に対応する
こととした[3]。これらの措置により，1952 年までに 220 万人の失業者が新た
に職に就いた[4]。その後，全国民の完全就職を目指して，新しい失業者の出
現を防ぐために，中央政府は，すべての公的，私的企業は生産効率を高める
ために労働者を解雇してはならないとした。また，「国家の発展計画に基づ
いて，失業問題を解決し労働力を合理的に利用するために，失業者に対する
援助措置は職業斡旋から始まり，徐々に労働力の統一調達に移行する必要が
ある」とした[5]。これを契機に，その後中国社会で 20 年以上にわたって採
用されることになる労働力に対する「統包統配」(すべて統一的に配置する)
制度成立の徴候が見られるようになる。

社会主義計画経済体制下の中国は，生産手段の社会的共有制に基づいて，国家の経済・社会発展の要請に従って国民経済を統一的，計画的に営む中央集権的な管理体制を取っていた。計画的に国家経済を促進し，工業化の道に進み始めた中国では，その基本建設に必要な労働力を確保することが重要になり，1955 年に労働力の「統包統配」制度が確立した[6]。それに基づいて，労働者たちは建築業，鉱山業，交通運輸業等様々な現場に配置された。

社会主義計画経済体制の定着により，国家は企業形態においても改革を行った。建国初期には，中央政府が失業者の受け皿を確保するために，私営企業の運営を認可していた。しかし，中央集権的な管理体制の定着に伴い，中央政府は現存の企業の接収・改造を行い，公私共同経営を経て，徐々に公有制に転換させた。1950 年代後半には，それまで存在していた私有企業は国有化を遂げ，すべての経済活動は政府によってコントロールされるようになった。ついに，「多様共存」の企業形態は単一の国有制へと変容を遂げたのであった。

このように，計画経済体制の下で中国政府は都市住民に対して「統包統配」の手段を採用して彼らの就職問題を解決し，その際，国有企業は当然ながら，彼らの就職保障の受け皿となった。特に，社会主義という「失業のない社会」の構築を目指して，中央政府は「終身雇用制度」を採用しており，労働者が一度職に就けば，重大な過失がない限り解雇されることはなかった。

一方で，中央政府は膨大な数の人員をできる限り多く配置するために，同一の職務をより多くの人に分担させるという原則で労働力を配置した。こういった雇用制度は経済の効率性よりも，平等主義イデオロギーを重視していると考えられている[7]。労働者はほとんど差のない賃金が給付され，賃金の支払いは国家が保証する仕組みを通じて雇用が確保されていた。その際，「低賃金・高福祉」の方針の下で，労働の評価基準である賃金の水準を抑え，その分を福祉保障に使うことになる。労働者の生活も企業に保障され，企業は労働者本人ないし家族に対して，住宅，医療，年金，子どもの教育等の様々な面で生活保障を提供する機能を担っていた。従って，労働者及び家族の生活保障は企業に依存し，個々人は国家や企業との絆が非常に強い状況に

あった。「国有企業は『単位』として市場における経済活動組織という意味だけではなく，社会全体の中の国民統合のための組織であり，従業員にとっては生活保障を確保する一種のコミュニティである」と考えられていた[8]。徐は社会主義計画経済体制の下で国有企業の労働者と国有企業の依存関係について以下のように描写している。

> 「単位」に属する人は，極論すれば，国営病院で生まれ，国立の幼稚園，小学校，中学校，大学に通い，国営の企業や事業単位に就職する。国家が提供する福祉を享受し，定年後も国家から養老生活金が支給される。国家が用意した住宅に住み，国家が提供する食糧を食べる。死後も国営の火葬場に入る[9]。

しかし，このように構築された制度は失業者の完全就業と生活，福祉を確保した一方，人材の適切な配置や昇進システムなど，様々な問題も生じさせた。特に，企業の存続に関わる問題として，非効率生産をもたらす人員過剰の問題について，唐は次のように指摘している。

> 国有企業において解雇権が与えられてなかった。そのため余剰人員が生じた場合でも自主的に解雇することが出来ず，組織の肥大化が進行した。余剰人員に対して，企業は「終身」の生活保障があり，企業における経済負担は増え続けている。また，人員の「只進不出」[※]は人員の社会流動を阻害していた。一方では，「鉄飯碗」[※]による雇用安定化は消極的な勤労態度や低労働生産性をもたらした[10]。
> ※　筆者註，「只進不出」と「鉄飯碗」は両方とも終身雇用のことを指す。

「改革・開放」政策実施後，社会主義計画経済体制から社会主義市場経済体制への転換に伴い，中央政府は「統包統配」型の雇用システムの問題を意識して，それを改善するために改革を行った。

1.1.2 雇用システムの変革とレイオフ労働者の出現

1978年に計画経済体制を市場経済体制へと移行させる「改革・開放」方針が打ち出された後，経済活動に対する中央集権的な規制が緩和され，私営企業，外資企業等の非国有セクターの運営が可能となり，国有企業も一定の自主権を与えられるようになった。それに伴い，企業の雇用システムも大きな変容を遂げた。

1968年からの約10年にわたる「文化大革命」の終焉によって，都市部において国家の就職配置を待っている新規労働力や農村から都市に戻る大量の「知識青年」など，1979年時点で560万人を超える失業者が存在していた[11]。中央政府は従来の「統包統配」の雇用制度は国民の就職問題に対応できなくなり，また，労働者個人の自主性を抑圧してしまうことを認識した。そこで，国家の統一計画・指導の下で，労働部門による職業斡旋，自主的な就職組織の結合と自ら求職という三者結合の就職方針が打ち出された[12]。従来の「統包統配」制度も見直され，企業は自ら労働者を募集することができるようになり，個々人も職業選択の自由が与えられた。また，国有企業のほか，集団所有制企業，個人経営企業，外資企業，中外合資企業等の多様な形態共存の新経済制度の下で，失業者の就職の新たな受け皿も増えてきた。

　しかし，非国有セクターの誕生は国有企業と非国有企業との競争をもたらした。国有企業は以前から計画的な生産計画を遂行し，企業経営の赤字も国家が補填するため，利益追求の動機づけが欠落しており，赤字経営が増加する一方であった。また，過剰人員に対する莫大な終身福祉保障がもたらしたコストインフレ及び非効率生産によって，競争力の不足問題は顕著になった[13]。国有企業の活力を盛り返し，経済効率を高めるために，国有企業の改革，特に企業内の余剰人員を削減することが要請された。このような背景を受け，1981年に終身雇用制度改革の兆しが現れ，国有企業の経営体制改革の進展とともに，雇用体制も弾力的になった[14]。期限つきの労働契約制度が1983年から3年間の試行[15]を経て，1986年に正式に確立された[16]。しかし，労働契約制度は新規採用の労働者にしか適用されないため，従来の終身雇用

の余剰人員の問題を解決することはなかった。つまり，国有企業には終身雇用制と契約雇用制との2つの雇用形態が存在していた。

　1992年から1994年の間に，国有企業の終身雇用労働者にも労働契約制が実施されるようになった[17]。それに伴い，労働契約制度は終身雇用制度に全面的に取って代わって，あらゆる企業のあらゆる労働者は労働契約を結ぶようになった。具体的には，労働部は「労働力最適化」[18]という措置を採用し，企業内部に競争メカニズムを導入した。それに基づいて，企業側は終身雇用の労働者に選考を行い，合格した者とは労働契約を締結し，合格していない者を強制的にレイオフした。レイオフされた者に関しては，企業内部で設けられた再就職サービスセンターが受け入れ，生活保障を提供しながら再就職斡旋等を行った。

　こうして，大量のレイオフ労働者が現れてきた。1998年初頭までに再就職した者を除いて，692万人のレイオフ労働者がいた。さらに，1998年に中央政府は3年間で国有企業を窮状から抜け出させるという方針を決め，国有企業改革が抜本的に行われた。その結果，人員削減は一層行われ，1998年から2000年までの3年間でレイオフのピークを迎えた。2003年の『中国労働統計年鑑』の統計によると，1998年からレイオフの制度が中止になった[19]2002年までに，累計2022.7万人がレイオフされた。

　このようにして，中国の失業問題はレイオフ労働者の出現によって始まった。2000年代に入ってからさらに複雑化，多様化して，出稼ぎ労働者問題，若者の失業問題，女性の失業問題など，失業者の数も種類も増えていった。他方で，国有企業の効率的生産のための改革に伴い，それまでに国有企業が運営していた労働者の教育を担う成人教育機関も市場化され，成人教育の役割もその変化に伴って大きな変容を遂げた。次節では，成人教育制度の定着及びその後の変容について，国有企業改革を軸に考察していく。

第2節　中国における成人教育の変容

1.2.1　成人教育制度の定着

　改革・開放政策が実施された後，中国においては経済，社会，文化，科学技術，教育等，多様な方面で新たな可能性が現れ，特に，経済成長は国家発展の重要な議題として提起された。一方で，人材に対するニーズと文化大革命による教育の破壊が著しい対照をなしていた。1977年の教育・科学職員座談会で鄧小平は，国家の経済発展は科学技術の発展に依存しなければならず，科学技術の発展には教育による人材養成が基本的な条件であるため，教育を発展させることは重要な課題であると指摘した。教育の発展に関して，鄧小平は普通教育と成人の「業余教育」[20]という二本柱によって支えられるべきとし，成人教育の回復と発展の道を開いた。その際，成人教育の展開は国家の経済発展に最も密接な関連を持つ労働者の「職工教育」によってその端緒が開かれた。

　文化大革命の影響で，労働者の文化・教養は大幅に低下し，特に，工場や鉱山企業での青年単純労働者の多くは文化的基礎知識だけでなく，業務技術も乏しい状況にあった。こうした状況に対し，1979年に教育部は「全国職工教育会議」を開き，「1966年以降企業に入った青年労働者の初級技能教育と中学校の文化教育」を重点とする方針を決定した。1981年の「職工教育の強化に関する決定」の発表によって，全国の企業は青年職工に「双補教育」（知識と技能の両方を補う教育）を急速に展開させた[21]。1985年末までに「双補教育」は普及を遂げ，中央政府目標の60パーセントから80パーセントを達成した。

　この時期の職工教育の特徴は規模が大きく，大衆性を持ち，普及が早いことであった。一方，教育訓練と企業の生産ニーズが合致せず，教育が経済成長に資する効果をもたらさない状況が存在していた[22]。また，訓練，評価，待遇との間に関連性がないため，労働者の教育を受ける積極性にも影響を及ぼした。多くの企業は労働者の訓練への参加率という目標数値だけを重視し

たため，このような職工教育の展開は計画経済体制の傾向が非常に強いものであった。

1986年から1990年までの「第七次五ヵ年計画」期は，経済秩序の整備と企業改革が全面的に展開する時期であり，職工教育は生産現場や企業発展に適応する必要性があった。そこで，職工教育は徐々に「補償教育」的性格から「向上訓練」的性格に重点を移し，新たな発展期に入った。

1987年に国家教育委員会の「成人教育の改革・発展に関する決定」(以下，「決定」とする)により，「成人教育」という言葉が正式に用いられ，「基礎教育，職業技術教育，普通高等教育」と同等の位置づけが明示された。「決定」は成人教育が「主として各種のすでに仕事に就いた労働者」を対象とし，その役割は，①仕事のニーズに適応させるための向上訓練，②初・中等教育を受けなかった労働者のための基礎教育，③中・高等教育の文化水準と専門レベルに達していない労働者ための文化・専門教育，④高等教育を受けた者のための継続教育，⑤人々の精神・文化生活に対するニーズの急増に応えるための社会文化・生活教育という5つの側面にあると明確に定めた[23]。なかでも，①の仕事のニーズに対応する在職者の向上訓練と④の継続教育が重要とされ，中国における成人教育は1987年の「決定」の発表によって在職労働者の教育として定着した。

1989年に発表された「向上訓練の展開に関する若干の意見」で規定されたのは，向上訓練は労働者の雇用されている企業が実施母体となるということであった[24]。このように，中国における成人教育と国家の経済発展は密接な関連を持ち，企業の唯一の形態であった国有企業は国民経済の発展の鍵となる役割を果たすとされた。そのため，当時の成人教育には国有企業の企業内教育が大きな割合を占めていた。こうして，国家の経済発展戦略の調整による国有企業の改革は成人教育にも大きな影響を及ぼすこととなった。

1.2.2　国有企業改革に伴うレイオフと成人教育の変容

第1節で述べたように，従来中国の企業はすべて国家が所有し，国有企業は唯一の企業形態であり，「改革・開放」以降の非国有セクターの誕生は国

有企業と非国有企業との競争をもたらした。計画経済体制下に残されてきた国有企業の過剰人員に対する莫大な終身福祉保障がもたらしたコストインフレ及び非効率生産によって，国有企業の競争力不足の問題が顕著になった。1990年代に，従来の余剰労働者の適切な配置が国有企業改革の大きな問題となり，その最初の対策の方針は，主に余剰労働者の企業内部での配置転換であった。1993年の国務院による「国有企業余剰人員の配置規定」で，企業は企業間調整，有給休暇等の手段を通して余剰労働者の行き先を斡旋するものとされた[25]。特に，余剰労働者に職場復帰や職業転換のための訓練を行うことが提起された。しかし，職場復帰訓練とはいえ，多くの労働者が職場復帰の可能性がほぼなく，転職等の問題に直面するようになった。成人教育は在職者の向上訓練以外に，生産の停止・部分停止の状況にある企業では労働者の転職を促進するための転職訓練を行う役割も担うようになった。

　しかし，国有企業改革の進行につれ，大量の余剰労働者の雇用調整はますます困難となり，やがて「レイオフ」という手段が講じられた。1998年から企業内部でレイオフ労働者を受け入れる再就職サービスセンターが設立されることになった[26]。再就職サービスセンターは最低基準の基本生活費の支給，年金，医療，失業保険等の社会保険料をレイオフ労働者の代わりに納入すること等を通してレイオフ労働者の生活を保障し，また，再就職の斡旋をするものである。レイオフ労働者が再就職サービスセンターに在籍できる期間は3年間であり，再就職未達成者は企業との労働契約関係が解除され，失業者になる。換言すれば，再就職サービスセンターはレイオフ労働者にとって，国有企業から自由労働市場に移行する過渡期における新たなコミュニティであったと言える。レイオフ労働者の再就職を促進するための再就職プロジェクトも提起され，産業振興による再就職ルートの開拓，労働市場の改善，再就職指導と再就職訓練の実施といった手段が講じられた。このような再就職プロジェクトは，レイオフ労働者の適切な配置及び再就職に関する新しい労働市場メカニズムを形成することが目的である。

　再就職プロジェクトの実施からもうかがえるように，中国の国有企業改革におけるレイオフは一般的に言うレイオフとは違って，事実上これらのレイ

オフ労働者は元の職場への復帰の可能性は低く，再就職せざるを得ない状況にあった。計画経済体制の下，国家配置を通して職に就いたこれらの労働者は，市場経済体制下で形成された労働市場に対する認識不足や労働市場と彼ら自身の技能とのミスマッチ等により困難を抱え，彼らが再就職するための就職指導や再教育が必要とされた。

　しかし，労働者に対する教育を主要な役割としてきた従来の成人教育は，これらのレイオフ労働者の再就職のための教育に役割を果たすことができず，レイオフ労働者の再教育は労働部門が引き受けるようになり，レイオフ労働者に無料で再就職指導，再就職訓練を実施することとなった[27]。一方で，この時期の成人教育は 1995 年の「教育法」の確立と 1999 年の「21 世紀教育振興行動計画」の発表により，生涯学習体系構築の道を進んでいった。

1.2.3　社区コミュニティの形成に伴う再就職支援と成人教育

　国有企業改革において，上記のような人事制度改革以外に，直接に生産に携わらない部門の外部化も重要な改革であった。中国政府は終身雇用制度を確立する際，「低賃金，高福祉」という方針を採用し，労働者は少額な賃金分配の代わりに手厚い福祉サービスが国有企業によって保障されていた。しかし，国有企業改革に伴い，労働者の福祉に関わる学校，病院，商店等の部門が縮小・外部化され，国有企業が労働者の福祉サービスを保障し得なくなり，企業内部で形成された国民の福祉保障を確保するためのコミュニティは崩壊した。こうした状況のなか，民政部は「社区建設」を推進することを打ち出し，国民の福祉サービスの新たな受け皿を提供することとした。2000年の「民政部による全国の都市における社区建設の推進に関する意見」では，次のように述べられている。

　　国有企業改革の深化，経営メカニズムの転換と政府の機構改革に伴い，企業から遊離された社会的機能と政府から移転されたサービス機能のほとんどは社区が引き受けることになる。企業や事業単位[28]から独立した社会保障システムと社会サービスネットワークを成立させることにも都

市の社区が役割を果たす必要がある[29]。

　このようにして，2000 年以降，全国で「社区」という地域コミュニティが国有企業の代わりに，労働者を含めたすべての都市住民の生活コミュニティの新たな受け皿となった。

　このような構想に基づく国民の福祉サービスを保障する新たな地域コミュニティの形成に伴い，レイオフ労働者の再就職訓練は再就職サービスセンターという過渡的コミュニティから「社区」コミュニティに移行した。再就職サービスセンター退所後のレイオフ労働者の生活や再就職に備え，各社区で失業者の書類管理，就職指導，就職斡旋，職業訓練，起業指導，社会保険業務等を行う労働保障サービス機構が次々と設置された。社区を基盤とする公共就職支援サービスシステムが整備されるにつれ，2002 年に国務院が「レイオフ労働者の再就職のさらなる促進に関する通達」を発表し，2002 年以降には国有企業のレイオフ労働者は再就職サービスセンターを経由せず，失業保険を受給し，社会の公共就職支援サービスを受けることになった[30]。再就職サービスセンターの廃止により，レイオフという過渡期の失業形態が存在しなくなり，レイオフ労働者は現代社会の一般失業者と同じように待遇されるようになった。こうして，市場経済体制下の「労働者の自主的就職，市場の調節機能と政府の政策促進」に基づいた新たな就労メカニズムの定着に伴い，失業者の再就職も例外なく労働市場に委ねられることになり，失業保険，公共職業訓練，公共就職斡旋等からなる公共就職支援サービスシステムが形成された。

　社区が国有企業の社会的機能を受け継ぐのみならず，国有企業の労働者の教育機能を担う成人教育も社区教育へと再編が進んだ。社区教育は1980 年代後半に上海市をはじめとする一部の大都市の教育改革で出現した新たな教育形態である。当時は，主に青少年の学校外教育を豊かにすることを目的として，学校，家庭とコミュニティのつながりに基づいて展開されていた。つまり，社区，社区内の学校及び企業がともに運営する「社区教育委員会」が組織され，学校と社会の相互作用に着目し，国民の道徳，教養を高めるため

の学校施設の地域住民への開放や社会的ネットワークを活用しながら学校教育改革を推進するなどの活動を展開した。牧野は，この時期の社区教育を「学校支援のための地域教育資源ネットワークとしての社区教育」[31]と称している。この時期の社区教育は，地域の既存の学校や教育施設を生かしつつ展開されていた。

　1990 年代後半になって，国有企業内部の成人教育施設の外部化によって，それらの施設は社区教育で活用されることになった。従って，社区教育は，これらの成人教育施設の機能も受け継ぐことになり，青少年の学校外教育のみならず，成人のための短期職業訓練や継続教育も実施するようになった。この時期における都市住民の生活基盤の「単位」コミュニティから「社区」コミュニティへの変化，ライフスタイルの変化，余暇生活の過ごし方など，都市部における生活課題が多様化するにつれ，コミュニティにおけるすべての住民に広がる多様な教育実践が展開しており，社会文化・生活教育の社区教育に占める割合が大きくなりつつあった。また，従来成人教育のなかで重要な位置づけを有していた職業教育が 1985 年に「教育体制改革に関する決定」[32]の公布により学校教育体系に組み込まれたこと[33]，学歴社会の形成，労働市場の流動化に伴う労働者の市場競争の激化等の背景の下で，人々の就職や再就職のための再教育が重要となり，成人教育は「短期職業訓練やリカレント教育，夜間などの継続高等教育へとその分野を広げることとなった」[34]。このような職業教育と成人教育のシステムの再編によって，レイオフ労働者や失業者という職場から離れた労働者の教育は，従来言われてきた成人教育の領域ではなく，主として労働部門が主催する職業技能訓練のなかで取り扱われるようになった。

　2000 年以降，社区教育は行政的に再編され，社会的な公正と経済的な競争とを両立させる施策として政府の行政行為となり，社会的セーフティネットとしての社区教育となった[35]。1999 年に教育部の発表した「21 世紀教育振興行動計画」により，社区教育実験区が一部の都市に指定され，社区教育の全国的な展開が目指された。これに関しては第 3 章で詳述するが，すなわち，この時期には社区を基盤としつつ，社区の成員のそれぞれのニーズに応

える多種多様な教育機会を社区教育を通して提供し，生涯学習理念の普及と学習社会の構築が目標とされた。この時期の成人教育では成人の職業に関する教育のみにとどまらず，人々の精神・文化生活へのニーズの高まりに応え，国民の教養も高めるために，各社区においてノンフォーマルな文化・教養教育も盛んになった。それは，「一方で人々の離転職の激化に対応して，職業教育・技術教育の機会を保障して就労を促しつつ，生活を安定させ，他方で急激に流動化する都市部において，都市住民の相互理解・融和の必要や文化・教養への関心の高まりに応えるための学習機会を提供して，治安を含めた都市生活を安定させるための措置，言わばセーフティネットとして」[36]の社区教育とされている。

　このようにして，従来の成人教育の実践は社区教育のなかに組み込まれるような状況になっており，社区教育が成人教育の新たな活動の領域（場）となってきたとも言える。社区の形成は，従来の成人教育が企業や学校に限られるという伝統的なシステムを破り，成人教育に新たな活動領域を提供し，生涯学習社会の形成に大きな可能性を与えたとともに，失業者の教育にも関わりを持ち始めた。社区教育は社区におけるすべての住民を対象とすることから，失業者も当然その対象となる。失業問題と成人教育は，2002年の教育部による「各種学校を動員してレイオフ失業者に積極的に再就職訓練を展開することに関する通達」[37]の公布によって接点を持つことになった。この「通達」は「社区教育がその機能を発揮し，社区の教育資源と公共施設を活用し積極的に再就職訓練を実施すべき」ことを明確に示し，社区教育における再就職訓練の位置づけがよりはっきりとしたものとなった。

　しかし，それが本格的に実施されるのは近年になってからであった。レイオフを経て失業となった者のみならず，現代における都市と農村との間の人口流動化により，都市部の失業問題がさらに多様化，複雑化している。そこで，社区教育が役割を発揮し，それぞれの地域課題に応じた課題解決の取り組みが求められつつある。本書の第3章以降で，各地における失業問題に対応するための社区教育の事例を検討していく。

第3節　成人教育概念の批判的検討

　以上，考察してきたように，国有企業の改革ないしレイオフ労働者，失業者の出現は，成人教育の変容に大きな影響を与えたことがわかった。現代の成人教育理論を再考する際，失業問題抜きには考えられないとも言ってよいだろう。

　従来の「統包統配」的な雇用制度の崩壊は，それまで存在していた潜在的な失業問題を顕在化させ，レイオフ労働者の出現をはじめとする失業問題の表出は中国の経済体制改革の当然の帰結でもあったと言える。経済の改革・発展は大多数のレイオフ労働者に新たな恩恵を受けるチャンスをもたらすことはなく，彼らはその後正式な失業者となり，社会的弱者に転落した。「労働者の自主的就職，市場の調節機能と政府の政策促進」に基づいた市場体制的な就労メカニズムの形成に伴い，失業者の再就職も労働市場に委ねられ，失業保険，公共職業訓練と公共就職斡旋からなる再就職支援システムが形成された。特に，産業構造の変化や学歴社会の形成に伴い，学歴の取得や新技能の習得のための再教育が失業者の再就職に非常に重要であると言える。

　国有企業の「単位コミュニティ」が崩壊する以前，労働者の教育は企業が責任を持っており，「職工教育」を主とする成人教育は労働者の職業における自己発展に大きな役割を果たしていた。しかし，国有企業改革が進められた後，企業が担っていた労働者への教育機能が外部化され，企業改革でレイオフされた労働者はもとより，在職労働者の向上訓練も外部に委託されるようになった。従って，従来の労働者教育を中心とする成人教育領域では，レイオフ労働者や失業者に対して次第に無関心になっていった。失業者は労働部門に受け入れられ，彼らに対する教育も労働部門によって実施されるようになった。一方で，成人教育はその活動領域を社区へと転化していき，リカレント教育，夜間などの高等継続教育及び都市住民の余暇教育が主な教育内容となった。

　しかし，高等継続教育を通して高い学歴を取得することは新たな就職に有

益ではあるが，新たな社会変化に適応し自ら新しい職業を選択するための職業技能の習得も低学歴者にとって重要であろう。彼らにとって必要とされている短期の初・中等レベルの職業訓練は，労働部門がその主な役割を担っているが，本来その役割を果たすべき教育部門の位置づけは重要視されていない状況があった[38]。

　ただし，労働部門が主管する再就職訓練に，教育部門がまったく関わっていないわけではない。成人教育と失業者との接点が見られるようになったのは，再就職訓練が社会の諸教育機関へ委託可能になってからである。そこで，労働部門の職業訓練施設以外に，教育部門の職業技術学校，高等専門学校，通信教育等の社会の教育機関が，再就職訓練を行うことができるようになった。特に，2002年に教育部は，社区教育がその機能を発揮し，社区の教育資源と公共施設を活用し再就職支援を実施すべきとした[39]。社区を基盤とする就職支援システムの整備に伴い，社区教育は新たな成人教育の実践として，近年では失業者を対象とした職業訓練も行うようになった。

　「改革・開放」以降に出現した失業問題の解決に向けて，失業者の再教育において成人教育がどのような役割を果たせばよいのかが問われるようになってきている。労働部門，教育部門どちらの主管であれ，この種の「再就職訓練」と呼ばれる成人のための教育は失業者たちの再就職に不可欠な役割を果たしているのは事実である。

　「改革・開放」以降の労働市場の自由化に伴い，労働者は在職労働者と失業労働者に分けられた。つまり，歴史的には労働者の教育として展開してきた成人教育の領域において，失業者など現代社会に生まれた新しい学習者の学習ニーズへの対応という新たな課題が浮上している。中国では完全就職体制はすでに存在しておらず，市場経済体制下の労働市場は次第に多様化し，失業問題は普遍的な社会問題になりつつある。現代社会に生起している失業問題の解決に，成人教育の営みとしていかに関わることができるかが重要な課題となっている。

　労働市場の変化を経た中国社会においては，従来にない対象者を成人教育の範疇で捉えていかざるを得ない状況になってきている。一方で，成人教育

の実践の場面においては，レイオフ労働者や失業者の教育課題に応える実態が存在している。次章以降は，筆者のフィールド調査に基づいて，労働部門と教育部門がそれぞれ，または協働して失業問題に取り組む実態を考察していく。

1）毛桂栄「公共サービス提供の制度構築—中国事業単位の改革—」『明治学院大学法学研究』第90号，2011年1月，219-302頁。

2）国家統計局編『新中国五十年1949-1999』中国統計出版社，1999年。

3）「救済失業工人暫行辦法(失業労働者の救済に関する暫定方法)」政務院，1950年。

4）趙入坤「『文化大革命』以前中国城市労働就業問題(中国都市部における『文化大革命』以前の労働就業問題)」『当代中国史研究』第4号，2008年，41-48頁。

5）中華人民共和国中央人民政府法制委員会編『中央人民政府政務院関於労働就業問題的決定(中央人民政府政務院の労働就業の問題に関する決定)』1952年。

6）1955年5月に労働部が主催した第二次全国労働局長会議では，「統一管理・責任分担」という原則に基づき，労働力に対する統一接収，統一配置の方法と労働部門の管理権限が規定された。その詳細については，莫栄「中国就業55年的改革，発展和輝煌成就(中国就業55年の改革，発展と輝かしい業績)」『中国労働』2004年11号を参照。

7）郭新平「中国における労働雇用制度改革と『下崗』」『立教大学大学院社会学研究科年報』第10号，2003年，89-99頁。

8）史新田「移行期における国有企業と従業員の新しい関係—『単位人』から『契約人』へ—」『立教大学大学院社会学研究科年報』第10号，2003年，75-87頁。

9）徐向東「中国国有企業改革と雇用調整メカニズム—生活保障システムとしての『単位』制度とその変容をめぐって—」『立教大学社会学部応用社会学研究』第40号，1998年，119-134頁。

10）唐伶「中国国有企業における雇用改革」『桃山学院大学環太平洋圏経営研究』第9号，2008年，149-168頁。

11）馬慧敏「我国失業問題現状分析(我が国の失業問題の現状に関する分析)」『合作経済と科学技術』第20号，2008年，24-25頁。

12）全国労働就業会議「進一歩做好城鎮労働就業工作(都市部の労働就業のさらなる促進について)」中共中央発(1980)第64号。

13）李麦収「中国の国有企業改革に伴う失業原因の分析」『一橋研究』第31巻3号，2006年，5-9頁。

14）「関於広開門路，搞活経済，解決城鎮就業問題的若干規定(手段を広げ，経済を活性化して都市部就業問題を解決することに関する決定)」中発(1981)42号。

15）労働人事部「積極試行労働合同制的通知(労働契約制を積極的に試行することに関する通知)」1983年。

16）労働人事部「国営企業実行労働合同制暫行規定（国有企業における労働契約制の実行に関する暫定的規定）」1986 年。

17）労働部「関於拡大試行全員労働合同制的通知（全員に対する労働契約制の試行の拡大に関する通知）」1992 年；労働部「関於全面実行労働合同制的通知（労働契約制の全面的実行に関する通知）」1994 年。

18）「関於継続做好優化労働組合試点工作的意見（労働力最適化の試行に関する意見）」労働部（1990）第 12 号公文書により，労働力最適化とは，企業が自らの生産・経営の需要に基づいて合理的に定員を決定し，労働者を再配置することである。その際に，「清崗（ポストを清算する）」，「評崗（労働者の再評価）」，「上崗（ポストに就ける）」，「下崗（レイオフ）」等の手段が決められた。

19）2001 年に，社会失業保険制度の整備に従い，レイオフという特殊な失業形態が中止され，レイオフ労働者は失業者と同一視されるようになった。それ以降企業から出た労働者は再就職サービスセンターを経由せず，直接失業者になる。

20）成人教育の旧称であり，労働者，農民，幹部，教師等の社会構成員が生産活動に従事する勤務時間以外の時間に受ける教育活動のことを指す。

21）「中共中央，国務院関於加強職工教育的決定（国務院による職工教育の強化に関する決定）」中発（1981）8 号。

22）中国成人教育協会編『中国成人教育改革発展 30 年』高等教育出版社，2008 年。

23）「国家教育委員会関於改革和発展成人教育的決定」国発（1987）59 号。

24）国家教育委員会等五部門「関於開展崗位培訓若干問題的意見」1989 年。

25）「国有企業富余職工安置規定」国務院令第 111 号，1993 年。

26）「中共中央，国務院関於切実做好国有企業下崗職工基本生活保障和再就業工作的通知（国有企業レイオフ労働者の基本生活保障と再就職を着実に進めることに関する通達）」中発（1998）10 号。

27）「関於印発『三年千万再就業培訓計画』的通知（『三年千万再就職訓練計画』の配布に関する通達）」労社部発（1998）36 号；「関於印発『第二期三年千万再就業培訓計画』的通知（『『第二期三年千万再就職訓練計画』の配布に関する通達』労社部発（2000）26 号；「関於印発『2004-2005 年再就業培訓計画』的通知（『2004-2005 年再就職訓練計画』の配布に関する通達）」労社部発（2004）5 号。

28）事業単位とは，国家が社会公共利益を目的として，国家機関が，または，他の組織が国有資産を利用して設立した，教育，科学，研究，文化，衛生，体育等に関する活動を行う社会サービス組織である。国家事業単位管理局「事業単位登記管理暫行条例実施細則」2014 年改訂。

29）「民政部関於在全国推進城市社区建設的意見」中辦発（2000）23 号。

30）「中共中央国務院関於進一歩做好下崗失業人員再就業工作的通知」中発（2002）12 号。

31）日本公民館学会編『公民館コミュニティ施設ハンドブック』エイデル研究所，2006 年，394 頁。

32）中共中央国務院「中共中央関於教育体制改革的決定」1985 年。

第1章　「脱国有化」から見る再就職支援と成人教育　　45

33）中国における職業教育の展開は概ね2つの分野に分類することができる。すなわち，学校職業教育と成人職業教育である。従来，中国の職業教育は成人教育の一環として位置づけられており，主に在職労働者を対象とする職業技能教育が中心となっていたが，1980年代の教育体制改革に基づいて国家の経済発展に資する若手人材育成の方針の下で職業教育が重視され，学校教育体系のなかで中等教育から高等教育までの職業教育体制が展開し始めた。

34）牧野篤『中国変動社会の教育—流動化する個人と市場主義への対応—』勁草書房，2006年，219頁。

35）日本公民館学会，前掲書，394頁。

36）牧野篤，前掲書，2006年，255-256頁。

37）「教育部関於動員各類学校積極開展下崗失業人員再就業培訓工作的通知」教職成（2002）11号。

38）「関於貫徹落実国務院進一歩加強就業再就業工作通知若干問題的意見（国務院による就職・再就職の強化に関する通達の執行に関する意見）」労社部発（2006）6号において，現代社会の就職や再就職に関わる21の行政部門の役割が規定されるなか，労働社会保障部の役割は就職サービス，公共職業訓練，技能検定等であるのに対して，教育部の役割は主に高等教育機関の在学生に対する就職指導等である。

39）前掲註37。

第2章　レイオフ労働者の再就職訓練と成人教育
——旧工業地帯の事例を通して——

　本章は，1990年代後半から2000年代前半にかけて，国有企業改革によって大量に発生したレイオフ労働者の実態と彼らに対する再就職支援の取り組みについて考察を行う。レイオフ労働者というのは体制改革の過渡期における一時的な産物であるが，こうした改革において最初に現れた失業群への対応をきちんと把握することは，今後の失業問題の解決策を考える際に有益であると考えられる。

　具体的には，再就職訓練施設がいかに再就職のトレーニングを行っているのか，失業者が再就職できるようにどのような仕組みを備えているのかという視点から，再就職訓練の実態と課題を明らかにしていく。その際，社区教育の未発達地域と失業率の高い地域という2つの要因を考慮し，旧工業地帯である黒竜江省ハルビン市を事例として選定した。旧工業地帯は中国建国初期に東北地域において開発された工業地帯であり，国有企業の比重が非常に大きかったため，レイオフ労働者が多いことも事例選定の要因の1つである。また，社区教育の未発達地域であるため，労働部門が主体となる取り組みを取り上げることにする。

　第1節では国家の統計資料と各研究団体が行った調査結果を踏まえて，レイオフ労働者の構成，特徴，生活状況等に関する共通の傾向を明らかにし，彼らにとってなぜ再就職訓練が必要なのかについて検討する。第2節では旧工業地帯におけるレイオフと失業の実態を考察し，そのなかでも特に黒竜江省ハルビン市を事例として選定した理由を明らかにし上で，ハルビン市における再就職訓練の実施体制を概観する。第3節では，再就職訓練施設におけ

る職員，講師と受講者など，支援者側と被支援者側へのインタビュー調査の
分析を行い，当事者から見た再就職訓練の評価について考察を行う。

第1節　レイオフ労働者の実態

　近年，「都市貧困」という問題が注目されている。1990年代初頭，中国の
貧困問題は農村の現象と見なされていたが，社会，経済体制の改革によって，
都市住民の収入の格差が拡大し，1995年の都市部の貧困率は，1988年より
12パーセント上昇した[1]。この都市貧困問題の深刻化は，近年の都市部にお
けるレイオフ，失業の増加と大きな関連があると考えられている。

　労働者がレイオフされた際，彼らの今後の生活を保障するために，再就職
サービスセンターから基本生活保障金が支給されるという制度があったが，
支給される金額の基準は彼らが在職時の収入よりかなり減少していたことが
これまでの多くの研究調査を通して明らかになっている[2]。また，減少され
た後の収入がレイオフ労働者の日常生活の支出に追いつかない状況である[3]。
国家の社会福祉保障制度が整えられておらず[4]，生活困難を余儀なくされる
際，レイオフ労働者は衣食の節約，借金，親族に頼る等様々な手段を講じて
おり，主に自身の労働や地縁血縁によって生活費が捻出されていた[5]。

　一方で，レイオフ労働者が自身の労働によって収入を得ることに関して，
「潜在就職」という存在が指摘された。「潜在就職」とは書類等の形式上はレ
イオフ状態であるが，実際に収入がある仕事をしている状況を指している。
この状況が生じた原因は3つあると指摘される。第一に，労働者は新しい仕
事を見つけたが，元の雇用企業から基本生活保障金や福祉保障を継続して受
け取るために，再就職サービスセンターを経由せず，直接新しい労働契約を
結ぶことにある。第二に，新しい職場が労働者の社会福祉保障等の提供を避
けるために，労働者と正式の労働契約を結ばないことであり，就職難の時期
には，レイオフ労働者はそれを受け入れるしかない。第三に，安定性がない
パートタイムの就労である。こうした「潜在就職」はレイオフ労働者の生活
状況に一定の改善をもたらすことは考えられる。しかし，「潜在就職」の存

在は国家制度のまだ不完全な時期にのみ可能なことであり，レイオフ労働者が再就職サービスセンターを出た後は，元の企業との関係は完全に断ち切られることから，「潜在就職」も一時的なものにすぎなかった。

2005年以降，再就職サービスセンターの廃止により，レイオフ労働者が失業者と同一視されるようになり，彼らに対する再就職サービスセンターのレイオフ基本生活保障，失業保険と都市住民最低生活保障という「三本保障線」は失業保険と都市住民最低生活保障の「二本保障線」になった。すなわち，レイオフ労働者が書類上で失業者になることによって，失業保険を受給するようになるとともに，再就職活動を行うこととなる。失業保険受給期間内に再就職を果たせない場合，最終的に都市住民最低生活保障を受給することとなる。表2-1は当時の各省，直轄市，自治区の失業保険，都市住民最低生活保障の支給基準を平均賃金と比較しながら，レイオフ労働者や失業者の生活水準を示したものである。

表2-1より明らかなのは，失業保険であれ，都市住民最低生活保障であれ，いずれにしても当該都市の平均賃金より言うまでもないほど低いことである。北京市を除いて，失業保険の金額は当該都市の最低賃金よりも低く，都市住民の平均消費水準にも追いつかない状況にある。このように，国家や企業の資力が乏しく，社会保障制度が不完全な状況では，再就職を果たすことはレイオフ労働者にとって緊急の課題になった。しかし，レイオフ労働者が再就職する際，彼ら自身の素養が大きな問題になるという課題があった。

レイオフ労働者の構成と特徴については，まず当時発行の『中国労働統計年鑑』のデータを通して考察する。

性別の特徴については，女性労働者は労働者全体の38パーセントにすぎないにもかかわらず，レイオフ労働者の比率は女性が56.5パーセントを占めており，男性より13パーセント高くなっている[6]。

年齢構成については，レイオフ労働者のなかには職業上のノウハウや経験が豊富であるはずの35～46歳の世代が多い。レイオフ労働者のなかで，35歳以下は34.9パーセント，35～46歳は43.1パーセント，46歳以上は22パーセントである[7]。

50

表 2-1　失業者と都市住民の月収入一覧表

（単位：元）

	平均賃金	最低賃金	失業保険	都市住民最低 生活保障	住民平均 消費水準
北京市	3343.1	640.0	1037.7	310.0	1542.3
上海市	3432.3	750.0	724.2	320.0	1857.8
天津市	2390.2	660.0	163.8	300.0	1046.2
重慶市	1601.3	500.0	123.3	1601.3	752.7
河北省	1382.5	510.0	230.8	154.5	750.7
山西省	1525.0	490.0	163.2	149.4	673.0
内蒙古	1539.1	485.0	127.1	147.1	753.6
辽寧省	1635.3	496.7	331.1	185.5	779.6
吉林省	1381.9	460.0	81.5	144.6	680.5
黒龙江省	1375.4	476.0	90.5	162.3	617.5
江蘇省	1981.8	630.0	380.6	221.4	960.8
浙江省	2318.3	645.0	175.3	234.3	1323.1
安徽省	1495.8	443.3	266.8	185.1	661.8
福建省	1609.8	541.7	257.3	179.9	975.8
江西省	1299.2	315.0	113.3	138.9	662.5
山東省	1602.3	490.0	272.0	190.2	932.8
河南省	1415.8	400.0	252.5	146.9	741.2
湖北省	1337.3	364.0	76.0	158.1	753.4
湖南省	1487.5	475.0	127.3	1487.5	790.0
広東省	2182.2	604.0	350.2	2182.2	1242.8
広西自治区	1505.3	417.0	189.2	1505.3	657.8
海南省	1324.2	496.7	130.7	1324.2	640.7
四川省	1487.7	485.0	226.0	1487.7	692.1
貴州省	1401.3	500.0	75.8	1401.3	708.9
云南省	1559.3	480.0	288.5	1559.3	714.9
陝西省	1409.8	480.0	124.0	1409.8	752.8
甘粛省	1437.2	377.5	224.0	1437.2	682.5
青海省	1889.9	450.0	92.6	1889.9	623.4
寧夏自治区	1769.9	416.7	132.6	1769.9	725.9
新疆自治区	1484.9	535.6	270.3	1484.9	656.3

出所：平均賃金，最低賃金，都市住民最低生活保障は『2007年中国社会統計年鑑』；
　　　失業保険は『2006年中国労働と社会保障年鑑』；
　　　住民平均消費水準は『2007年中国統計年鑑』により筆者作成。

教育水準については，レイオフ労働者は概して学歴が低い場合が多い。中卒と中卒以下は55.2パーセント，高卒とそれに準じる学歴は37.5パーセントであり，大学専科以上は7.3パーセントにすぎない[8]。つまり，レイオフ労働者はほとんど中等教育のみを修了した者であり，そして，彼らの多くは文化大革命の混乱期に教育を受けているため，実際に彼らの教育水準はより低いことも推測される。

また，レイオフ労働者の前職に関しては，上級管理者，中間管理者，技術者，事務員，現業従事者とサービス業従事者の順に割合が高くなっていく。調査データを見れば，レイオフ労働者の前職は上級管理者0.32パーセント，中間管理者3.36パーセント，技術者5.88パーセント，事務員14.6パーセント，現業従事者とサービス業従事者74.74パーセント，その他1.10パーセントである。上級管理者の場合は市場経済における規制緩和により自立起業等が可能となるため，自主的に離職する場合も考えられる一方，レイオフ労働者の多くは主に現業従事者とサービス業従事者からなっており，強制的にレイオフされた者が大半で，全体のレイオフ労働者の4分の3を占めていることがわかる[9]。

以上の統計から，レイオフ労働者の特徴は，①女性が多い，②中高年が多い，③低学歴者が多いという3点にまとめることができる。こうしたレイオフ労働者の特徴には以下の要因が指摘されている[10]。

レイオフ労働者に女性が多いという傾向は，女性労働力の割合が比較的高い国有セクターの繊維・紡績産業における産業構造の調整に起因する。また，市場経済化に伴い企業が女性労働者を忌避する傾向が強まっていることや，従来の男女平等政策により女性に適さない職場にも女性が進出していたこともその要因であると推測されている。

次に，中高年が多い傾向に関しては，この世代は教育を受けるべき時期を文化大革命の渦中で過ごし，十分な教育を受けることができなかったため，レイオフの対象となった。

最後に，低学歴者が多い傾向は，上記の中高年のレイオフ労働者に低学歴者が多いことと関連があるほか，彼らの職位構造とも関わっていると言える。

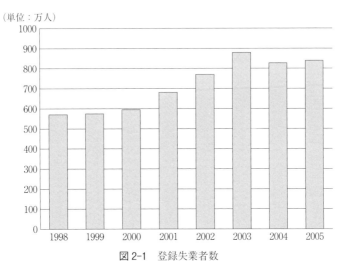

図 2-1　登録失業者数
出所：『2006 年中国労働統計年鑑』により筆者作成。

　新たな生産設備や技術の導入により，現業従事者の技能の向上に対する要求は高まる一方で，低学歴労働者は時代の要請に対応することができなくなった。
　こうした特徴は明らかにレイオフ労働者の再就職における競争力を弱め，彼らが新しい職に就くことに大きな困難をもたらす要因と思われる。2000 年の時点までで，再就職サービスセンターにおけるレイオフ労働者の平均レイオフ期間は 1 年 7 ヶ月であった。すなわち，多くのレイオフ労働者はレイオフされて 1 年半以上経過したが，再就職はできていなかった。レイオフ労働者の再就職サービスセンターの在籍期間は 3 年間と規定されているため，3 年を過ぎてまだ再就職できない者は完全に失業者になる。
　従って，図 2-1 に示しているように，2000 年までの登録失業者数は，緩やかに増加していたのに対して，再就職サービスセンターが設立された 3 年後，すなわちレイオフ労働者がセンターから出所し始める 2001 年に，登録失業者数は 100 万人近く急増した。この事実から，レイオフ労働者の再就職状況の悪さが認められる。つまり，再就職を果たしていないレイオフ労働者

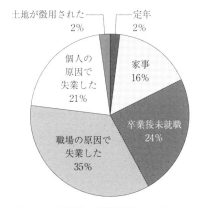

図 2-2　失業者の失業原因による分布
出所：『2008 年中国労働統計年鑑』により筆者作成。

が失業者として再登録されたのである。2005 年には，登録失業者数は 839 万人に上った。増加分のすべてが国有企業改革で生じたレイオフ労働者ではないものの，2005 年の登録失業者の失業原因を見ると，レイオフや企業破産等国有企業改革による失業は，全失業者の 50.3 パーセントであり，約半数を占めていた[11]。2008 年に至って，レイオフ労働者と同じように，職場の原因で失業した者は相変わらず，最も多いグループである(図 2-2)。また，失業者の教育水準や年齢構造等においては大きな変化は見られなかった[12]。2010 年における全国の失業者の基本状況を見ると，失業者は中卒・高卒者（合計 73.7 パーセント），30～49 歳及び 50 歳以上の中高年層(合計 57.1 パーセント)が多い(図 2-3, 図 2-4)。また，商業サービス業と生産運輸等の現業従事者が多い。そうした者たちがすべて当初のレイオフ労働者とは限らないものの，増加を続けている失業者の多くは，レイオフ労働者と同様の問題を抱えていると推測できる。従って，レイオフ労働者の再就職問題を分析・検討することは，現代社会に新たに生じた失業問題の解決を図る上で重要な示唆を与えると考えられるだろう。

　以上のように，国家財力が乏しく，社会福祉保障制度が不完全である現代中国では，レイオフ労働者は低い素養ゆえに，競争がますます激しくなる労

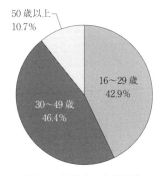

図 2-3　失業者の年齢構成
出所:『2010 年中国労働統計年鑑』により筆者作成。

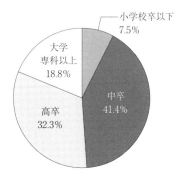

図 2-4　失業者の教育水準による分布
出所:『2010 年中国労働統計年鑑』により筆者作成。

働市場のニーズに適合せず，自身の労働によって生計を立てるのもそれほど容易に達成できることではない状況が明らかである。

第 2 節　旧工業地帯における失業の実態と再就職訓練の実施体制

2.2.1　旧工業地帯の失業実態

旧工業地帯は中国建国初期に東北地域において開発された工業地帯であり，国有企業の比重が非常に大きかった。市場経済体制の進展に伴う国有企業改革が進展するなかで，計画経済体制下で生まれた余剰労働力を大量にレイオフした。

表 2-2 が示すように，1998 年に国有企業改革が本格的に実施されて以降，ピーク時に 1000 万人近くのレイオフ労働者が現れた。なかでも，中国における 32 の行政区域のうち，旧工業地帯である遼寧省と黒竜江省はそれぞれレイオフ労働者の割合が 10 パーセント以上を占めていた。2005 年までに，沿岸部に位置する遼寧省は近年の経済発展により，再就職問題を順調に解決し，レイオフ労働者数が大幅に減少した一方，黒竜江省のレイオフ労働者数は依然として全国 1 位または 2 位であり，全国的に見ても深刻な問題を抱え

第 2 章　レイオフ労働者の再就職訓練と成人教育　　55

表 2-2　レイオフ労働者率（上位 5 位）

（単位：万人／パーセント）

	1998	1999	2000	2001	2002	2003	2004
全国（人数）	876.9	973.2	911.3	741.7	617.7	420.7	271.6
遼寧省（%）	11.8	12.2	12.6	10.8	7.2	3.9	0 ＊
黒竜江省（%）	9.5	12.5	10.9	10.2	11.3	14.6	11.6
湖南省（%）	7.8	7.8	8.5	10.2	10.8	9.1	14.1
湖北省（%）	7.0	7.2	8.2	9.4	10.8	10.8	6.1

出所：1999-2005 年『中国労働統計年鑑』により筆者作成。
＊「0」と示されたのはレイオフ労働者問題が解決されたわけではなく，再就職サービスセンターの順次廃止により，統計上，失業者の範疇に入れられたと推測される。

表 2-3　全国主要都市における失業率の推移

（単位：パーセント）

	2005	2006	2007	2008	2009
全国	4.2	4.1	4.0	4.2	4.3
遼寧省	5.6	5.1	4.3	3.9	3.9
四川省	4.6	4.5	4.2	4.6	4.3
黒竜江省	4.4	4.4	4.3	4.2	4.3
湖北省	4.3	4.2	4.2	4.2	4.2
湖南省	4.3	4.3	4.3	4.2	4.1

出所：2010 年『中国労働統計年鑑』により筆者作成。

ている地域であると言える[13]。

　これらの労働者はレイオフされた後，国家政策に基づき企業が再就職サービスセンターを設置して彼らの基本的な生活の保障や再就職の斡旋をしていたが，それは国家の社会保障システムが不完全な時期の一時的措置であった。再就職サービスセンターが廃止になった 2005 年以降，レイオフ労働者数が失業者数に含まれるようになったが，失業率が高い 5 つの省のデータを見ると（表 2-3），黒竜江省は 2005 年には第 3 位であり，2009 年になると第 1 位となり，改善の兆しが見られず深刻な状況にある。

　以上を踏まえ，筆者は実態調査を行う際，レイオフ問題が深刻であった黒竜江省に焦点を当て，なかでも，国有企業改革がいち早く試行された省都であるハルビン市を対象とした。その理由は以下の 3 点である。第一に，旧工業地帯である黒竜江省は，国有企業の比重が大きかったため，レイオフ労働

者が非常に多い。第二に，改革・開放政策以降，内陸部に位置する黒竜江省は沿岸部より経済発展が遅れ，就労環境は悪化し，レイオフ労働者の再就職は中国全土の一般的状況と比較して非常に深刻な状況にある。第三に，黒竜江省のなかでも，国有企業改革が省都であるハルビン市でいち早く試行され，レイオフなどの様々な問題が現れるとともに，それらについての対応策もほかより先に練られなければならならず，そこで実行された成果と課題も容易に見出すことができると考えられる。

2.2.2 ハルビン市における再就職訓練の実施体制

政府がレイオフ労働者の再就職を支援するために，無料の職業訓練を主とする再就職訓練プログラムを実施している。これらの再就職訓練プログラムにおいて，各地の人力資源社会保障局[14]が諸訓練機関の選考を行い，再就職訓練の施設を指定する制度が設けられている[15]。ハルビン市における再就職訓練の指定施設は48ヶ所ある。本書では，ハルビン市人力資源社会保障局に直属するX職業技能訓練指導センター（以下，Xセンターとする）に着目する。Xセンターはハルビン市において最も規模が大きく，専門コースが多い再就職訓練施設である。2～3の専門コースしか開設していない小規模の施設とは異なり，ハルビン市における再就職訓練のすべての専門コースがXセンターに包括されている。従って，この施設を考察することによってハルビン市の再就職訓練の実施状況の全体像がひとまず把握できると考える。

Xセンターの前身は人力資源社会保障局の下にある1983年に成立した職業技能訓練部であり，当時は労働者の就職前の職業訓練の機能を果たしていた。2004年にハルビン市機構改革の実施とともに，職業技能認定部と職業技能訓練部が合併し，現在の職業技能訓練と職業技能資格の認定を一体化する総合的な職業訓練センターへと至っている。合併によって，Xセンターの機能も初期の就職前の職業訓練のみを実施することから，高度技能人材養成[16]，起業訓練，再就職訓練及び学歴教育と労働予備教育[17]へと広がり，また，退役軍人，出稼ぎ労働者，もと犯罪者の社会復帰のための職業訓練も行っている。Xセンターはハルビン市人力資源社会保障局に直属する事業

図 2-5　X センター・再就職サービス支援窓口
　　　　2009 年 8 月，筆者撮影

単位である。その財政は政府の補助金以外に，主にセンター自身の利益部門が有償の職業訓練を実施することによってまかなっている。X センターは成立以来，累計 30 万人以上に各種の職業訓練を行い，訓練の人数もセンター全体の経済収入も人力資源社会保障局が規定した最低基準の 2 倍となっていると言う[18]。

　X センターは敷地面積が約 5 万平方メートルであり，調理，服飾，理美容，按摩，育児等の通常の技能訓練から，エレベーター，家電製品修理，モバイル通信，自動車修理等の高度技能訓練や情報教育といった多様な実践訓練の設備が整っている。教職員数は約 300 人であり，常勤者が約 3 分の 1 を占めており，大学専科[19]以上の学歴を持つ職員は職員全体の 85 パーセントを占める。職員はハルビン市の統一試験によって採用され，配置される。教員の採用は全市範囲での公募で，審査を通った者はまず X センターで教師資格を取得するための訓練を受ける。資格を取得した後，X センターの独自の人材データベースに登録され，教師になる。X センターの教師は技術学校の定年教師や在職技術労働者である場合が多く，レイオフされた技術労働者もいる。

表 2-4　再就職訓練専門コース一覧

訓練期間	専門コース
1ヶ月間 終日授業	中華料理，電気工，製菓
2週間 終日授業	美容師，化粧師，調髪師，美甲師，保健按摩師，足按摩師，保健刮痧師，事務設備修理，通信端末装置修理工（＝モバイル修理）
2週間 午前中授業	育児，家電製品修理，冷凍設備修理，旋盤工，組立工，溶接工，スライス盤作業工，大工，瓦師，コンピュータ修理工，コンピュータ操作員，清掃労働者，レストランウェートレス，園林植物保護員，緑化工，挿花員，営業員，医薬品販売員，茶道師，家政従業員，ホテル従業員，介護員，煉瓦工，鉄筋工，コンクリート工，左官，骨組み工，印刷工，エレベーター据付修理工，ボイラー設備据付

出所：X職業技能訓練指導センターの紹介資料により筆者作成。

　Xセンターで開設された60以上の専門コースのうち，再就職訓練には42コースが開設されている（表2-4）。それ以外に，起業訓練も実施されている。起業訓練とは起業能力の育成により中小企業の起業を目指す職業訓練であり，ILOが開発したSYB(START YOUR BUSINESS)起業訓練プログラムによるものである。1998年に中国に導入されたが，Xセンターは2003年にSYB起業訓練施設と認定され，国家の「起業による再就職促進政策」[20]に基づき，起業訓練をセンターの重要な事業として位置づけている。

　再就職訓練の訓練期間は『中国職業分類大典』に規定された職業の難易度に基づいて設置され，基本的に2週間から1ヶ月間である。中国の一般的な再就職訓練は毎日行う集中型と週に数回行う分散型があるが，合計時間数から見れば，Xセンターの訓練期間は一般的な状況であると言える。

　表2-4に示した専門コースはA類・上級職種，B類・中級職種とC類・初級職種の3種類に分けられる。レイオフ労働者は申請の際に，自分で専門コースを選ぶことになるが，教養水準や学力が低いため，ほとんどB類とC類に集中している。なかでも，最も人数が多いのはコンピュータコースである[21]。また，政府が少額貸付等を提供する制度があるため，起業コストの低いサービス産業に関する専門コースを受講する者も多い。

　再就職訓練のカリキュラムの編成においては，各専門の教師が各自で組んでいる。理論と実践を結びつけることが重視されており，特に受講者の実践

第 2 章　レイオフ労働者の再就職訓練と成人教育　　59

図 2-6　コンピュータコースの講義の様子
2009 年 8 月，筆者撮影

図 2-7　理美容コースで練習している受講者たち
2009 年 8 月，筆者撮影

図 2-8　家電修理コース・実習室
2009 年 8 月，筆者撮影

図 2-9　按摩コース実習室
2009 年 8 月，筆者撮影

能力の向上を目標としている。テキストは人力資源社会保障局が定めたテキストを使い，必要に応じて教師が自らテキストを選ぶ場合もある。その際，市人力資源社会保障局に申告し，許可を得てから採用することができる。

再就職訓練の受講者は受講後，国家の職業資格証明書制度に従い，Ｘセンターが行う理論・技能検定を受けなければならない。合格者には市人力資源社会保障局が認定する全国的に通用する職業資格証明書が発行される。このように，レイオフ労働者は再就職訓練施設において申請，訓練，試験，資格認定という手順で再就職訓練を受けている。Ｘセンターは1990年代の初めからレイオフ労働者を受け入れ始め，毎年センターで訓練を受けるレイオフ労働者数は約1万人であり，ハルビン市で再就職訓練を受けたレイオフ労働者全体の約30パーセントを占める。以下では，支援者側と被支援者側の再就職訓練の実施過程に対する評価とどのように訓練自体を捉えているのかを考察していく。

第3節　当事者による再就職訓練の評価

本節における当事者へのインタビュー調査の参加者は表2-5の通りである。支援者に関しては，Ｘセンターの管理者1人，再就職訓練の担当者1人と講師4人，合計6人である。なお，講師については前述のＡ，Ｂ，Ｃ類の専門コースからそれぞれ1人と起業訓練から1人の協力が得られた。被支援者の場合は，再就職訓練に参加している人，再就職訓練終了後に再就職できた人と再就職訓練終了後に就職できなかった人という3つのパターンを配慮し，調査対象者を選定した。質問項目は支援者側の施設管理者，教師及び被支援者に対してそれぞれ設定し，その大枠は次の通りである。

（1）施設管理者に対して
　　・施設の性格，規模，財政，運営理念等について
　　・再就職訓練の専門分野，実施プロセス等について
　　・再就職訓練終了後の効果（再就職率等）について

表 2-5　調査参加者一覧表

支援側	調査対象者					担当部署／科目	
	施設管理者 A					主任	
	再就職訓練担当者 B					教務課課長	
	講師 C					按摩コース	
	講師 D					コンピュータコース	
	講師 E					電気工コース	
	講師 F					起業訓練コース	
被支援側	受講者	性別	年齢	婚姻状況	学歴	前職	コース
	G	男	35	離婚	技工学校*	化学工業会社労働者	電気工
	H	女	38	既婚	技工学校*	機関車工場労働者	理美容
	I	女	49	既婚	中卒	食糧会社労働者	ホテル従業員養成
	J	男	46	既婚	中卒	砂糖工場労働者	製菓
	K	女	38	既婚	中卒	食品企業従業員	按摩
	L	女	45	既婚	中卒	鋼鉄企業旋盤工	家政
	M	女	42	既婚	高卒	野菜会社従業員	コンピュータ
	N	女	42	離婚	中等専門学校*	紡織企業付属幼稚園・教師	起業訓練

＊技工学校と中等専門学校は後期中等教育機関であり，高卒に相当する学歴である。

　　・施設運営上の課題等について

(2) 教師に対して

　　・職業経歴・資格について

　　・再就職訓練に関するカリキュラム・授業計画について

　　・失業者に対する指導上の困難について

(3) 被支援者に対して

　　・職業経歴や失業後の求職状況，家庭・生活状況について

・現在受けているまたは以前受けた再就職訓練について
　　・訓練に参加した後の就職状況，または今後の就職への期待について

　インタビューのデータの分析に際しては，支援者側と被支援者側それぞれ
が問題視している文脈を抽出し，それに基づいて支援者側と被支援者側が再
就職訓練の何を問題と見なしているのかを明らかにする。また，再就職訓練
においては受講者の再就職の達成状況も重要な評価項目になるため，被支援
者の再就職の達成如何についてもインタビュー調査から明らかにする。以上
の分析視点から，レイオフ労働者の再就職訓練の課題に迫る。

2.3.1　支援者側から見た再就職訓練の困難

　本項では，Xセンターの職員と講師へのインタビュー調査の分析を通し
て，支援側から見た再就職訓練を行う上での困難と問題点を解明する。職員
と講師が再就職訓練を行う際に感じる課題についての語りを分析した結果，
受講者の受講姿勢や心理的変容といった受講者側の要因による課題，講師自
身の能力や意識による課題と，施設運営上の課題というふうに課題を分類す
ることができた。

(1) 受講者の受講姿勢

　レイオフ労働者は受講中に理論の講義を軽視する傾向がある。彼らは生活
水準が低い上に，再就職を通して生活の窮状を変えようとする意思が強いた
め，「再就職に向けてより役に立つ実務のほうに励む」と思われている[22]。
中年層のレイオフ労働者にとって，理論的知識の学習が難しく役立たないと
思われるのもその要因の1つであると言えよう。

　しかし，実践能力を重視する一方，基本的な理論的知識を理解しなければ
習得した技能を柔軟に応用できないと講師は考えている。例えば，按摩にお
いては，「身体の各部位の理解と按摩の技能が主な能力だが，その入門には
漢方医学の知識が不可欠だ」と講師Cさんは説明する[23]。

　また，専門内容に関する知識の不足という受講者の問題もある。受講者が
訓練の専門コースを選択する際に，「自身の状況も何も考えず，大多数が参

加するコースを選んでいる。コンピュータコースによく見られる」と教務課課長のBさんは述べている[24]。

　つまり，毎年センターでコンピュータの訓練を受ける者は全体の約3分の1を占めているが，講師Dさんの話によると，コンピュータに関する名称が新しく，覚えづらいこともあり，40代の人にとっては容易なことではない。その結果，修了できない人が多数存在し，個人的素質の問題や雇用者の要求等の制限により，修了した人も必ずしも就職できるとは限らない状況がある[25]。

　こうした状況は，本章の後半で検討する受講者へのインタビューにも見られる。施設側の回答は問題の要因を受講者自身に帰しており，指導側の問題としては認識していないが，支援機関側にも課題がないのかを問う必要もあるだろう。

(2) 受講者の心理的変容

　講師はレイオフ労働者を指導する際，彼らの心理的変容を導くのが最も困難なことであると認識している。特にサービス業種の訓練の場合に，レイオフ労働者らは安定した職場から離れたため，他人にサービスすることを通して賃金を得ることに対して極めて否定的な気持ちを持っている。従って，日常の授業や交流によって彼らをその業種に適応させるように導く必要性が生じてくるのである。

　また，一般的にレイオフ労働者は学歴が低いため，職業訓練を受けるには不十分だと思われがちであるが，レイオフ労働者の訓練が初級レベルにとどまっているため，学歴はほとんどが中卒以上の彼らは十分適応できると思われている。学歴が低いことがレイオフ労働者の訓練にどのような影響があるかという質問に対して講師Cさんは下記のように語った。

　　　レイオフ労働者たちはある程度年を取った人だし，学歴も低いので，訓練を受けてちゃんと成果があるかってみんなが心配するんですが，そんなにひどくないですよ。農村の出稼ぎ労働者の訓練よりはまだまだやりやすいですよ。ひどい場合はほんとうに字を読むのも難しいから，メ

モをとることさえできないですね。それは本当にしようがないです。講義の内容を減らしたり，実践の部分を増やしたりしかないですが，レイオフ労働者の場合はやはりある程度教育を受けましたし，以前の職場で勉強していたので，比較的に学力が高いグループだと思いますね。レイオフ労働者を教えるのはそんなに難しくないです[26]。

　しかし，多くのレイオフ労働者は，そのように支援者から見られている状況について認識していないため，訓練の難しさに対する不安から訓練に参加しにくい状況が存在している。こうした実態から判断するに，訓練への積極性を引き出すために，社区や職業紹介所等でのモチベーションを高めるような援助が求められていると言える。

(3) 講師自身の困難
　レイオフ労働者の数は膨大で，年齢，学歴，教養等様々な条件が異なっている。受講者のすべてのニーズを満たすための取り組みが求められるため，指導に困難をもたらしている。

　　電気工専門はいまとても人気で，就職市場のニーズがあるから，みんなが勉強したがるのです。そんなに難しい専門ではないですが，やはりある程度の基礎知識が必要ですね。しかし，みなさんのバックグラウンドがばらばらで，まったくこの領域の基礎知識をわからない人たちのために，全部最初から教えなければならないですね。ゼロから教えるにしても，それぞれの理解度が違うので，すぐにわかる人もいますし，何度教えてもわからない人がいます。本当に難しいです[27]。

　以上は電気工コースを教えている講師Eさんの語りであるが，起業訓練においても同じような困難が見られる。起業訓練の受講者は，すでに起業して企業の運営や改善を目的とする者が多い。各企業の規模やタイプが異なり，受講者のニーズも異なるため，すべてのニーズを満たすためのカリキュラムづくりには困難がある。また，起業訓練プログラム修了者に対して，政府は

税金免除，小額貸付，無担保融資等の優遇措置を提供する制度があるが，その制度は資格取得者にしか適用されない。「優遇措置のために訓練に参加しているだけなのではないか」という講師による懸念の声も聞こえる[28]。

特に，起業訓練というのは新たなプログラムであり，講師にとっても未知のものである。訓練を行うための資格は取得しているものの，企業経営の経験を持たないため，机上の空論ではないかというような思いになると講師Fさんが言う[29]。しかし，現状では講師たちが学習を進めつつ受講者に教えるしかないことから，今後の改善が求められるところである。

(4) 財政上の困難

指導上の困難以外に，訓練資金の問題も重要な課題となっている。政府による補助金制度があり，訓練経費は再就職訓練施設が先に負担し，後に市の労働部門に申請するといった流れとなっている。しかし，地方行政が資金を割り当てる際には，訓練の合格率や再就職率等の様々な指標が関わってくる[30]。こうした制限により，行政が十分に充当することのない費用もあるため，補助金が支出に足りない状況が見られる。Xセンターでは訓練費用の40パーセント近くが毎年半額の補助しか得られない。年間1万人以上のレイオフ労働者に訓練を実施している施設にとっては，こうした財政運営上の負担が重荷となっている。こうした課題への対策に関しては，施設の管理者は以下のように語った。

再就職訓練は国家福祉的なものですから，やらないわけにはいきません。でも，施設は再就職訓練などの福祉的な活動を実施するほか，学歴教育や労働予備教育などの営利目的のこともやっているので，その収入でなんとか訓練の足りない資金をカバーできています[31]。

職員の話からは，財政の問題は大きな課題となっていないように思われるが，施設の持続的かつ合理的な運営を考えれば，財政上の課題への対策を検討していく必要があることがわかる。

2.3.2 被支援者から見た再就職訓練の評価

本項では，再就職訓練を受けているレイオフ労働者と訓練を受けて再就職した，または，していないレイオフ労働者へのインタビュー調査の分析を通して，訓練参加上，受講者が直面しがちな問題及び訓練と再就職との関連を検討していく。

筆者がインタビューをした 8 人の属性を見ると，男性 2 人と女性 6 人，中卒 4 人と高卒(または同等学歴)4 人，年齢は 35 から 49 歳にわたっている。一般的に認識されているように，レイオフ労働者は中高年者，中・高卒の低学歴者が多く，女性の方が多いという傾向を反映している。また，彼らはそれぞれ異なる企業にレイオフされたものの，レイオフされる前はほとんど単純労働に従事していた。彼らの訓練に対する語りを中心に分析した結果，再就職訓練の課題に関して，訓練の過程における課題，再就職に向けての課題と再就職後のアフターケアサポートという 3 つのカテゴリーが抽出できた。

(1) 訓練の過程における課題

受講料が無料であることは受講者が訓練を受ける契機となっており，インタビューを受けた 8 人のうち 5 人がそうであった。訓練を受けるきっかけについて，H さんは次のように語った。

> 自分が住んでいる近所に美容室がないことに気づいたのです。特に年寄りにとってはとても不便です。自分で美容室を開きたかったけど，技術がないし，人を雇うのもお金がかかるし，なかなか行動を起こせなかった。つい最近無料で技能訓練を受けられると聞いて，学びに来ました[32]。

しかし，無料の再就職訓練が 2002 年から実施されているにもかかわらず，H さんは「つい最近無料で技能訓練を受けられると聞」[33]き，また，L さんも偶然に職業訓練センターの広告を見て，再就職訓練を受けにいった[34]。こうした事実からは，地方政府の優遇政策についての宣伝不足が見られる。レ

イオフ労働者の多くは「友人」,「広告」から情報を得ており,インタビューした8人のうち,社区事務所を通して再就職訓練に行ったのはJさん1人にすぎなかった[35]。

訓練に参加した者のなかには,学習の有用性を感じ,就労意識が変化していくケースが多く見られる。Jさんは軽食屋の経営に続き,相変わらず料理に興味を持っているため,お菓子づくりの訓練を選んだ。最初の一週間は食品栄養,衛生,従業員の素質等基本知識を教えてもらった。授業を聞いてから,「いい勉強になりました。以前は知らないことが多かった」,「自分の店は足りないことが多い」と感じたという[36]。

Jさんのように最初から興味を持っていたため訓練を楽しんでいる人もいれば,最初は抵抗感があった者が,訓練を受ける間に意識が変わっていくケースもある。

「洗剤の種類とか,使い方とか,その時は『家事にもいろいろな知識があるのだな』と思っていた」とLさんは回想した。「最初は人の家に行って家事とかやると考えてみても,すごく恥ずかしい……家政なんか技能じゃない」と思ったが,授業を受けている間に「家政は高級な職業じゃないけど,自分の手で働いてお金を稼ぐには何よりです」という講師の話を聞き,次第に慣れ,意識も変化していった[37]。

レイオフ労働者の再就職問題においては,彼ら自身が再就職斡旋に依存しており,自主的な就職活動や職業技能の習得を軽視していることが,以前から再就職阻害の大きな要因として指摘されているが,再就職訓練が無料であることは訓練参加の推進力になり,職業意識の変容に働きかけていることから,再就職に向けての第一歩として今後も有効な支援になるだろう。一方で,訓練参加に行きつくまでの,支援政策の周知が重要な課題となる。その際,国家の優遇政策を地域に浸透させる機能を担っている社区の役割が期待される。

一方で,再就職訓練に参加したからといって,必ずしも再就職の意欲や自信の向上につながるわけではない。それは,訓練に至る過程での情報不足に原因があると考えられる。すなわち,受講者の専門コースを選択する際の情

報不足が受講効果に影響している。そのため，楽しく学んでいく者もいれば，不安を抱く者もいる。

電気工コースの訓練を受けて2週目のGさんは，この約10日間についての感想は「理論授業が多すぎてわかりにくかった」というものであった。Gさんは子どもの頃から電気工専門に興味を持っていたが，興味があるだけでは，専門的な職業訓練にとっては不十分なようである。「実際に習うとやっぱり想像とは違う。基本知識が要るんだ。中学校の時に物理科目をちゃんと勉強すればよかった」，「このままだと，試験に合格できなくて資格を取れないかもしれない」と不安を語った[38]。

理論学習の難しさのほかに，受講者自身の意向との適合性も大きな課題である。例えば，ホテル従業員養成コースはホテルやレストランのサービス等に関する訓練であるが，Iさんは「ホテルの掃除とかの仕事」だと思っていたため，受けた後に「私みたいな中年層に合わないと思う」と語った[39]。

ホテル従業員養成コースの訓練は部屋の予約，フロントサービス，出迎えの準備，接客，インフォメーションサービス，会計，送り出しといったホテルのサービスとナプキンの折りたたみ方，食器の並べ方，料理の運び方，酒の注ぎ方といったレストランサービスとを一体的に教える訓練である。「そんなに難しい内容じゃないですが，すごく礼儀を強調して，こんな歳でそんな仕事できるはずはないです」とIさんが語った[40]。訓練に対してまだあきらめてはいないが，積極的な姿勢も見られない。「授業を続けて受けますか」と筆者が尋ねた際に，資格を取れば仕事を探しやすいかもしれないから，少なくとも資格を取るために訓練を受けるつもりだと答えた[41]。

こうした実態からは，施設は受講者に専門コースの選択の余地を残すとともに，各選択肢の学習内容をいかに理解してもらうかが今後重視される必要がある。また，専門コースの内容が本人の意にそぐわないと判断した場合，途中でコースを変更することが可能になる仕組みを設ける必要がある。

最後に，受講者の再就職の意向に関しては，受講した分野に関連する職に就きたいと思う傾向が見られるが，再就職を果たせる自信があるわけではない。こうした現象の背景には，Xセンターがあくまで訓練の実施にとどま

り，再就職の斡旋に力点を置いていないという事情がある。自身の年齢や学力に自信がない受講者にとっては，先行きが不安なのは当然であろう。このことは，施設が訓練を実施するとともに，いかに企業や職業斡旋所等の他機関と連携して再就職先を確保するかが重要な課題になってくるということを示す。

(2) 訓練後の再就職の状況と再就職に向けての課題

　ここでは，インタビュー調査を行った受講者のうち，再就職を達成した3人の就労状況について見ていくことにする。

　製菓コースのJさんは，現在ホテルで働いている。勤務時間は毎日9時間であり，週休1日である。月給は約1800元であり，勤務先に年金保険を納付してもらっている。

　按摩コースのKさんは現在按摩センターに勤務している。給料は売上の50パーセントの歩合給であり，毎月約1500元の収入がある。勤務先に社会保険料等は一切納付してもらっていない。

　家政コースのLさんは現在家政婦派遣会社に勤めている。勤務は8時から17時までである。派遣時の収入の10パーセントを会社に納入すると，月約1000元の収入がある。会社からは傷害保険金しか納付してもらっていない。

　以上を通して明らかになった点の1つは，レイオフ労働者の再就職先はサービス業であり，非正規雇用の場合が多く，収入は多いとは言えず，社会保険の納付も不十分であるということである。これらの事例の一般化は避けるべきではあるが，彼らの再雇用の受け皿がサービス業中心で不安定就労である点は，非正規雇用でも良いとする政府の支援策[42]に一因があると言える。政府のこうした方針があるために，低収入かつ不安定な労働環境は依然として大きな問題として残っている。

　しかし，このような一般の社会通念では否定的に理解されている待遇に対して，彼らは満足感を持っている。

　Jさんは「収入が自分でお店をやっている時と比べて変わらないわりには，今の仕事は楽だ」と語った[43]。Kさんは「もう企業からレイオフされてし

まったので，そんなに手の届かない望みはないです。今仕事をして収入が
あって，もう満足だ」と言う[44]。Ｌさんも「少なくとも働いて収入があるよ
うになって，家計を助けられるようになった」と述べ，「家にいるよりはも
ちろん疲れるが，お金を稼げるから，気持ちが落ち着いている」と話した[45]。

　こうした一連の満足感を示す語りの理由は，レイオフ労働者の生活体験を
通して析出することができる。1998年のレイオフピークからすでに10年以
上が経過した。この10年間に，レイオフ労働者にとっては，安定した職場
からの離職，収入の激減，社会的地位の低下，心理的喪失感等の体験があり，
特に収入の激減は彼らの生活に大きな変化をもたらした。こうした過程を経
て，少なくとも生活費を捻出できる待遇に対して満足しているのである。

　また，収入を得て経済的な安心感が得られるほか，再就職した者には職業
意識や生活態度等，精神的な側面においても大きな変化が見られる。

　　　自分は結局この職業を選ぶとは思いませんでした。最初はただおもし
　　ろいと感じて勉強して家族のために活かしたかったです。昔は按摩と聞
　　いてよくない感じがすぐ出てきました。でも，半年間勉強するにつれて，
　　みんなの按摩についての意識が変わっていっていると認識しました。今
　　の時代には，みんなは健康に気をつけるから，仕事のストレスで疲れた
　　人も増えている傾向にあって，按摩はだんだん重視されています。技術
　　レベルが高くなるに従って，就職したくなりました[46]。

　訓練を通して就労意欲が生じたとともに，就職によって生活態度も変化し
てきたとＫさんが回想し，「ほんとうに働いてから自分の生活に対する態度
も積極的になった」と自分を振り返る[47]。

　しかし，彼らは以前の生活と比較して，相対的に満足だと感じていながら
も，日常的な支出が増えるばかりの生活現実に直面する時，困難があるのも
事実である。Ｌさんは，現在20歳の子どもと夫と一緒に生活し，別居で扶
養している父母も健在である。夫は工場労働者で1500元ぐらいの収入があ
るが，子どもは高校3年生であり，生活費がかさんでいる。「夫の収入も少

ないし，貯金するのはとても無理です。来年子どもが大学に進学したら，その費用をどこから出すか……」と悩んでいる[48]。

　国家がレイオフ労働者の再就職促進を融通の利く就労形態に導く一方で，このような低収入で不安定な非正規雇用の状態は，依然として大きな問題であると言わざるを得ない。また，再就職を達成した人がいる反面，達成していない者もいる。

　コンピュータコースを受講した M さんは資格を取得した後，「コンピュータ従事員の募集はほとんど 30 歳以下の条件があった」ため，まだ就職できていない[49]。

　　コンピュータの知識は私にとっては難しかったですけど，まじめに勉強して練習していました。最後の試験にも合格しました。それでどこにも就職できないとは思いませんでした。でも，今自分でよく考えてみると，若い人より反応も遅いし，できないのもあるし，雇われるはずがないですね[50]。

　M さんの今の生活は夫が月約 4000 元の給料で 2 人の生活費を負担している。再就職の失敗経験について「年を取ったらどうしようもない」と肩を落とし気味に語った。また機会があればどういう支援を望んでいるかと尋ねると，「仕事だけがほしい」と一言だけ答えた[51]。

　ここからは，レイオフ労働者の習得技能と労働市場の要求がマッチングしていない状況があるのがわかる。労働市場に必要とされるコンピュータの技能は，必ずしもレイオフ労働者の就職につながるとは限らないのである。こうした M さんと前述のホテル従業員養成コースを受講している I さんの状況を踏まえると，施設は労働市場のニーズを捉えるだけでなく，レイオフ労働者の年齢や教育水準等を勘案した上で訓練コースを開設しているのかどうかという点が問われてくると言えるだろう。また，再就職できなかった場合に改めてほかの専門分野の訓練を再受講できるような仕組みづくりを工夫する必要があるだろう。

(3)訓練後における受講者へのアフターケアサポート

　Xセンターのレイオフ労働者の再就職に対する主要な役割は受講者が修了するまでの再就職訓練の実施であるため，受講者が卒業してから，再びセンターに関わることはほとんどないが，起業訓練の場合は，専門家による「顧問団」がセンターに設置され，受講者が卒業してからもセンターと関わりを持ち，支援を求めてくることがある。

　サービス企業を経営しているNさんは起業訓練をきっかけに，訓練センターの教師と強い絆を結び，現在も経営している企業の問題についてセンターの講師たちと検討を重ねている。

　　　（訓練が）一ヶ月間続いたが，終わった時にもまだ興が尽きないような気がしました。そして，そこで私と同じ問題を抱える友達もできて，これまでずっと連絡を取っています。（中略）教師たちに企業の現状を分析したり，市場の需要に応じてサービス項目を調整したりしてもらっています。特に，従業員の技能と礼儀を重視して，うちの従業員に技能訓練も行ってもらいました[52]。（括弧内筆者註）

　Nさんは起業訓練によってできた教師や受講者とのネットワークや連携体制について，うれしそうに語ってくれた。知識を獲得するだけではなく，多くの人と交流しながら成長することもできる。また，起業訓練によって利益を得るのは受講者だけではない。受講者の起業の成功によって雇用先が増え，さらにレイオフ労働者の雇用がもたらされる。Nさんは現在，全市規模で社区を基盤にしながら家政サービス支部を設立し，従業員はすべてレイオフ労働者から募集している。このような受講者と訓練センターとの連携体制は，起業者の経済的独立を促しつつ，雇用創出を促進することにもなっており，将来性が期待できるシステムであると言える。

　一方で，このような連携体制は起業訓練にしか適用されておらず，大多数の受講者は訓練が終わった後には施設に関わることがない。前述の再就職できていないMさんの語りからも，一般的な再就職訓練にも事後指導などが

必要とされていると言えるだろう。

小　　結

　本章はレイオフ労働者の困窮状況と再就職訓練の必要性を踏まえた上で，再就職訓練施設における実態調査を通してレイオフ労働者の再就職訓練の実態と課題を考察した。主としてインタビュー調査で得られたデータを通して，支援者側と被支援者側の再就職訓練に対する認識及び評価について考察してきた。調査対象であるＸセンターにおける訓練後の再就職達成率は約60パーセントであることからも，訓練の実施は想定した通りの成果を収めることができず，その実施過程で様々な問題が生じていることがわかる。本章のインタビュー調査を通じて明らかになった問題点は，以下の３点にまとめることができる。

　第一に，レイオフ労働者が専門コースを選択する際に，必要な指導がない点である。そのような状況に対して，受講前に各専門コースに関するオリエンテーションの実施が重要になり，また，1〜2回の試験的な受講も有効な措置になるだろう。

　第二に，再就職訓練施設は訓練の専門コースを政府の規定に基づいて設置しているが，自主的に再就職支援に取り組むという主体的な意識が乏しい点である。地域の産業構造によって労働市場の需要も異なってくるため，包括的かつ網羅的なコースの設置がすべての地域に適しているわけではない。レイオフ労働者自身の能力にも限界があり，すべての専門分野の職業に適応できるわけではない。従って，再就職訓練施設が職業斡旋所と連携し，地域の労働市場のニーズ調査も行うことが必要であるだろう。

　第三に，就職活動に関する事後の指導不足である。レイオフ労働者が訓練を受けた後，職業技能を習得したとしても，就職活動の方法等に対する認識不足は彼らの再就職の達成に影響を及ぼしていると言える。起業訓練の場合と同様に，技能訓練の受講者に対しても，訓練後の精神的サポートも含めたトータルなアフターケアサポートが求められている。

このように，レイオフ労働者の再就職訓練において，地方政府は支援側と被支援側の声を聞き入れつつ，現場の状況を把握した上で，支援措置を改善するという課題を有している。

また，教育行政と労働行政との縦割りの現状がもたらした障壁はすでに自明なものであるが，労働行政内部でも縦割りの状況が起きている。再就職訓練における専門設置に関する調査，職業訓練の実施，訓練後の就職斡旋などの連携が取れていないことがわかった。

再就職訓練現場で生じている問題について本章では３点を指摘したが，その根本的な要因は，再就職訓練施設は労働部門の所管の下で，政府の任務を遂行する行政機関としての性格が強いことに帰することができるであろう。この点は施設職員の考え方からもうかがえる。受講者が訓練を通して学習の有用性を感じ，就労意識が変化したケースもある一方，施設職員が再就職訓練を遂行しなければならない行政施策としてのみ認識している。そのため，受講者の個々人の能力をいかに育み，伸ばしつつ支援していくのかという成人教育・生涯教育的な視点が欠如している。

本章におけるレイオフ労働者の再就職訓練への考察を通して，労働部門による職業訓練の課題や限界が示され，失業者への就労支援には労働市場の変化に応じた対応のみならず，学習者としての学習ニーズに対応するための成人教育の視点を加える必要性が明らかになった。再就職訓練という広く社会で行われる成人教育の新たな営みにおいて，いまだ補助的な位置づけにある教育部門の役割が今後一層重視される必要がある。

近年，社区を基盤とする就職支援システムの整備に伴い，社区レベルにおける労働部門と教育部門との連携が問われるようになってきた。従って，労働部門と教育部門のそれぞれの役割に着目しつつ，社区教育における失業者の再教育に関する取り組みに注目する必要性がある。

1）王莉麗「城市貧困：現状及対策（都市貧困の現状と対策）」『河南社会科学』第６号，2008年，85-87頁。

2）汝信・陸学芸・単天倫編『中国社会形勢分析与預測（1999年中国社会情勢分析と予

測)』社会科学文献出版社，1999 年。

3）同上；張敏傑『中国弱勢群体研究（中国の社会的弱者層に関する研究）』長春出版社，2003 年。

4）計画経済体制の下で，労働者の福祉保障はすべて企業内で保障されるため，社会福祉保障制度はなかった。市場経済への移行期において，レイオフ労働者の出現によって，社会保険制度が次第に整備された。主として年金保険，失業保険，医療保険等がある。「企業保障」から「社会保障」への転換の詳細に関しては，塚本隆敏『中国の国有企業改革と労働・医療保障』大月書店，2006 年；陳金霞「中国の社会変動と社会保障制度」『社会文化科千葉大学研究』第 10 号，2005 年，47-62 頁を参照。

5）汝信・陸学芸・単天倫，前掲書，1999 年。

6）『中国労働統計年鑑』中国統計出版社，2000 年。

7）同上。

8）同上。

9）蔡昉『中国人口与労働問題報告 No. 4─転軌中的城市貧困問題─（中国の人口と労働の問題に関する報告書 No. 4 ─変動の中の都市貧困問題─）』社会科学文献出版社，2003 年。

10）郭新平，前掲論文，2003 年。

11）『中国労働統計年鑑』中国統計出版社，2005 年。

12）『中国労働統計年鑑』中国統計出版社，2008 年。

13）2005 年以降，再就職サービスセンターの廃止により，センターによる各種サービスが打ち切られ，政策においてレイオフという概念と失業という概念が統合され，レイオフ労働者も失業者として扱われるようになった。従って，本書におけるレイオフ労働者に関する統計数値は 2005 年までとする。

14）旧労働社会保障局。組織改編により，現在は人力資源社会保障局と改名された。

15）「関於進一歩推動再就業培訓和創業培訓工作的通知（再就職訓練と起業訓練のさらなる推進に関する通達）」労社部発（2003）18 号。

16）職業資格証明書制度の導入によって，技能レベルに基づき，初級，中級，高級の技工から技師，高級技師に至る 5 ランクの職業資格が設けられている。高度技能人材訓練は主に技師，高級技師の養成を目的とする訓練である。

17）労働予備制度は国家が青年労働者の素質を高めるために定められ，新規労働力とその他の求職人員に就職前に 1〜3 年の職業教育・職業訓練を受けさせる制度である。労働予備制度の主要対象は都市部における進学しなかった中学校・高校卒業生，及び農村部における進学しなかった，かつ非農業の職業に従事する中学校・高校卒業生である。そうした者たちが職業技能を身につけ，職業資格を取得してから，国家の指導と援助の下で，労働市場を通して就職する。労働予備制度は 1999 年より全国において実行された。

18）X センターの施設管理者 A さんへのインタビューによる（2009 年 8 月 24 日実施）。

19）2〜3 年制大学のことを指す。日本における高等専門学校や短期大学に相当する。

第 2 章　レイオフ労働者の再就職訓練と成人教育　　77

20)「人力資源社会保障部等部門関於促進以創業帯動就業工作指導意見的通知(人力資源
　　社会保障部等の部門による『起業による就職促進事業の推進に関する指導意見』に関
　　する通達)」国辦発(2008)111 号。

21)　X センターの 2009 年 1〜7 月「下崗職工培訓人数統計表(レイオフ労働者訓練人数
　　統計表)」によれば，A，B，C 類の受講者数の割合はそれぞれ 9 パーセント，56
　　パーセントと 35 パーセントである。そのなかで，B 類に属するコンピュータコース
　　の受講者は B 類の受講者数全体の 28.6 パーセントを占めている。

22)　X センターの講師 C さんへのインタビューによる(2009 年 8 月 25 日実施)。

23)　同上。

24)　X センター教務課課長 B さんへのインタビューによる(2009 年 8 月 24 日実施)。

25)　X センター講師 D さんへのインタビューによる(2009 年 8 月 25 日実施)。

26)　前掲註 21。

27)　X センター講師 E さんへのインタビューによる(2009 年 8 月 27 日実施)。

28)　X センター講師 F さんへのインタビューによる(2009 年 8 月 28 日実施)。

29)　同上。

30)　ハルビン市では，訓練施設の訓練合格率は 90 パーセント，再就職率は 60 パーセン
　　トに到達しなければならないと規定される。また，受講者は訓練後 6 ヶ月以内に再就
　　職を達成した場合のみ全額の補助金が出され，6 ヶ月以内に達成していない者は半額
　　のみ補助される。

31)　前掲註 18。

32)　受講者 H さんへのインタビューによる(2009 年 9 月 3 日実施)。

33)　同上。

34)　受講者 L さんへのインタビューによる(2009 年 9 月 8 日実施)。

35)　受講者 J さんへのインタビューによる(2009 年 9 月 2 日実施)。

36)　同上。

37)　前掲註 34。

38)　受講者 G さんへのインタビューによる(2009 年 8 月 27 日実施)。

39)　受講者 I さんへのインタビューによる(2009 年 9 月 3 日実施)。

40)　同上。

41)　同上。

42)　2002 年に公布された「中共中央国務院関於進一歩做好下崗失業人員再就業工作的
　　通知(レイオフ労働者の再就職のさらなる促進に関する通達)」中発(2002)12 号によ
　　り，レイオフ労働者の再就職難という課題に対応するために，フルタイムでない就業，
　　臨時就業，季節労働等のパートタイムの就労を導く方針が出された。

43)　前掲註 35。

44)　受講者 K さんへのインタビューによる(2009 年 9 月 4 日実施)。

45)　前掲註 34。

46)　前掲註 44。

47）同上。

48）前掲註 34。

49）受講者 M さんへのインタビューによる（2009 年 9 月 7 日実施）。

50）同上。

51）同上。

52）受講者 N さんへのインタビューによる（2009 年 8 月 28 日実施）。

第3章 上海市における社区教育の展開と 失業問題への対応

　前章で明らかになった再就職支援における教育部門による取り組みに着目する必要性を受け，その実践として現代の都市部の成人教育の新たな領域である社区教育に着目することに至った。本章では，上海市を事例に，社区教育の仕組みと実像を把握し，地域における失業問題の解決に取り組む実践について明らかにしていく。

　その理由は，上海市は中国社区教育の発祥地であり，社区教育の発展のより先進的な地域だからである。1980年代に上海市をはじめとする一部の都市が社区教育を始め，教育部の政策を通して次第に全国へ広がっていったという背景がある。その後においても地域の様々な生活課題に対して上海市は率先して社区教育を活用し，その対応を図っていた。従って，中国の失業問題における社区教育の役割を解明する際，上海市の取り組みに対する考察は不可欠である。

　失業問題に取り組む事例として取り上げる地域は上海市楊浦区である。上海市のなかで，特に楊浦区に注目する理由は，楊浦区は大学等の高等教育機関の数が多いという特徴があるため，高学歴で若年層の失業・無業者が多いと考えられるからである。楊浦区の実践を考察することを通して，地域において高学歴無業者の問題がどのように取り組まれているのかを明らかにすることは意義があると考えられる。

　インタビュー調査の対象者は調査対象地域の社区教育の職員及び労働部門の職員である。具体的には以下の3つのカテゴリーに分けた質問項目を設けた。

（1）調査対象地域における失業問題の特徴について
・失業者の人数，年齢，学歴構成等
・失業問題の発生に至る経緯

（2）失業者のための職業技能訓練の具体的な取り組みについて
・職業技能訓練の専門分野，カリキュラム等
・職業技能訓練の規模・資源（指導者，施設，設備等）
・失業者が職業技能訓練に参加するプロセス
・職業技能訓練の成果と課題等（再就職率等）
・社区教育行政と労働行政がそれぞれ果たす役割

（3）社区教育における職業技能訓練の成果と課題について
・社区教育における職業技能訓練の割合・位置づけ
・職業技能訓練の実施における社区教育の役割，目的・理念
・地域の特質や失業者の特徴に合わせた取り組み

　以上を通して地域における失業問題の解決に向かう教育的実践の実態を明らかにするとともに，失業者の教育に社区教育の果たす役割または今後果たし得る役割を考察していきたい。

第 1 節　社区教育の展開過程

　社区教育を理解するために，まず，中国の行政単位である区／県，街道／鎮／郷，社区／村などについて，上海市の具体的なデータを示しながら，その規模と関係性を説明しておきたい。
　市の行政単位として，行政区の下に街道があり，街道の下に社区がある。表3-1は上海市の各区の地理面積，人口とそれぞれの行政区が管轄する街道数を表している[1]。街道の規模に関しては，本章で事例として取り扱う楊浦

第3章　上海市における社区教育の展開と失業問題への対応　　81

表3-1　上海市における各区の規模

行政区	面積(km²)	人口(万人)	街道数
黄浦区	12.41	53.89	6
徐匯区	54.76	98.22	13
長寧区	38.30	66.83	10
静安区	7.62	25.78	5
普陀区	54.83	108.71	9
閘北区*	29.26	74.50	9
虹口区	23.48	78.11	10
楊浦区	60.73	119.48	12
閔行区	370.75	180.47	13
宝山区	270.99	140.63	12
嘉定区	464.20	103.42	13
浦東新区	532.75	305.70	23
盧湾区*	8.05	27.45	4
金山区	586.05	64.56	11
松江区	605.64	107.42	15
青浦区	670.14	78.98	11
南匯区*	677.66	106.21	14
奉賢区	687.39	80.84	8
崇明県	1 185.49	67.26	16

出所：『上海市統計年鑑』中国統計年鑑，2009年により筆者作成。
＊2009年に南匯区が浦東新区に合併，2011年に盧湾区が黄浦区に
　合併，2015年に閘北区が静安区に合併された。

区を例にする（表3-2）。

　表3-2に示すように，街道によって面積や常住する人口にかなりの規模差
がある。また，それにより各街道が所轄する社区の数も異なるが，街道の人
口と社区数からわかるように，1つの社区はおおよそ3000〜5000人の規模
である。

　政府の出先機関として街道に「街道弁事処」と呼ばれる事務所が設置され
ている。「街道弁事処」には各行政部門の事務室が設置されており，地域レ
ベルでのネットワークがそこに集約されている。図3-1は一例として長寧区
天山路街道の「街道弁事処」の組織構成を示している。このようなネット
ワークの下で地域に関わる事務を統括・管理している。

表 3-2　楊浦区における各街道の規模

街道 / 鎮	面積(km^2)	人口(万人)	社区数
定海路街道	6.25	10.05	19
平涼路街道	3.22	8.59	29
江浦路街道	2.32	9.54	26
四平路街道	2.75	9.25	22
控江路街道	2.14	10.56	25
長白新村街道	3.04	7.02	16
延吉新村街道	1.96	9.03	17
殷行街道	9.52	19.26	49
大橋街道	4.41	12.50	28
五角場街道	7.66	14.91	31
新江湾城街道	8.68	2.73	8
五角場鎮	8.77	17.90	43

出所：面積・人口は，国務院人口普査辦公室，国家統計局人口・就
業統計司編『中国 2010 年人口普査資料』中国統計出版社・北京数
通電子出版社，2011 年により筆者作成。
社区数は，行政区画 HP　http://www.xzqh.org/html/list/416.html
（最終閲覧日 2018 年 9 月 28 日）

　社区レベルでは，それぞれの社区において「居民委員会」と呼ばれる組織
がある。「居民委員会」は「都市居民委員会組織法」によると，住民の「自
己管理，自己教育，自己サービス」の自治組織と性格づけられる[2]。一方で，
行政の末端組織としても位置づけられており，行政の財政支援を受けながら，
行政補助の機能も担っている。

　このような都市部の行政システムのなかで，1980 年代後半に教育体制改
革のなかで始まった教育実践活動として，社区教育が展開される。1985 年
の教育体制改革の方針を受け，上海市をはじめとする一部の大都市では，街
道の主導の下で地域レベルの行政機関，学校と企業等が連携し，「社区教育
委員会」が組織された。社区教育委員会の長は街道政府の責任者が当たり，
各部門や組織との連絡調整を図り，全体を統括する役割を担う。社区教育委
員会は，学校教育の社会化を積極的に推進し，青少年の健全育成を主な目的
として，学校，家庭と社会からなる教育のネットワーク化を図り，学生向け
の社会実践活動を行っていた。

第3章 上海市における社区教育の展開と失業問題への対応   83

図 3-1　長寧区天山路街道組織図
出所：長寧区 HP(http://www.changning.sh.cn/col/col700/index.html)により筆者作成(最終閲覧日 2018 年 10 月 11 日)

　1990 年代に，国際的な潮流となる生涯教育・生涯学習の理念を受け，1993 年の「中国教育改革発展綱要」と 1995 年の「中華人民共和国教育法」では，生涯教育体系の構築が国家の教育政策・法律として位置づけられる。それに伴い，社区教育の目標は，青少年の学校外教育の推進から，生涯教育体系の構築と学習社会の形成へと転換した。主に以下の変容が見られる。

　まず，社区教育の対象者は，小・中学生の青少年から社区のすべての住民へと広がった。また，社区教育の内容は，青少年の徳育教育から，すべての住民の学習ニーズを満たすとともに，住民の教養の向上と生活の質の向上を図るための教育へと広がった。さらに，社区教育の実施方法は，学校を中心にして，社区の各組織が協力する形式から，学校と社区が相互に支えあい，教育と社区との両方の発展が目指されるようになった。ここ 30 年の間に，社区教育は当初の青少年の校外教育から，現在は乳幼児の早期教育，青少年教育，高齢者教育，婦人教育，在職者・失業者教育，移住者の教育，障がい

表 3-3　教育部指定の「社区教育実験区」と「社区教育モデル区」数

	2001	2003	2006	2007	2008	2010	2013	2014	2016
実験区	28	33	20	33	—	5	45	—	64
モデル区	—	—	—	—	34	34	—	22	32

出所：教育部職業教育・成人教育司が公布したリストにより筆者作成[3]。

者教育等の多くの領域にわたる教育実践を行ってきた。

　当初，教育部が社区教育を進めていく方策としては，上海市など最初に社区教育を行ってきた地域に「社区教育実験区」を指定し，狭い範囲で社区教育を試験的に行い，そのなかから一定の成果を得られた先進地区を「社区教育モデル区」に指定する方法を取った。そうして全国各地で社区教育実験区や社区教育モデル区を徐々に増やし，次第に全国範囲で社区教育を普及していった。表 3-3 は 2001 年から 2016 年まで教育部が 6 回に分けて指定した社区教育実験区の数と 4 回に分けて指定した社区教育モデル区の数である。2001 年に最初の実験区が指定されて以来，2007 年までに計 114 の区が指定された。そのなかから，2008 年に 34 の区が選抜され，最初のモデル区となった。つまり，実験区が次第にモデル区になり，実験区のリストから削除されるとともに，ほかの区が社区教育実験区として新規に指定され，実験区のリストに追加される。教育部が指定する全国レベルの社区教育実験区や社区教育モデル区のほか，各省・市レベルの教育局もそれぞれ省レベルや市レベルの社区教育の実験区とモデル区を指定することを通して，社区教育の普及を図っている。

　行政のこのような普及の方策から，各地域の発展の差異によって社区教育の発展が不均衡な状況にあるのは不可避なことであると言える。ここでは，社区教育の発祥地であり社区教育の発展の最も先進的な地域である上海市の実態を通して，社区教育の現状を明らかにした上で，当面の社区教育の課題について考察する。上海市のような先進地域における課題を明らかにすることは，中国全土の社区教育の今後の発展に対して示唆的であろう。

第2節　上海市における社区教育の環境整備と教育内容

　上海市の社区教育体系は，区レベルの社区学院，街道レベルの社区学校と社区レベルの住民教育拠点からなり，上から下までの3層の教育システムによって形成される。この教育システムを総合的に指導し学習社会の形成を促進する役割を果たす機構として，上海市学習社会形成指導センター(「上海市学習型社会建設服務指導中心」，以下「センター」とする)が設置されている[4]。特に，社区学院に対して直接に指導を行っている。図3-2は行政機関と社区教育との関係を表している。つまり，センターの役割としては，直接的な教育活動を行わないが，生涯学習のための環境整備をマクロレベルで統括している。

　センターの指導・管理の下，①社区学院の「主導」により，②社区学校を「中核」とし，③住民教育拠点を「基礎」とする理念に基づく，生涯教育システムが構築されている。2012年現在，上海市ではすべての区にそれぞれ社区学院が設置されている。その下に各街道／鎮／郷における社区学校は合計216校ある。住民教育拠点は社区／村ごとに設置され，五千余箇所ある[5]。

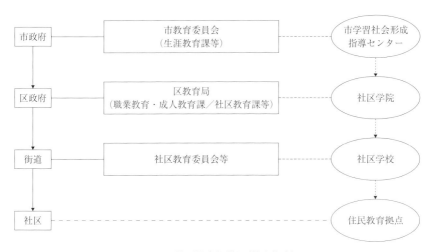

図3-2　社区教育組織図(筆者作成)
註：実線は所属関係，点線は指導関係を表す。

以下，筆者の現地調査で得られた資料を通して，社区教育におけるこの3つのレベルの教育システムが具体的にどのような状況にあり，どのような教育的役割を果たしているのかについて概観していく。それに基づき，実際の住民の学習ニーズとも比較しながら，社区教育の現状と課題を考察する。

3.2.1　社区学院

社区学院の設立は1993年に開かれた「上海市成人高等学校業務会議」の決定により端緒を開いた。特に2007年の「社区学院の推進に関する指導意見」(以下，「意見」とする)の公布により，本格的に進んだ。

「意見」の規定によれば，社区学院は原則，独立法人の資格を有し，区／県政府に所属する事業単位である。その管理は区／県の教育行政部門が責任を持つ。現在では，上海市のすべての区にそれぞれ社区学院1つが設置されている。社区学院の設置方法に関しては，過渡期の措置としてその地区にある余暇大学，放送大学の分校，成人教育センター，成人中等教育機関及び職業教育訓練機関等を利用して設置し，その後徐々に独立法人に移行するとされた。このように，1つの施設に社区学院とともに，余暇大学，放送大学や成人教育センターなど多くの看板がかけられるが，教職員は基本的に同じである。社区学院が行う主な教育内容は以下の3つとされている[6]。

第一に，成人中等・高等学歴教育である。すなわち，従来の成人教育施設としての機能を担い，余暇大学，放送大学，独学受験教育[7]，成人高校，成人中等専門教育等を総合的に行う。

第二に，職業技能訓練である。すなわち，就職のニーズに応じた職業技能訓練，資格養成訓練，区内の各部門，企業等からの委託訓練を行い，職業技能訓練のプラットフォームとしての役割を担う。

第三に，市民のための社区教育である。すなわち，住民の教養の向上を目的に，多様な学習ニーズを満たすためのレジャー・文化教育を行う。

上記からわかるように，社区学院では成人の中等，高等段階の学歴教育と職業教育が主な内容となっており，この点においては従来の成人教育機関の役割と大きく変わらない。その上に，多種多様な住民の教養や精神生活を豊

第3章　上海市における社区教育の展開と失業問題への対応　　87

図 3-3　上海市徐匯区社区学院入口に多くの看板が付いている
2016 年 5 月，筆者撮影

かにするための教育が社区教育の主な内容として付け加えられている。

　住民に直接的に教育活動を提供するほか，社区教育職員等の養成，社区学校への指導，社区教育の教材づくりなども社区学院の役割とされている。ここで言う社区教育職員とは，主に社区学校の管理者，専任・兼任教員，ボランティアを指す。後述の通り，社区学校の教員のなかで，ボランティア教師は全体の 85 パーセント以上も占めており，社区教育の実施を支える重要な担い手である。

　さらに，社区学院は高等教育機関として，社区の経済，文化の発展と関連して，大学等と連携してオンライン学習等の技術開発や社区教育に関する研究調査等の機能も担う。

　しかし，上記の社区学院に関する制度上の規定が明確である一方，実施上の課題としていくつか指摘されている[8]。

　第一は，社区学院の運営上の問題である。社区学院が成立してすぐは，「意見」における規定と異なり，独立法人組織として認められていないものが多い。行政側から見た社区学院の位置づけが不明確であるため，その職員や財政の配分も一層不明確な状況にある。このような状況は社区学院の発展に一定の困難をもたらしている。

第二は，社区学院のカリキュラムの問題である。現在，社区学院は成人の学歴教育や在職者を主な対象とする中・高等職業教育を中心としており，それらの教育を実施する際，余暇大学や放送大学の学歴教育等のカリキュラムを踏襲している状況がある。この問題は，社区学院の成立当初の既存の成人教育施設と併設する設置形態やそのなかでの社区教育の位置づけの不明確さが反映されている。

第三は，社区教育に関わる職員の配置の問題である。社区学院が余暇大学，放送大学，成人教育機関等に頼って成立した場合に，社区教育のための専門職員が配置されておらず，従来の職員が兼任する状況にある。また，社区教育部門に専任する職員がいる場合であっても，数がまちまちである。その多くの場合は兼任と同じく，余暇大学や放送大学等の元職員が配置転換によって社区教育の職務を担当するようになった。従って，社区教育の業務展開については未だ模索する段階にあると言える。このような職員の専門性の問題は上記のカリキュラム踏襲の課題とも関連していると言えるだろう。

3.2.2 社区学校

2000 年以降，政府による経済・社会発展の要請，住民の教育・学習ニーズの高まりを背景とした生涯学習体系の構築に備え，上海市関係部門は2001 年に「社区学校の設置に関する暫行規定」(以下，「規定」とする)を発表し，社区学校の設置を全市で進め始めた。

「規定」による社区学校とは，街道政府や鎮／郷政府が自らの区域内の各種教育・文化・研究・体育等の資源を活用し，民間教育組織との連携も含め，社区の住民に向けて非営利的な社区教育活動を行う施設である。社区学校の役割に関しては，社区住民全体の教養と生活の質の向上，社区の環境の改善，社区建設に貢献することとされる[9]。

「規定」の設置基準に基づき，各街道／鎮／郷の裁量の下，すべての地域において社区学校が設置されていった。その設置形態は各地域の裁量に基づくため，地域によってまちまちであり，小中学校等の教育機関を母体にして設置したり，科学館や文化活動センター，及び民間組織による地域教育資源

第3章　上海市における社区教育の展開と失業問題への対応　　89

図 3-4　閔行区梅隴鎮文化体育センター 5・7・8・9 階に位置する社区学校。
左上：同社区学校ダンス教室；右上：同社区学校調理教室；左下：同社区学校絵画教室；右下：同社区学校図書館．2013 年 12 月，筆者撮影

を統合して設置したりしている。街道政府が予算を設け，新たに社区学校を建てる場合もある。農村地域の場合は，郷／鎮の成人学校に社区学校を設置するのがほとんどである[10]。

　上海市の社区学校は 2012 年現在，合計 216 校ある。それぞれの地域における分布は図 3-5 の通りである。前節で述べた上海市の行政区と街道数と照らし合わせると，ほぼ各街道に 1 つの社区学校が設置されていることがわかる。社区学校のうち，独立の校舎を有するのは約 4 割であり，ほかの社区文化活動センター等の施設と校舎を共有するのは約 6 割である。社区学校の規模に関しては，6 割以上の社区学校は建築面積が 2000 平方メートル以下であり，5000 平方メートル以上に達しているのは約 1 割である[11]。

　社区学校における社区教育職員に関しては，約 1.3 万人のうち，1 割のみが専任教師であり，区教育局によって社区学校に配置される。専任教師のうちの約 5 パーセントは街道の社区教育部門に雇われ，社区教育の管理職を兼

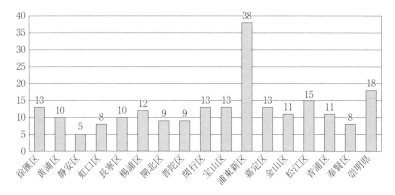

図 3-5 各区における社区学校数
出所：上海市精神文明建設委員会辦公室，上海東方社区学校服務指導中心，華東師範大学終身教育研究中心「2012：上海社区学校発展報告」2013 年，3 頁。

任している。その他，約 85 パーセントの社区教育教師はボランティアが担う状況である[12]。

　社区学校の主な役割は住民に対する多種多様な教育活動の実施及び住民教育拠点に対する指導・管理である。一方で，社区学院の主な教育内容が成人の中・高等段階の学歴教育と職業教育であると明確に規定されているのに対して，社区学校の教育内容に関しては明確な規定がなく，社区住民の学習ニーズに応じて多様な形式，内容，レベルを含めた教育訓練活動を行うとされている。金は，学習社会の形成の基礎としての学習社区づくりのために，想定される学習者のニーズを分類し，それに基づいて社区学校に求められる教育的役割を以下のように提示している(表3-4)。

　上記の教育・学習内容からわかるように，学習社会の形成に「中核」的な役割を果たす社区学校が，多様な学習ニーズに応じてより広範囲な教育内容を提供しなければならない。特に，レイオフ労働者の学習ニーズが学習企業の教育範疇に挙げられている。一方で，それは，従来企業等で働いていた者がレイオフや解雇された後の転職等のための教育と想定されていると推測できるため，未就労者や一般失業者の教育がそこから欠落していると言わざるを得ない。

　他方，職業技能教育を必要とする学習者グループに労働者やレイオフ労働

表 3-4　学習社区づくりのための学習ニーズ

	学習者	教育・学習内容
学習機関	街道／鎮政府公務員	生涯教育体系の構築と学習社区づくりの意義；業務遂行能力の向上に関する教育；社区管理の知識；政府の機能転換への対応のための教育；コンピュータ；英語等
	居民委員会幹部	社区管理知識；幹部教育等
	社区学校職員	社区学校の機能；管理職のための教育等
	社区学校教員	カリキュラムづくり；クラス管理等
学習企業	労働者	政治，思想，法規に関する教育；技能教育；コンピュータ；電子ビジネス；インターネット；情報処理技術；英語等
	レイオフ労働者	再就職・転職の市場状況；政策・法規；技能教育等
学習家庭	高齢者	余暇教育；健康・養生教育等
	親	子育て知識；親子教育；家政；保健等
	青少年	課外文化・体育活動；科学知識
その他	出稼ぎ労働者	思想・政治・道徳・法規に関する教育；文化教養教育；職業技能教育
	出稼ぎ労働者の子ども	義務教育

出所：金德琅『終身教育体系中社区学校実体化建設的研究』上海社会科学院出版社，2007 年，94-95 頁により筆者作成。

者のほか，出稼ぎ労働者も登場している。近年の農村から都市への人口の大量移動の状況を踏まえ，過去に存在していなかった都市部の新たな住民層として，農村からの移住者の都市部での就労や生活に対応するための教育，及び彼らの子どもの教育権の保障等のニーズが社区教育の範疇で現れている。上記の学習ニーズへの対応の必要性を踏まえて，実際に社区学校はどのような教育活動を行っているだろうか。表 3-5 は楊浦区 S 街道社区学校の教育活動の一例である。

　上記の S 街道社区学校の内容を見ると，春季の四半期とはいえ，教養やレジャーに関する内容がほとんどであり，前述の学習社区づくりのための学習ニーズに応じた内容を網羅しているわけではない。これは，S 街道社区学校に通う学習者のニーズに合わせた内容設計とも考えられるが，参加者の偏りを避けるために，多様性を持った内容を充実していく必要があるだろう。つまり，社区学院と社区学校両方を合わせて，定年者の割合が 53.9 パーセントに達している一方，その他の学習者の分布は失業・無業者，在職者，在

表 3-5 S街道社区学校の教育活動一覧表(四半期)

クラス	分類	教育形態	基礎知識要求[1]	コマ数[2]
密画[3]	文化・教養	講義	初級知識	16
舞踊	生活・レジャー	演習	—	16
外国語	文化・教養	講義	初級知識	16
社交ダンス	生活・レジャー	演習	—	16
中国画[4]	文化・教養	演習	—	16
古典文学	文化・教養	講義	初級知識	16
声楽	文化・教養	演習	中級基礎	16
生け花	文化・教養	演習	初級知識	16
アコーディオン	文化・教養	演習	—	16
保健	文化・教養	講義	初級知識	16
手工芸	文化・教養	演習	初級知識	16
書道	文化・教養	演習	中級知識	16
健康体操	生活・レジャー	演習	—	16
電子オルガン	文化・教養	演習	—	16

出所：S街道社区学校「2010年春季教育課程計画表」により筆者作成。
註1：基礎知識要求にある空欄は基礎知識に対する要求がない場合である。
註2：1コマ＝2時間である。
註3：絵画の手法の1つであり，細部まで綿密に描くことである。
註4：中国の伝統絵画の1つである。

学学生がそれぞれ13.9パーセント，16.3パーセント，10.4パーセントである[13]。従って，参加者のなかで大きな割合を占めている高齢者のための教養やレジャー活動を保持するとともに，より多くの住民の多レベルの学習ニーズを満たすための内容づくりが必要である。

　さらに，本書で特に注目する失業者の短期の職業技能訓練についても課題が見られる。上海市の社区学校全体の教育内容についての調査によると，「短期職業訓練」は9.7パーセントを占めており，多いとは言えないものの，一定の割合で実施されている[14]。しかし，S街道社区学校の四半期の教育活動を見ると，失業者向けのプログラムは皆無に等しいと言える状況である。このように，街道によって社区学校の教育内容もまちまちであり，すべての内容を網羅できていないことがわかる。むろん，社区学校はコミュニティを基盤としており，教育内容は地域住民のニーズに基づいて柔軟に対応してい

第3章　上海市における社区教育の展開と失業問題への対応　**93**

ることもその要因として考えられるが，地域において多様な住民が存在している状況のなか，多様なニーズへの対応を図ることも求められているだろう。

3.2.3　住民教育拠点

住民教育拠点は社区の居民委員会ごとに設置されており，社区教育の末端組織として最も住民に近い教育拠点である。住民教育拠点は社区学院や社区学校のように特定の施設が設置されておらず，社区に既存の文化活動センター，活動室，社区事務所や公園等のフリースペースを使用して活動を行っている場合が多い。

住民教育拠点は街道の社区学校の指導の下で，住民の日常生活に関わる講座や集団活動等を実施することが多い。地域によっては，住民教育拠点が社区学校と役割分担をし，社区学校が開設する上級レベルのクラスの下で，初級レベルのクラスを開設することもある。表3-6はY街道における各住民教育拠点が実施する教育活動の一例である。

その教育内容を見れば，主に高齢者を対象とする活動が多いことがわかる。また，これらがY街道における全10社区の住民教育拠点におけるすべての教育内容と考えると，多いとは言えないだろう。それは，社区における教育施設，設備や教職スタッフの不十分による制約も考えられるが，住民にとって利便性のある身近な社区教育として，その機能を未だ十分に果たしていないと言わざるを得ない。社区学校が実施する教育活動は，全街道の住民が社区学校に集まり，他地域の住民と積極的に交流することを可能とするが，住民に最も便利な学習環境を提供するという側面においては，今後住民教育拠点が教育環境を整備し，社区学校の出張授業等とも連携しながら，もっと多様に展開することが期待される。

3.2.4　住民の学習ニーズから見る社区教育の課題

以上，3つのレベルの教育システムにおけるハード面の整備とソフト面の教育内容などについて概観してきた。一方で，ソフト面において住民の学習ニーズに合わせて社区教育活動を行うことも非常に重要であることから，上

表3-6　Y街道における各住民委員会による教育活動一覧表(四半期)

クラス	分類	教育形態	場所
合唱	文化・教養	集団活動	老年活動室
舞踊	文化・教養	集団活動	645番地老年活動室
「木蘭扇」舞踊	文化・教養	集団活動	水豊路15号地下室
歌謡	文化・教養	集団活動	老年活動室
舞踊	文化・教養	集団活動	老年活動室
気功体操	生活・保健	集団活動	老年活動室
越劇*	文化・教養	集団活動	老年活動室
揚劇*	文化・教養	集団活動	老年活動室
老年合唱	文化・教養	集団活動	老年活動室
ファッション・ショー	文化・教養	集団活動	老年活動室
健康気功	生活・保健	集団活動	老年活動室
舞踊	文化・教養	集団活動	公園
社交ダンス	文化・教養	集団活動	広場
演劇	文化・教養	集団活動	老年活動室
書道	文化・教養	教室教育	老年活動室
太鼓	生活・保健	集団活動	老年活動室
健康気功	生活・保健	集団活動	老年活動室
手織り	レジャー・技能	講義	老年活動室
読書学習	文化・教養	教室学習	老年活動室
ボール演技	生活・保健	集団活動	老年活動室
京劇*	文化・教養	集団活動	老年活動室
滬劇*	文化・教養	集団活動	老年活動室
越劇*	文化・教養	集団活動	老年活動室
合唱	文化・教養	集団活動	老年活動室
足按摩	生活・保健	講義	老年活動室
手織り	レジャー・技能	講義	老年活動室

出所：Y街道「2010年春季教育課程計画表」により筆者作成。
＊京劇をはじめ，越劇，揚劇，滬劇等は，中国全土各地の伝統演劇である。

海市学習社会形成指導センターと上海市学習社会形成推進指導委員会が行った全市調査を通して，住民の学習ニーズと社区教育の実施状況と対比しつつ考察を加える。

　まず，住民の学習形態へのニーズに関しては，「教室で行われる教育」と「集団活動」が最も住民に好まれる学習形態であると示されている。52.6パーセントの住民は教育が「教室で行われる」ことを希望し，47.7パーセントが「集団活動」を希望している。それ以外に，24.9パーセントが「インターネット」，21.6パーセントが「テレビ・ラジオ」を希望している。年齢分布から見れば，住民のインターネットを通した学習に対する興味が年齢の増加によって減少する傾向にある一方，あらゆる年齢層の住民が「集団活動」に好みを示している。以上から見れば，住民の学習形態へのニーズは社区教育が行っている教育形態との間で齟齬は見られない[15]。

　また，住民の学習時間へのニーズに関しては，50.7パーセントの住民が土日の学習を希望し，34.6パーセントの住民が平日の昼間でも社区学校の学習に参加できると表明し，また，34.6パーセントの住民が平日の夜の学習を希望している[16]。住民の学習時間へのニーズが年齢層によって異なっており，50歳以上の住民が平日の昼間の学習を好む一方，49歳以下の住民が土日の学習を強く希望する。もっと若い世代では，土日以外に平日の夜の学習も希望する。

　現在，社区教育のカリキュラムによれば，平日と土日の昼間に教育を行うのは主に社区学校が中心になっている。社区学校の参加者は中高齢者が多い。社区学院は主に平日の夜と土日の昼間に開設しており，学歴教育や職業向上訓練を重視している若者や中年層がその主要な利用者である。以上から見れば，学習時間に関しては，社区学院や社区学校の現状と住民のニーズはほぼ一致していると言える。

　最後に，住民の学習内容へのニーズに関しては，健康・保健，職業訓練，生活教育[17]，学歴教育等様々な範囲で示されている。アンケート調査（多項目選択可）によって示された住民の希望する教育内容と社区学校が現在開設している教育内容と比較すると，両者の著しい違いがわかる（図3-6）。社区

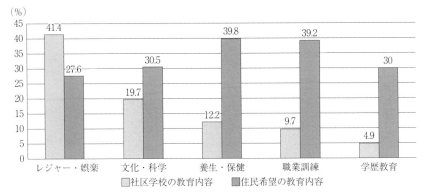

図 3-6 社区学校の教育内容と住民希望との対比図
出所：上海市推進学習型社会建設指導委員会・上海市学習型社会建設服務指導中心『上海社区居民学習需求与社区教育辦学現状調研報告』上海高教電子音像出版社，2007年，11頁，26頁により筆者作成。

学校が最も力を入れて開設しているレジャー・娯楽クラスはそれほどニーズが高くなく，養生・保健の内容に対するニーズが最も高い。住民が2番目に求めている職業訓練は社区学校で開設される割合はわずか9.7パーセントであり，学歴教育も4.9パーセントにすぎない。それは社区学院が主な受け皿となっていることもその要因として考えられるが，社区学院で行われるのは主に学歴や資格の取得を目的とする高等職業教育であることから，高等教育レベルまで求めていない失業者や出稼ぎ労働者等のニーズを勘案すると，社区学校が短期の職業技能訓練等を積極的に実施する必要があるであろう。

以上，中国の社区教育の現状について上海市を先進例として，ハード面とソフト面において概観し，特に短期職業訓練や失業者への教育という観点から考察してきた。次節では地域の失業問題に対して，具体的に社区の教育現場がどのように対応しているのか，また，どのように対応していくべきかについて検討していく。

第3節　上海市の社区における就労支援の実態
──楊浦区D街道を事例に──

第1節で述べた通り，楊浦区は面積が60.73平方キロメートルで，2009年

第3章 上海市における社区教育の展開と失業問題への対応 **97**

表 3-7 D 街道の失業者の基本状況

(単位：人)

	総人数	13,239	学歴	大学卒業以上	944
年齢	16-20 歳	1,077		高等専門学校卒	1,758
	21-25 歳	2,509		高卒・中等専門学校卒	6,373
	26-30 歳	1,769		中卒とその以下	4,164
	31-35 歳	1,091	失業年数	1 年以下	5,424
	35-40 歳	1,000		1-2 年	4,089
	41-45 歳	1,610		2-5 年	2,144
	46-50 歳	2,301		5 年以上	1,582
	51-55 歳	1,365	性別	男	8,514
	56-60 歳	517		女	4,725

出所：「楊浦区失業者状況一覧表―D 街道」2008 年 12 月により筆者作成。

末までに常住人口は約 120 万人であり，そのうち戸籍を有する人口は約 107 万人，よその都市や地域からの移住者は約 13 万人である。

　楊浦区は「学府中央区」と呼ばれ，区内には 14 ヶ所の高等教育機関があり，上海市の高等教育機関数の 3 分の 1 を越える[18]。教育部が 2008 年に決定した社区教育実験区の 1 つでもある。従って，近年の大卒者が就職難な状況のなかで，楊浦区における失業者のうち大卒等の高学歴の若者が多い状況が顕著である。

　事例として取り上げる D 街道においても登録失業者数 1 万 3239 人のうち，21〜35 歳の若年者数が特に多く，また，46〜55 歳の中高年失業者も多い。表 3-7 で示すように，失業者の学歴から見れば，高卒レベルの者がほとんどであるが，大学卒や高等専門学校卒など高等教育を受けた者も約 2700 人おり，失業者全体の 20 パーセントを占めている。基本的に楊浦区の現状を反映している地域であると言える。

　ここでは楊浦区 D 街道における就労支援の実践を通して，地域において失業問題がどのように対応されているのか，また，高等教育を受けた者の失業という状況に対してどのような取り組みがなされているかについて考察する。D 街道では，失業者に対する就労支援が，大きく分けて，社区教育形態と労働部門形態の 2 つの形態で行われている。

98

表 3-8　社区学校が行う職業技能訓練一覧表(2010 年春期)

課程	教育形式	場所	基礎知識要求	コマ数[1]
ネット教室	講義	社区学校	―	16
コンピュータ初級	講義	社区学校	―	16
コンピュータ上級	講義	社区学校	初級知識	16
撮影	講義	社区学校	―	18
木の根彫刻	講義	社区学校	―	18
花卉養殖	講義	社区学校	―	12
「外来嫁」訓練	講座	計画生育課 人口学校	―	10
出稼ぎ労働者訓練	講義	労働組合出稼ぎ 労働者学校	―	10
障がい者訓練	講義	社区保障課 新家学校	―	10
調理	講義・実習	社区学校	初級知識	16
生け花	講義・実習	社区学校	初級知識	16
化粧	講義・実習	社区学校	―	32
風箏づくり	講義・実習	社区学校	―	32
手織り	講義・実習	社区学校	―	32

出所：D 街道社区学校「2010 年春季教育課程計画表」により筆者作成。
註 1：1 コマ＝ 2 時間である。

3.3.1　社区教育による就労支援

　社区教育による就労支援は，つまり，社区学校等で行われる職業技能に関する教育のことである。その実施は社区教育のほかの教育活動と同じ手順になる。まず街道の事務所が各社区にプログラムの実施に関する通知を下し，受講者を集め，社区学校が職業技能訓練の教師，施設，設備等を確保し，受講者に短期間の訓練を無料で行う。

　表 3-8 に示した社区学校が提供する職業技能訓練の具体的な内容を見れば，サービス業を中心とする訓練が多いことがわかる。その原因は近年の国家政策による失業者の就労支援を地域サービス業の発展と関連づけている点に帰することができると考えられる[19]。その一方，社区学校等の施設，設備等の資源が限られるため，そこで行われる職業技能訓練は初級レベルにとどまっ

ている。特に，撮影や手織りなどのクラスは職業技能訓練とも言えるが，教養やレジャー教育というカテゴリーに分類することもできる。つまり，就職を目的としない者も参加できるクラスである。そのため，以下の職員の話からもうかがえるように，社区教育における失業者のための訓練が必ずしも彼らの再就職とつながっているとは限らない。

　　いろいろクラスを開設していますが，やはり入門編なので，就職に本当に役に立つかどうかは言えないですね。ここに来る人たちも，働くために学びに来ているとは一概には言えないですから。趣味で来たり，生活を充実させるために来ている人も少なくないです。ですから，私たちも特に就職できるかどうかについてそこまで重視していないです[20]。

　上記の状況を受け，正式な統計はないが，訓練を受けてから再就職を果たした者が多くないだろうと言う[21]。それだけでなく，実施側は社区で行われている職業技能訓練と失業者の再就職との関連性についてもあまり楽観視しておらず，就職に関してはあくまでも労働部門の責任だと認識している。

　　社区教育は教育ですから，就職までは関わっていないですね。だから，就職しているかどうか，どれだけ就職しているのかまでは把握していないです。あまり多くないと思いますね。(中略)たとえ訓練を受けた人が再就職できたとしても，ほんとうに私たちの職業訓練を受けたから就職できたとは言えないでしょうね。私たちがやっている訓練はほんとうに初級レベルで，入門ですから。でも，政府も職業斡旋を積極的にやっているから，やはり資格を取ったことで政府が仕事を紹介する時は就職しやすくなるでしょう[22]。

　また，下記の社区教育担当者の語りからわかるように，失業者の職業技能訓練は多種多様な住民のニーズを多方面から満たすための社区教育全体の一部にすぎず，大きな力を入れられる状況ではない。

社区教育というのは社区の全部の住民を対象にしているものですから，失業者も当然その対象者になります。だから，その人たちの教育もちゃんとプログラムに入れないといけないです。ただ，メインはやはり高齢者ですから，娯楽を目的とする内容が一番多いです。失業者の訓練は，ここではいろんな限界がありますから，あまり多くはやっていないです[23]。

　一方で，上記の表 3-8 における職業技能訓練のうち，「外来嫁」，出稼ぎ労働者や障がい者を対象とする訓練について注目したい。これらの訓練は，社区学校のみならず，労働組合，社区保障課やファミリー・プランニング課[24]などと連携して行っており，いわゆる他行政部署からの委託訓練である。「外来嫁」とは，上海市の戸籍を持つ男性と結婚したために，ほかの地域から上海に移住してきた女性のことを指す。「外来嫁」は出稼ぎ労働者と異なり，就労を目的に都市部に移住しているわけではないが，なかには就労のニーズを抱えている者がいる。「外来嫁」訓練では上海語を含め，家庭生活や子育て，就職活動など幅広い教育内容が行われており，都市生活や家庭生活が円滑に進むための教育内容となっている。

　つまり，「外来嫁」や出稼ぎ労働者などの近年の人口移動によって都市部で現れてきた移住者や，従来から地域に存在していた障がい者などの生活課題への対応が社区のなかで必要となってきた。それぞれの住民グループへの対応は，担当する部署が異なるにもかかわらず，社区学校が受け皿となっていることがわかる。

3.3.2　労働部門による就労支援

　就労支援の労働部門形態とは，街道レベルの労働課が失業者を対象に行う就労支援である。その場合，労働課自体は教育訓練活動を行わず，その主な役割は失業者の状況を把握すること，失業者を職業技能訓練に参加させること，失業者に対する就職指導と職業斡旋が中心である。

まず，失業者の状況の把握に関しては，居民委員会ごとに就業支援員が1人配置されている。就業支援員が個別訪問して地域における失業者の数，年齢層，学歴，就職意欲，就職能力，就職条件等について調査し，街道労働課にまとめて報告する。いわば行政の末端組織としての役割を果たしている。

居民委員会の就業支援員による調査データに基づき，就職指導，職業技能訓練や職業斡旋が行われる。就職指導に関しては，街道ごとに1～2名の職業指導資格を持っている職業指導員が配置されている。職業指導員が求職者の就職意識，就職条件等に関するコンサルティングをし，面接技法等の就職指導を行う。職業斡旋に関しては，街道労働課の職員が失業者の求職情報と区レベルの職業斡旋所によせられた企業の求人情報を合わせて調整する。

本書で重点的に検討している失業者の職業技能訓練に関しては，区労働局が認定する再就職訓練施設で行われる。1つの街道に3～4の再就職訓練施設が指定され，失業者は当該地域の範囲内で，施設や専門を選択した上で，無料で訓練を受けることができる。職業技能訓練は訓練の実施，試験の実施，合格者への資格証明書の交付という順で行われる。

労働部門による職業技能訓練の専門分野はより幅広く，情報サービス，設計，工芸・美術，会議・展示，物流，文化教育，貿易サービス，観光サービス，生活サービス，機械・電力技術，電子通信，エネルギー源，交通運輸，化学工業・環境保護，紡績服飾，建築工事，農林牧漁，管理・コンサルティング等18のカテゴリーで約200の細目に分けられている[25]。失業者は初級から上級まで各レベルの訓練を受けることが可能である。

つまり，社区学校が行う職業技能訓練と比べ，労働部門が主体となる訓練はより多種多様で体系的であり，また，就職指導や職業斡旋も合わせて実施している点は評価できる。

小　　結

本章では上海市の行政報告等の文献資料を通して中国の社区教育の発展地域における社区教育の現状を概観し，また，筆者が上海市D街道で実施し

た現地調査を通して，地域における失業者のための教育的支援の一例として，その実態を明らかにした。近年の地域レベルにおける行政システムの整備や社区教育の積極的な展開により，地域において失業者のための就労支援等の取り組みがなされているが，いくつかの課題も指摘できる。

　まず，社区教育における失業者のための職業技能訓練の位置づけと実施側の認識についてである。地域のあらゆる住民を対象に教育を実施することを目的として認識している社区教育側が，失業者の職業技能訓練を重視しているとは言えず，施設，設備や人員などの制約により，大きな力を入れられない状況である。また，就職に関しては労働部門の役割と考えられており，社区教育の専門外のこととして認識されている。つまり，訓練を受けた後の失業者のアフターケアがまったくない状況である。

　一方で，社区教育の教育内容全般のうちほんの一部しか職業技能訓練が占めていないとは言え，社会課題が多発している現代社会において，失業者，出稼ぎ労働者，「外来嫁」などの新たな住民の学習ニーズに応えようとする社区教育の姿勢がうかがえる。地域住民の学習ニーズに関する調査でも示されるように，職業技能訓練に対して住民が強い関心，または必要性を感じている。現在社区教育において実施されている訓練のほとんどは，『中国職業分類大典』による分類の初級レベルにとどまっており，また，サービス業を中心とする専門課程が多いが，今後より高いレベルの訓練の展開を積極的に促進することが必要となるだろう。その一方，職業技能訓練の展開は教育資源を新たに作り出すというよりも，地域における職業訓練学校，民営の教育機関等の既存の教育資源を利用することは合理的であろう。

　また，D街道において社区教育課と労働課がそれぞれ失業者に就労支援を行っており，両者の連携が見られない。そもそも失業者の就労支援は労働部門の役割と規定されており，就労のための技能訓練等の実施も労働部門が責任を持って実施すべきとされているが，コミュニティの各種住民を対象にする社区教育が展開するにつれ，失業者への社区教育も実施されるようになった以上，両者の連携によるより効率的，効果的な取り組みが望まれる。例えば，社区教育課の実施する職業技能訓練を受けた失業者に対して，労働

課がその専門に応じて就職斡旋等を実施すれば，前述の社区教育が抱えている課題の解決にもつながるであろう。

さらに，本節の冒頭で述べたように，楊浦区においては失業者のなかで大学及び相当する学歴を有する若者が多いにもかかわらず，それに対応するための取り組みがD街道ではまったく見られない。その大きな要因は，大卒等の若者がほとんど社区教育や社区における就労支援を利用しないことにあると言われるが，社区における教育内容そのものの対応性にも原因があるだろう。D街道で社区教育課によって実施されている職業技能訓練の内容から見れば，学歴を有する若者が求めている教育支援，言い換えれば，一層高いレベルにある教育内容を社区教育では提供できない状況は否定できない。その一方，労働部門によって組織される職業技能訓練は学歴を有する若者たちに上級レベルの訓練を実施することができるが，大学生等の就職支援に関しては専ら学生たちが卒業する前に労働部門が大学と連携して取り組んでいる状況にある。しかし，大学を出た後の大卒無業・失業者も数多く存在している。これらの大卒者は大学から離れ，所属を失い，地域に回帰することが想像できる。その場合，街道・社区に頼る必要があるため，今後街道レベルではこのような若者たちの課題に一層注意を払い，積極的に取り組む必要があると考えられる。

1) 近年，区や県の合併が行われており，人口移動も含めて数値の変動が考えられるが，調査当時のデータとの整合性を考慮し，2010年以前のデータを使用している。

2) 1989年12月26日中華人民共和国主席令第21号公布，1990年1月1日施行「中華人民共和国城市居民委員会組織法」第2条。

3) 教育部職業教育・成人教育司が2001〜2016年に公布した教職成函(2001)5号，教職成函(2003)7号，教職成函(2006)10号，教職成函(2007)5号，教職成函(2008)1号，教職成函(2010)9号，教職成庁函(2010)14号，教職成庁函(2013)8号，教職成函(2014)2号，教職成函(2016)10号による。

4) センターの具体的な職務に関して，上海市教育委員会は以下のように規定した。それは，①社区学院に対する指導，協力，サービスの提供，社区学院の教育活動を管理すること，②生涯教育資源の開発を行い，生涯教育資源のデータベースの構築，運営，安全管理をすること，③生涯学習に関するオンライン学習ネットワークの構築，運営と安全管理をし，生涯教育・学習サービス保障システムを構築すること，④市教育委

員会が推進する学習社会の形成と生涯教育に関わる評価システムの制定，社区学院の教育に対する評価，監督，生涯教育職員の養成に協力すること，⑤市教育委員会が行う学習成果の評価方法と単位互換制度の制定及びその実施，管理に協力すること，⑥学習社会と生涯教育体系の構築に関する調査研究と理論研究をし，情報収集，整理，分析を行い，市政府と上級部門の施策制定に材料を提供することなどである。上海市教育委員会「関於印発上海市学習型社会建設服務指導中心等3個直属単位工作職責的通知(上海市学習社会形成指導センター等3つの直属単位の職責に関する通知)」沪教委人(2008)26号。

5 ）上海市精神文明建設委員会辦公室，上海東方社区学校服務指導中心，華東師範大学終身教育研究中心「2012：上海社区学校発展報告」2013年，2頁。

6 ）上海市教育委員会，上海市精神文明建設委員会「関於推進本市社区学院建設的指導意見(社区学院建設の推進に関する指導意見)」沪教委終(2007)18号。

7 ）「高等教育自学考試」と呼ばれる独学者が高等教育の学歴を取得するための試験制度がある。それは，個人の自学，社会の助学と国家試験からなる高等教育の形式であり，在職者のリカレント教育を促進するために，1980年代に採用された制度である。社区学院では，その試験を受ける独学者を支援するための教育が行われている。

8 ）上海市推進学習型社会建設指導委員会『上海学習型社会建設(上海市の学習社会の推進)』2007年，9頁。

9 ）上海市教育委員会，上海市精神文明建設委員會辦公室，上海市民政局「上海市社区学校設置暫行規定」沪教委職(2001)48号。

10）金德琅『終身教育体系中社区学校実体化建設的研究』上海社会科学院出版社，2007年，21-22頁。

11）上海市推進学習型社会建設指導委員会，上海市学習型社会建設服務指導中心『上海社区居民学習需求与社区教育辦学現状調研報告(上海市における社区住民の学習ニーズと社区教育の運営現状に関する調査報告)』上海高教電子音像出版社，2007年，19頁。

12）前掲註5，3頁。

13）前掲註11，33頁。

14）前掲註11，26頁。

15）前掲註11，14頁。

16）前掲註11，17頁。

17）家政，資産運用，法律常識等を含めた日常生活に役に立つ教育である。

18）楊浦区政府 /html/website/website/list/http://www.shyp.gov.cn(最終閲覧日 2010年6月17日)。

19）中国における 2001～2005年の「第十期五ヵ年計画」において，第三次産業振興方針に従い，社区建設の重要な内容としてサービス業の発展が位置づけられている。従って，政府が社区建設と就職促進を結びつけ，社区において地域産業を興すとともに，就職先を開拓して失業者に再就職の機会を提供するという地域就職の方針を促進

し始めている。

20）楊浦区学習社会形成推進指導委員会の社区教育担当者へのインタビュー調査による（2010 年 3 月 17 日実施）。

21）同上。

22）同上。

23）同上。

24）計画生育課と言う。一人っ子政策の促進のための部署である。

25）現地調査資料，楊浦区 D 街道事務受理服務中心「2010 年補貼培訓目録（2010 年補助金による訓練目録）」による。

第4章　出稼ぎ労働者の主体的な学習と社区教育

　第3章では，社会課題が多発している現代社会において，従来は存在していなかった住民層の新たな学習ニーズに応えようとする社区教育の役割を見出した。本章は，中国で近年最も注目されている農村から都市へ大量に進出してきた出稼ぎ労働者の課題に着目する。出稼ぎ労働者が出稼ぎ先の都市で受ける再教育の実態を解明し，都市型の社区教育が彼らの就労と生活に果たす役割と可能性を明らかにすることを目的とする。

　まずは，企業による労働者への教育の展開状況と国家支援制度に着目して，出稼ぎ労働者の公共職業訓練の実施状況を，政策資料，統計データとこれまでの研究蓄積を通して考察する。これらの作業を通して出稼ぎ労働者にとって社区教育の必要性と必然性を明らかにした後，彼らに対する社区教育の取り組みを考察する。近年の中国における企業コミュニティから地域コミュニティへの移行過程において，都市住民の相互理解や都市生活の安定に大きな役割を果たしている社区教育が，出稼ぎ労働者の都市への融合にいかなる役割を果たしているかについて実態調査から明らかにする。

　調査対象は奉化市[1]X街道とした。X街道にあるL社区は中国で初めての出稼ぎ労働者を中心とした自治コミュニティであり，地方政府と企業との協働により設立された。筆者のフィールド調査で得られた資料及び社区居民委員会の責任者，社区教育担当者と社区自治に携わる出稼ぎ労働者の住民に対するインタビュー調査を通して，社区教育の実際を明らかにするとともに，出稼ぎ労働者の自治モデルが持つ意味と可能性について考察していく。

　インタビュー対象者の属性は表4-1の通りである。また，半構造化インタ

表 4-1　調査参加者一覧表

	調査協力者				担当部署／科目		
支援側	社区居民委員会管理者 A				社区居民委員会主任兼企業管理職		
	社区教育担当者 B				成人文化技術学校校長兼社区教育担当		
出稼ぎ労働者		性別	年齢	出身	出稼ぎ年数	婚姻・家庭状況	学歴	社区担当職務
	C	女	27	山西	7年	既婚・子ども1人（11ヶ月）	中等専門学校卒	居民委員会委員
	D	女	23	江西	4年	未婚	成人高等学校卒	青年センター委員

ビューの大枠な質問項目は，下記の3つの対象者カテゴリーに分けて設問をした。

(1) 社区管理者を対象に：
　　・出稼ぎ労働者のための社区の設立に至る経緯
　　・社区の内部構造(年齢構成，産業別等)
　　・社区の運営理念，社区と企業との関係
　　・出稼ぎ労働者が社区自治に参画するプロセス，内容と効果等

(2) 社区教育担当者を対象に：
　　・社区教育の教育活動内容
　　・出稼ぎ労働者のための職業技能訓練の内容・割合
　　・出稼ぎ労働者の社区自治への教育的支援

(3) 出稼ぎ労働者を対象に：
　　・社区活動や社区教育活動に参加する目的，その後の評価
　　・社区運営活動に参画してからの成果や内面的変化等
　　・社区運営活動に関わる過程で感じる課題
　　・都市市民との交流・関係

第1節　出稼ぎ労働者と都市市民の新たな二重構造

　周知のように，中国は都市部と農村部が戸籍制度によって分かれており，二元的な社会構造を持っている。長年にわたり農民は抑圧され，あらゆる面で差別されてきた。1950年代から1990年代にかけて，農村から都市への人口移動は制度的に抑えられていたが，1990年代に入って都市部の工業化に伴い，労働力不足の状況下で農村の余剰労働力が大量に都市部に流入した。いわゆる「戸籍の転出入を認めない出稼ぎ型の流動」[2]である。これらの出稼ぎ労働者は一労働者として都市部で働いているものの，農民の身分が保留されているため，都市市民と同じように国民の基本的な諸権利を行使することができない。例えば，子どもの学校への入学問題，医療・衛生制度，年金・医療・失業等の社会保障制度からの疎外，都市における住宅政策の貧困など，都市の社会サービス網から疎外されていることがその最大の焦点として指摘されている。従って，都市と農村の二重構造だけでなく，1990年代以降の出稼ぎ労働者の出現によって，都市部のなかでも出稼ぎ労働者と都市市民の新たな二重構造が浮かび上がってきた[3]。

　2000年代に入ってから，出稼ぎ労働者の数は年間約500万増えており，約1.6億人にのぼっている[4]。出稼ぎ労働者をめぐって生じる社会問題は近年注目されるようになり，大きくは労働問題，教育問題，年金・医療・失業等の社会保障問題に分けることができる。これらの問題をめぐって，アンケート，インタビュー等の実態調査や問題の解決に向けた制度的提案など，多くの研究がなされている[5]。しかし，教育問題というと，ほとんどの研究では出稼ぎ労働者の子どもの教育問題に高い関心が寄せられており，出稼ぎ労働者本人に関わる教育訓練の実態や制度的保障の問題についての研究はあまり多くない[6]。

　また，多くの先行研究で指摘されているように，出稼ぎ労働者は都市で生活をしているものの，都市生活に溶け込めない状況がある[7]。こうした生活課題はいかに改善できるだろうか。これまでの研究では出稼ぎ労働者の問題

を分析しつつ，その解決には戸籍制度や農村と都市の二元構造に関する制度の抜本的な改革が必要であると結論づけているが，国家制度の根幹が変容を迫られない現実のなかで，出稼ぎ労働者は自らいかにして苦境から脱出することができるのだろうか。

　言い換えれば，出稼ぎ労働者の生活の質の向上のために，労働賃金，福祉，医療等の国家制度による保障によって解決できる問題もあるが，彼らの自己成長や都市市民との共生など，国家制度だけでは解決しにくい問題も存在している。こういった外部から大量の人々が流入することによって生じた様々な都市の問題に対して，「各コミュニティに固有の問題を取り上げつつ，教育によって対処する必要が出てきてい」[8]ることが指摘されている。従って，出稼ぎ労働者の教育の制度的保障と教育実践の向上を考察することは極めて重要な課題であると言える。

　1990 年代に，出稼ぎ労働者の青年が日記のなかで以下のようなことを書いている。「人生でいちばん頼れるのは，やはり学問だろう。勉強すれば聡明になり，聡明になれば知恵ができる。……学問のある人は成功の機会もきっと多い」[9]。つまり，知識の獲得が非常に重要視されていたことがわかる。このような状況は近年に至っても同じであると言える。2010 年に蘇州市で行われた出稼ぎ労働者の就労・生活と社会保障の実態に関するアンケート調査[10]によれば，出稼ぎの動機に関しては，「見聞を広げるため」が 20.8 パーセント，「技術を学ぶため」が 14.4 パーセント，「故郷で起業するため」が 24.9 パーセントという結果であった。もちろん農業生産による低収入等の原因もあるが，一部の若年の出稼ぎ労働者は単純に生活のための収入を目的とするのではなく，激しい現代社会の競争のなかで発展的な視野を持って，自分自身の素養を高めるために努力している傾向が見られる。また，賃金が低いこと(77 パーセント)，仕事・収入の不安定(35.5 パーセント)など，就業をはじめとする諸困難に直面するなか，彼ら自身はその困難の要因について，73.2 パーセントが「労働力市場の激しい競争」，61.3 パーセントが「学歴が低い」，41.5 パーセントが「技術がない」と認識している。その解決方法について，81.8 パーセントが「自分の努力」で解決すると考えている。つ

まり，都市で困難な状況に置かれていることについて，彼らの多くは自分自身が原因であると認識しており，自分自身の努力で状況を変えようとする意欲を持っている。

　出稼ぎ労働者の都市への融和に関する，都市市民と出稼ぎ労働者の相互意識に関する北京市を事例にしたアンケート調査もある[11]。北京市民の出稼ぎ労働者に対する印象として，苦労に強い，素朴等評価する点もあれば，計画育児の不履行，文化学習が不十分，公共マナーが悪い，あるいは身の回りの不衛生，環境衛生の不注意，乱暴等の問題点も挙げている。つまり，出稼ぎ労働者は都市生活に溶け込むために，文化教養教育を通して自身の素養を高める必要があると見られているのである。

　以上のことからは，出稼ぎ労働者自身の生活の質の向上及び都市市民との相互理解を図るために，職業技能教育と文化教養教育という両方のニーズが現れているということがわかる。1990年代において，都市部でさえも基礎教育が普及していない状況では，出稼ぎ労働者にとって，自ら学習をするほかに，都市で教育を受けることはほぼ不可能なことであったと言える。

　中国では労働者の成人教育は1950年代から企業を主体として実施されていた。このような構造のなかで，出稼ぎ労働者という新たに出現した労働者層の教育について，企業はどのような対応を図っているのだろうか。また，2003年から，国務院が出稼ぎ労働者の問題を重視し始め，彼らに公共職業訓練を実施するように通達を公布した。このように，近年の出稼ぎ労働者の基本的な権利を重視し制度を見直そうとする動きのなかで，出稼ぎ労働者の教育的要求は満たされているのだろうか。彼らの教育は現在どのような状況にあり，それは彼らの職業生活ないし人生にどのような影響を与え，どのような役割を果たし得るのだろうか。

第2節　出稼ぎ労働者の職業訓練

4.2.1　企業による企業内訓練

　第1章で述べたように，従来，中国では労働者が成人教育の主な対象であり，特に企業が主体として行う企業内教育が成人教育の中心分野であった。近年の企業改革や教育制度改革に伴い，成人教育が学習社会の構築に向け，生涯学習の方向へと大きな変容を遂げたとともに，企業内教育も市場経済体制下の現代企業教育制度の構築に向け，徐々に変化していった。現代企業教育制度とは，国家の計画や経済成長ではなく，企業の生産，経営と発展のニーズに応じて教育・訓練活動を計画的に展開しながら，企業の目標と従業員のニーズを融和させる制度である[12]。つまり，元々の国家の経済発展を本質とする従業員の成人教育から，企業の経営や従業員の個々人のニーズを目的とする企業教育への教育目的の転換である。こうした変化のなか，出稼ぎ労働者は新たな労働者層として顕在化し，彼らの教育について企業はいかなる役割を担い，行えているのか，彼らの教育要求を企業は満たし切れているのだろうかという課題が噴出しつつある。

　1950年代から，在職者訓練は成人教育の主な内容であった。1980年代に文化大革命が終焉した後，成人教育が10年間の停滞から復興し始め，いち早く復興にこぎ着けたのは在職者訓練であった。当時の人的資源の損失と在職者の資質低下という背景の下に，企業が「双補教育」という知識と技能を補うための教育を広範に行った。つまり，学歴教育も含めた文化知識の伝達と職務能力向上のための職業技能の補償教育がなされていた。

　1990年代に入って，成人教育はその補償的性格を持つ教育をほぼ完了し，在職者訓練は徐々に技能の向上のための訓練に移行した。その背景には，1985年「教育体制改革に関する決定」の公布によって職業教育が重視されるようになり，学校教育制度に組み込まれて中等教育レベルから高等教育レベルまでの職業教育体系が構築されたことがある。学校で職業教育を受けた後に就職した労働者が増えたため，初等レベルの知識や技能の補償教育は彼

らにとって不要になり，より高いレベルの技能向上訓練が求められるようになったと考えられる。

　当時，成人教育の対象が在職している労働者に限定されていた。それは，計画経済体制の下ですべての国民が国家配置によって就職していた現実があったことと，すべての国民が労働者であるという認識があり，実際そうであったからである。人々の生活コミュニティも企業によって成り立ち，教育や福祉等は企業によって担保されていた。しかし，1990年代末になって，市場経済体制下において国有企業改革が進められ，効率第一主義に基づき，企業が管理していた学校や商店等の生産に直接に関わらない部門が外部化され，労働者の教育は自己責任へと転化したのである。従来の企業内の労働者教育も外部化され，民間の教育施設に移行した。つまり，労働者教育の根本的な目的が従来の国家の計画的発展のための人材養成から，企業の生産効率の向上とともに従業員個々人の職業における生涯発達と自己成長を重視する方向へと変化した。

　以上の変化とともに，成人教育も従来の国家の計画的な発展に基づく労働者教育から個人の生涯発達に基づく生涯学習の方向へとシフトした。市場経済の導入による「統包統配」の就職分配制度の廃止及び基礎教育の普及と学歴社会の形成に伴って，人々が常に高いレベルの継続教育を求めるようになり，そのニーズによって成人教育分野ではリカレント教育を中心とする成人高等教育が急速な発展を遂げた[13]。このような動向に伴う従業員の資質向上により，企業内教育も高度化の傾向を示し，従業員の継続教育に力を入れ始めている。

　牧野による各企業の教育実態に関するインタビュー調査を見ると，いずれの企業も高度な専門職や管理職層の受け入れや教育に力を入れ，「大学専攻科(「大学専科」と呼ばれる2〜3年制高等教育。筆者註)出身者が，大学本科へ進学して，大学本科の学歴を取得することを支援したり，本科出身の学生が大学院修士課程に進学して学位を取得することを支援したり」[14]する事例があったことがわかる。しかし，このような人材育成の高度化や外部化は成人教育の歴史的な展開過程に位置づきつつも，一方で現代社会に新たに出現した労

働者層，すなわち出稼ぎ労働者等の社会的不利益層の教育を軽視している上に成り立っていると指摘せざるを得ない。すなわち，企業内教育における，高学歴層と低学歴・低技能層を分断する二重構造のようなものが現代中国には胚胎しているとさえ言えるのである。基礎教育でさえ十分に受けていない農村出身の多くの出稼ぎ労働者にとっては，このような高いレベルの企業内教育は明らかに不適切であることは論を俟たない。

　一方で，牧野の調査によると，生産現場の労働者に対して教育を行う事例もあった。例えば，新しい従業員1，2人に対して1人の技能職従業員が教育係として実地指導を行う徒弟制訓練の形式である。しかし，生産現場でも管理・技術部門でも，従業員の定着が悪いという問題がいずれの会社の担当者からも指摘されていた[15]。それは従業員の教育に大金をかけた企業にとっては大きな損失であるということを示唆している。従って，多くの企業はその教育の対象者を当然ながら正規の従業員に限定しており，臨時雇用の従業員はその対象から除外している事実がある。しかも，資本力のある大企業でさえこのような状況にあるとすれば，従業員教育に力を入れていない，もしくは入れることのできない多くの中小企業においては，出稼ぎ労働者に教育を行うケースは一層少ないことが予測される。

　すでに多くの出稼ぎ労働者の実態調査で指摘されるように，出稼ぎ労働者の就労の特徴は，中小企業での就労が多いこと，また，非正規雇用や正規部門の特殊部門に従事する割合が高いことである。彼らの労働内容は「都市労働力がやろうとしない3K職種であり，多くは一年に何度も職種を換える。国有や集団所有企業の正規雇用に対して，こうした就業は不安定で流動性が高く，都市従業員と同等の労働権益や社会待遇を享受することは困難である」[16]と指摘されている。このような基本的な待遇や社会保障さえ享受することが難しい状況のなかで，出稼ぎ労働者が企業から教育を受けることはさらに困難であることは容易に想像がつく。嶋によって2010年に行われた出稼ぎ労働者の職業技能訓練の参加に関するアンケート調査の結果を見ると，調査対象者のうち訓練に参加したのはたった19パーセントである。さらに，企業による訓練への参加者はそのうちのわずか35パーセントであった[17]。

つまり，ごく少数の出稼ぎ労働者のみが，彼らの働いている企業の企業内教育の対象になっていたことがわかる。

　先に述べたように，中国における社会体制および教育制度の変容に伴い，国家の経済発展に資する国家本位の企業内教育は企業本位の教育へと変貌を遂げた。このような企業本位の教育では，社会的に排除された出稼ぎ労働者の教育的要求に対して支援することが十分にできていないと言えるのである。彼らの就労のあり方や教育制度の形成及び現実的な支援方法が大きな社会問題となるいま，国家はいかなる支援体制を構築しているのだろうか。次項では，出稼ぎ労働者を支援するための国家主導による公共職業訓練の実相について考察していく。

4.2.2　国家支援制度下の公共職業訓練

　2003年，国務院は，農業部，人力資源社会保障部，教育部，科学技術部，建設部と財政部の6つの部門が制定した『2003～2010年全国出稼ぎ労働者訓練企画』(以下，「企画」とする)を公布した。「企画」によれば，農村労働力が非農産業と都市部に移転することは，農業の現代化と農村・農民の課題，いわゆる「三農」問題を解決する重要な手段であり，農村の都市化や農村経済と都市経済の協調的発展を促進するものであるため，国家は農村労働力の都市部への出稼ぎを推奨している。ところが，2001年に新しく都市部に移転した出稼ぎ労働者のうち，技能訓練を受けた者はわずか18.6パーセントの低い比率であった。「企画」では出稼ぎ労働者の労働技能の欠如によって都市部における安定した就労が困難であることも問題として指摘されていた。そこで，国務院は農村余剰労働力の非農業への就労転換を実現するために，職業訓練の強化の方針を打ち出した。その際，農村労働力に対して非農産業と都市部に移転するためのガイダンス指導や予備訓練を実施するとともに，すでに農業以外の産業に従事している2億人以上の出稼ぎ労働者に対して職業訓練を行うという目標を掲げたのであった。

　職業訓練の実施に関しては，国家は以下のような方向性を示した。「職業技能訓練は出稼ぎ労働者の職業能力を高め，出稼ぎ労働者の就労を促進する

重要な手段である。……当面の訓練の重点は家政サービス，飲食，ホテル，保健，建築，製造業等に関する職業技能である。職業訓練は各地方政府の主導の下で，各種の教育・訓練機関と企業が実施する。……起業する意向のある出稼ぎ労働者に対しては起業訓練を行い，起業指導を提供する」[18]。職業訓練のほか，法律，都市生活，求職等に関する知識の習得のための教育の実施も指摘されている。それは，出稼ぎ労働者が法律を守り，自分自身の権利と利益を守る意識を高められるようになることを目的とするものである。国務院の「企画」を契機に，出稼ぎ労働者の訓練が各地方政府で重視されるようになった。

　2006年には，国務院が「出稼ぎ労働者問題の解決に関する若干の意見」(以下，「2006年意見」とする)を公布し，出稼ぎ労働者の権利保障等について方針を定めるとともに，職業訓練については，補助金制度の強化策を打ち出し，企業による出稼ぎ労働者に対する訓練の提供や支援を義務化した。さらに，2010年に公布された「出稼ぎ労働者の訓練のさらなる強化に関する指導意見」(以下，「2010年意見」とする)において，訓練基金管理制度の制定，企業による訓練と就職促進機能の強化，訓練内容の質的向上と各担当部門の連携と責任の強化等の意見を出している。このように，既定の諸制度に基づきさらに強化する方針を打ち出しながら，2015年までにすべての出稼ぎ労働者に最低でも1回の訓練を実施するという新たな目標も掲げている。

　しかし，国家が高い目標を掲げたこととは対照的に，実際の進行状況は必ずしも計画通りに進んでいるわけではない。国家の行政方針・指針を確認する限り，以下の問題点を指摘することができる。

　まず，上記の「企画」における「出稼ぎ労働者の出身地における移転就職前の訓練を重点的に支持する」という文言から，都市部にすでに出ている出稼ぎ労働者より，農村部における移転しようとする人たちの予備訓練を重視していることがわかる。この傾向は中央政府の財政配分からも読み取れる。2011年に，中央財政は農村労力の移転予備訓練のための「陽光プロジェクト」の基金に11億元[19]の予算額を設けているのに対して，都市部の出稼ぎ労働者の訓練基金は地方財政に一任されており，訓練基金の財源や負担金

が明確ではない。確かに，農村部に集中している農民に比べ，出稼ぎ労働者は都市部に散在しており，彼らを集めることが困難であること，また，「『治療』よりは『予防』」という問題解決の考え方等がその要因として考えられるものの，近年，各地の関係部門が教育資源を農村部に投入し大規模に実施している「陽光プロジェクト」に比べ，都市部の出稼ぎ労働者の職業訓練は不十分であると言わざるを得ない。

　また，「工業化の発展のための産業人材育成」，「都市経済と農村経済の協調的発展と社会安定のため」等の文言が上記の政策には散見される。2006年の「意見」では，出稼ぎ労働者の労働，福祉等の社会的権利について意見を出しているなかで，職業訓練に関しては方針や指針が明文化されているわけではない。さらにその具体的な実施方法に関する意見を考察すると，出稼ぎ労働者に対する職業訓練は都市部の失業者とほぼ同じような対策が取られていることがわかる。

　その結果，このような行政的性格の色彩が濃い公共職業訓練は国家の予想通りに実現するわけはなく，2011年の統計では，出稼ぎ労働者のうち，非農業技能訓練を受けた者は26.2パーセントにとどまり，まったく訓練を受けていない出稼ぎ労働者に至っては68.8パーセントと依然として全体の約7割を占めている[20]。むろん，その状況には出稼ぎ労働者自身の超過勤務に伴う長い労働時間や，賃金が低いため一部補助金が出されても訓練費を負担できないこと等，出稼ぎ労働者の社会保障や労働条件等の制度に関わる様々な要因があり，多くの先行研究で指摘されているように，制度の根本的な見直しが必要とされるのである。

　戸籍制度改革等の試行錯誤を経た現行の制度下で，出稼ぎ労働者の都市での就労や生活はいかに改善可能なのだろうか。たとえ国家の支援制度が適切に実施され，出稼ぎ労働者の就労に効果が得られたとしても，就労だけを果たせばそれでいいのだろうか。本章の冒頭に挙げたように，これらの出稼ぎ労働者は就労が安定し収入を得ることだけでは満足できず，都市生活・都市文化に融合したいという精神的欲求も抱えている。従って，これらの出稼ぎ労働者の就労のための職業技能教育と都市融合のための文化教養教育への

ニーズを満たすために，都市コミュニティに根ざした社区教育の役割が改めて，現実的な必要性のなかから問われてくるのである。

第3節　出稼ぎ労働者のための社区教育

牧野は，中国の社会変動のなかで，「一方で人々の離転職の激化に対応して，職業教育・技術教育の機会を保障して就労を促しつつ，生活を安定させ，他方で急激に流動化する都市部において，都市住民の相互理解・融和の必要や文化・教養への関心の高まりに応えるための学習機会を提供して，治安を含めた都市生活を安定させるための措置，言わばセーフティネットとして，とくに大都市で急速に普及し，展開を見せているのが『社区教育』つまりコミュニティベースの教育保障である」[21]と述べている。本節では，具体的な事例を通して，都市の社区教育はいかに出稼ぎ労働者の就労を促しつつ，生活を安定させ，他方で都市住民との相互理解・融和や文化・教養の向上に応えるための学習機会を提供しているのかについて考察を行う。

4.3.1　L社区の概要と出稼ぎ労働者のための教育実態

L社区は浙江省奉化市X街道に位置する出稼ぎ労働者のために作られた社区である。街道は人口約4万人であり，23の村と1つの社区からなる。村が主な構成単位であることからわかるように，それは元々農村地域であり，X鎮と称されていたが，近年の農村地域の都市化に伴い，2003年に都市の構成単位として「X街道」に改名された。自然資源が豊富で農産物が多いが，近年においてはその主な産業は工業へとシフトしてきており，台湾，香港をはじめ多くの外資企業が進出している。それによって多くの労働者が全国各地，特に農村地域から働きに来ている。

2001年に，出稼ぎ労働者が年々増加することを背景に，X街道とL企業が連携して出稼ぎ労働者のための生活コミュニティを立ち上げた。この生活コミュニティには，住宅地はもとより，スーパー，食堂，郵便局，銀行，図書館，文化宮[22]等が含まれ，つまり，生活，学習，娯楽を一体化したコミュ

図 4-1　L 社区外観
2012 年 1 月，筆者撮影

ニティである。現在，社区には全国約 20 の省から来た約 3000 人が住んでいる。これらの住民はすべて周辺の企業で働いている出稼ぎ労働者である。L 社区の施設等は L 企業が運営しており，安い価格で出稼ぎ労働者の住民に住宅，飲食を提供している。価格の設定や提供するサービスの決定等については，政府と相談して決めなければならないと定められている。

住宅地のマンションは様々なタイプがあり，シングル用の宿舎とファミリー部屋がある。シングル用の宿舎は部屋の大きさによって，1 つの部屋に二段ベッドが 2～5 つあり，バスルームとトイレは共有である。月の家賃は 1 人あたり約 20 元である。ファミリー部屋には部屋 3 つとリビングルーム，トイレ，バスルームがある。いずれもキッチンがなく，食事は食堂で済ませる。ファミリー部屋は 1 ユニットで月 500 元であり，ファミリーでなくても，数人の出稼ぎ労働者が一緒にルームシェアすることも一般的である。

「貯金ができて小遣いができるのですね。文化宮のロビーにテレビがあるのですが，昔大勢の人がそこに集まってテレビを見ていました。みんなお金がないですから。今はほとんど自分でパソコンが買えて，ゲームとかやって。貯金ができたからですね」と D さんが語ってくれた[23]。

図 4-2　社区学校図書室
2012 年 1 月，筆者撮影

　L 社区の住民は平均年齢は約 23 歳で若年層が中心となっている。これらの若者は生活を改善する意欲が強く，学習のニーズも高い。市教育局の調査によれば，当社区の住民の教育水準は全体的に高いとは言えず，中卒あるいは高卒がほとんどである。中卒及びそれ以下の者は約 50 パーセントを占めており，高卒及びそれと同等の学歴を有する者が約 48 パーセントを占めている。これらの住民は強い学習意欲を持っており，80 パーセント以上が技能訓練に対する受講意志を有する。また，約 61 パーセントが長期的な学習に参加したいと表明している[24]。

　住民の学習ニーズに応じて，X 街道の社区学校が積極的に教育活動を実施している。社区学校の校長 B さんの話によれば，L 社区の若者のために提供する教育活動は大きく環境教育，自己教育と学習訓練という 3 つに分かれている。ここで言う環境教育とは，社会的環境を指しており，住民の自己教育や自己学習の環境づくりという意味で使われている。

　　環境教育は，つまり若者たちに学習の重要性を気づいてもらう環境を作りだすものですね。教育というよりは宣伝を目的として，例えば，ポスターを貼ったり，掲示板で学習情報を掲載したり，こうやって学習意欲を向上させて，社区教育の活動にも参加してもらうのです。あと，自己教育は，若い人たちは自分で勉強したいこともあるから，自分で勉強

第4章　出稼ぎ労働者の主体的な学習と社区教育　　121

表4-2　2011年L社区教育活動一覧表

学歴教育		「双証制」成人高校，放送大学，独学大学
職業訓練		英語・英会話訓練，コンピュータ，飲食サービス従業員，家政サービス従業員，服装制作工，服装裁縫工，調理，旋盤工，電子機器組立工，作業場・班組（企業生産の単位）管理
生活教育講座	教養	標準語，奉化方言，女子の礼儀
	法律政治	交通法規，消防知識，労働法・労働契約，安全教育，共産党イデオロギー教育，社会主義の人生観・婚姻観
	心理健康	エイズの予防，青年心理学，青春期の健康教育，結婚出産教育
文化・娯楽活動		書道，ラテンダンス，ヒップホップ，モデルウォーキング，バレーボール，バスケットボール

出所：「2011年X街道社区教育経験報告」により筆者作成。

できるように，私たちは設備を提供してサポートします。それで社区で図書館を建てて，パソコンを入れてマルチメディア閲覧室も作っています。3つ目の学習訓練は最も力を入れていますね。文化学習や労働技能訓練，教養を高めるための教育等非常に幅広く展開しています[25]。

　学習訓練に関しては，表4-2に示されているように，その内容は主に学歴教育，職業訓練，生活教育と文化・娯楽活動等がある。例えば，学歴教育における「双証制」成人高校は，学歴教育と職業訓練を同時に行い，受講生が1年半の教育課程を修了した後に，成人高校卒業証明書と職業資格証明書の2つの証書が発行される学校型の教育である。「浙江省教育庁の成人『双証制』教育訓練の展開に関する実施意見」[26]に基づいて2009年から開設されている。2011年までに，合計300人以上が修了しており，73名が2012年から受講を開始している。これは前述の出稼ぎ労働者の教育レベルに関わると考えられる。出稼ぎ労働者が都市部へ働くために出ていくため，職業技能を習得するための訓練はもちろん必要とされるが，彼らのほとんどが中学校や高校の学歴しか持っていない。労働市場での競争力を高めるために，職業技能のほか，学歴の取得も重要である。そのようなニーズを満たすために，学歴と職業資格の両方を取得できる成人高校の取り組みが始まった。そのほかに，放送大学，独学大学[27]を通して学習している人も合計約180名いる。

Dさんは転職のためにL社区から離れる時期があった。しかし，安価で住めることと，生活環境が良いことが懐かしくなり，L社区に戻ってきた。高校の学歴を持っていたが，独学受験制度を通して，大学の成人教育部で「行政管理」専門の学位を取得した。「高校を出てからもう勉強する気がしなかったですが，ここにいると，自然にまわりの雰囲気に影響されて勉強しなければと思うようになります」と言う[28]。

また，職業訓練に関しては，主に社区学校が市の公共職業訓練施設と連携して実施している。旋盤工のような大きな設備が必要な場合以外，ほとんどの訓練が社区学校や社区の文化センターで行われる。公共職業訓練施設が設備やテキストを提供し，教師を社区に派遣している。訓練レベルは初級，中級，上級があり，訓練期間は職業技能の難易度によって，1週間から4週間まで様々である。訓練が終わった後，受講者は人力資源社会保障部門による職業技能評価を受け，合格者に職業資格証明書が発行される。

表4-2で示した2011年に実施された10以上の専門訓練のほかに，地元企業主催の職場のニーズに応じた技能訓練も多数行われている。これまでに約900人が初級の職業資格証明書，300人以上が中級の職業資格証明書を獲得している。

文化・生活に関する教育は住民の総合的な資質の向上を目的としている。出稼ぎ労働者の多くは農村から都市に来て，都市生活のルールや習慣を理解し，現地のライフスタイルに慣れていく必要がある。前述の市教育局のアンケートでは，住民の60パーセントが法律について学習したいという要望があり，それに基づいて，社区学校が市交通局，市労働組合，市共産党委員会，市ファミリー・プランニング委員会等と連携して様々な講座を開講している。

表4-2に示されるように，社会主義の人生観・婚姻観や共産党イデオロギー等の思想教育，労働法・労働契約や安全・生産等に関する法律講座などがある。また，書道，ダンス，バレーボール等住民の余暇生活を充実させるための活動も行われている。

このように，L社区では，学歴教育，職業訓練，文化・生活教育等，住民の多種多様な学習ニーズを満たすための教育活動が無償で実施されている。

第4章　出稼ぎ労働者の主体的な学習と社区教育　123

図4-3　X街道社区学校の教室・会議室
2012年1月，筆者撮影

しかし，以上で明らかにしてきたように，出稼ぎ労働者を集め，安価に住居やサービスを提供し，また，教育や文化活動等を行うだけでは，ほかの社区と比較して大きな違いはないと言えるだろう。江蘇省常熟市もすでに街道政府が出稼ぎ労働者のための住宅マンションを建設し，安価な住宅環境を整備している。また，前章でも触れたように，上海市をはじめ，北京市，深圳市など社区教育が発展している大都市の多くは，出稼ぎ労働者を社区教育の対象と位置づけ，無償で出稼ぎ労働者に様々な教育活動や講座を行っている。とはいえ，実際には，L社区の教育・文化活動には大きな特徴がある。それは，住民の「自己管理，自己教育，自己服務」という運営理念である。L社区の管理やそこで実施されている様々な活動には，出稼ぎ労働者の住民たちが自ら主体的に関わっているのである。

4.3.2　自治組織の形成と住民の意識変化

2001年にL社区が設立された当初は，その設立の最大の目的はX街道に来た出稼ぎ労働者を集めて安価な住宅を提供することであった。しかし，住宅地を建設してからは，それを誰がいかに管理するかで街道政府は悩んでいた。地元の企業から入札を募った結果，L企業と行政が連携して管理・運営をするに至ったのである。そこで生じる課題は，住民の管理であった。ここ

に住む出稼ぎ労働者たちはそれぞれ異なる企業で働いており，全員がL企業に雇用されているわけではない。社区の運営をサービス産業への投資として考えていたL企業にとっては，これらの住民の管理は非常に困難なことであった。これらの在住者は全国20以上の省から集まってきており，出身地によって派閥を作る傾向があり，それは人間関係上のトラブルや喧嘩，乱闘の原因にもなっていた。こういった問題を背景に，L企業と街道政府が協議した結果，2003年にL社区居民委員会(以下，居委会とする)を設立することになった。

　居委会は2003年12月に成立した，全国初の出稼ぎ労働者の自治組織である。全住民の投票によって約400の世帯主から35名の社区住民の代表を選出した後，住民代表大会で選挙を通じて7名の居委会委員を選出した。7名の居委会委員のうち，4名が出稼ぎ労働者であり，3名がL企業の職員であった。

　居委会が成立した後，住民の生活ニーズに関わることはすべて居委会や住民代表大会を通して実施した。例えば，第1回住民代表が提案した電気，銭湯等の価格調整，第2回住民代表が提案した社区の安全強化，文化宮の開放時間等，ほとんどが住民の要望に応じて解決されていった。一般住民の要望や意見を幅広く聞くために，居委会は特別にメールボックスを設置している。要するに，情報伝達のルートとして機能していると言えるだろう。

　そのほかに，街道行政の主導の下で，L社区では社区レベルの共産党支部，共産党青年団，労働組合，婦人連合会，ファミリー・プランニング協会等の組織が成立した。これらの組織では全体の業務の方向を把握する共産党支部の担当者以外，構成メンバーはすべて出稼ぎ労働者である。

　本来，居委会も含め，当該地域の戸籍を持っていない者はこれらの行政的性格を持っている自治組織に関わることができないが，L社区の特殊事情で市政府が特例的に認めたのである。これらの組織に出稼ぎ労働者を採用する目的は，彼らが「各組織のなかで，自ら社区の業務に携わることを通して，教育を受け学習をし，社区への帰属感を高める」[29]ことであると社区居民委員会のAさんは語った。

第 4 章　出稼ぎ労働者の主体的な学習と社区教育　125

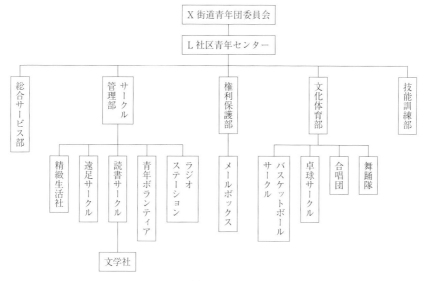

図 4-4　青年センター組織図
出所：調査資料に基づき筆者整理・作成。

　社区で毎年行われるバスケットボール試合，カラオケ大会，舞台等の文化活動に，これらの組織の人たちがほとんど企画者として携わっている。こうした住民が自ら活動するためにできた組織として，青年団の下に成立した青年センターについて注目してみたい。
　青年センターは2004年に成立し，その下にサークル管理，総合サービス，文化体育，技能訓練，権利保護という5つの部会が設置されている。そもそも街道の共産党青年団の主導の下で設立されたが，大勢の若者が集まって活動を活発に展開し，多くの自発的な組織も出来上がり，若者が自主的に活動を行っている。
　図4-4に示されているように，読書サークル，ボランティア団体，バスケットボール，卓球，舞踊等多くのサークルがある。これらのサークルは社区内における出稼ぎ労働者の住民たちがともに活動を行うだけでなく，社区単位を越えて周辺の住民との交流も盛んである。L社区のスポーツ試合や舞台の時に，ほかの社区の住民を誘って観戦，鑑賞することがよくあると言

図 4-5　文化宮に設置されている諸活動室
2012 年 1 月，筆者撮影

う[30]。このような活動は都市市民の出稼ぎ労働者に対する偏見を解消し，お互いの理解を促進していると言える。また，ボランティア有志たちが孤児院，老人ホーム等の手伝いをし，子どもや高齢者との交流も重ねている。

　こうして，もともと社会の周縁部に置かれ，社会体制から排除されてきた出稼ぎ労働者が，社区での自治活動を通して自らを社区の一員として認識することで，かえって孤児や独居老人等の社会的弱者を扶助・支援するようになっていったという構造が見えてくる。また，都市市民との交流関係について，Cさんは以下のように語った。そこから都市市民と交流したいという願望が読み取れる。

　　　一人で工場に働きに来て，なかなか都市の人たちと無縁だろうと思ったけど，活動とかやっていて意外に交流ができて，仲良くなった人もい

ます。私はもう結婚していて，子どももいて，家族と一緒に住んで，た
まに（地元住民が）手伝ってくれることもあります。ほかの人たちにとっ
ては，地元住民の家を借りて近くに住んで，その人たちと交流しながら
だんだん都市部の生活を知るようになるのがいいと思いますね。ただ，
限られたお金でできるだけ多くのことができるようにと思うと，今のほ
う（L社区に住むこと）がいいと思います。お金がないから，それは仕方な
いと思いますね。今でも交流ができているし[31]。（括弧内筆者註）

　いくつかの団体のリーダーとしても活動しているDさんは，活動してい
くなかで自分自身の変化について以下のように語った。

　　最初に青年センターの仕事を受けた時に，ただみんなを集めて一緒に
　楽しく遊べればいいと思って，それは簡単なことだと思いました。でも，
　実際に，ラジオセンター等の仕事をやり始め，いろいろ知らないことも
　ありました。休みの時に資料を調べたり，社区のほかの職員に聞いたり，
　まったく工場での普段の仕事と関係がないけど，いろいろ勉強ができま
　した。読書サークルや遠足サークル等を立ち上げて，メンバーを集め活
　動を企画する等，人とのコミュニケーションもうまくなりました[32]。

　青年センターの仕事をして様々な活動を行う過程で，その才能が企業に気
づかれ，工場から事務室などへより環境の良い職場に配置転換されるケース
も少なくなかった。
　居委会が実施した住民意識アンケート調査を見ると，「L社区に住んで自
分のことをどう認識しているか」という質問に対して，60パーセントが
「主人公である」と回答している。また，「L社区に住んで得られたこと」に
ついて複数回答で，99パーセントが「尊重」，98パーセントが「個人の才能
の発揮」，97.5パーセントが「安全感」，95パーセントが「帰属感」を選ん
だ。さらに，85パーセントの被調査者がL社区に住んでから，自身の素
養・素質が高まったと思っている。

多くの住民にとって，L社区は単なる住居だけを提供してくれるところでなく，彼らの生活コミュニティであり，彼らの努力で環境は改善されており，さらにより良くしていきたいところだと思われている。L社区に住んでいる出稼ぎ労働者のなかには，転職で遠く離れた企業に勤めに行く人もいる。転職先の企業が宿舎を提供してくれるにもかかわらず，L社区から離れたくないため，毎日1時間以上かけて通勤している人もいる。「ここは私の家だ」，「みんなと一緒にサークルの仕事をやって楽しい」，「社区の仕事に私が必要だ」というような感想は多くあった。

L社区のように，出稼ぎ労働者を弱者として支援するのではなく，彼らの能力を主体的かつ自治的に発揮させようとすることは，自ら生活を改善しようとする意欲を高めるという点で極めて重要であろう。その意欲を満たすために，教育や学習活動を通して自ら実行するための能力を生み出していることも重要だと言える。つまり，社区学校が提供する教育活動を通して，仕事のための職業技能を身につけると同時に，都市生活に必要な知識や教養を身につけることができる。また，社区の自治組織に関わることを通して，普段の労働では触れられない分野に触れることができ，これが仕事上のキャリアアップにつながるという面もある。さらに，L社区での出稼ぎ労働者主体の一連の取り組みは，様々な活動を展開するなかで，近隣の住民や都市市民と交流ができ，真に都市生活への融合が実現できるという方向性と将来性を有するものだと考えられる。

一方で，インタビューのなかで社区の課題や社区に対する期待もうかがえた。Cさんは子育て中であるため，その状況について語ってくれた。

　うちには11ヶ月の子どもがいます。社区で採用されているから，みなさんに理解してもらえて，子どもが病気になった時とか，休みはわりと取りやすいです。一般工場で働く人たちは難しいでしょうね。……夫の両親が同居していますので，手伝ってもらっています。……(子育てに関する知識は)大体はインターネットで調べています。社区では教えてもらっていないですね[33]。(括弧内筆者註)

以上からうかがえるように，Ｃさんの場合は，家族からの手伝いを頼って子育てをしており，あまり困っていない様子であるが，そのような環境に恵まれていない多くの出稼ぎ労働者たちにとっては，子育てに関する社区からのサポートが必要であると言える。Ｌ社区では若年層が多いことから，子育てに関するニーズは今後顕在化していくだろう。しかし，現状ではＬ社区には保育園や幼稚園は１つもなく，現段階では今後も作る予定はないと社区居民委員会担当者は語っている[34]。

小　結

本章は，中国における出稼ぎ労働者の教育に関して，職業訓練と社区教育という２つの側面について国家全体の政策動向とＬ社区の事例を関連させながら考察してきた。

従来，中国では労働者の教育はすべて企業によって実施されており，改革・開放政策以降，労働市場の流動化と企業制度の改革に伴って，労働者の教育は徐々に外部化・個人化されていった。企業による従業員の養成も従来の国家発展のための人材育成から，企業自らの発展に資する人材育成へと変容した。こうして，近年の学歴社会の形成と現代技術の発展に伴い，企業にとって高学歴の人材や高度専門職が必要となっており，より高度な人材育成に企業が大きな力を入れるようになった。それに対して，生産現場等の学歴の低い労働者層の教育は必要最小限に抑えられている。このような状況の下で，中国の現代社会に出現した新たな労働者層，つまり出稼ぎ労働者の教育は，大きな社会問題となっているが，その問題の解決は従来のように企業に期待することができなくなっている。この問題の解決に向け，国家が出稼ぎ労働者の職業訓練に関する支援制度を構築したものの，様々な要因でうまく機能することができておらず，また，国家の発展と社会の安定に基づいた就労・失業対策としての支援措置が出稼ぎ労働者の真の教育要求に十分応えられてこなかったのである。そこで，近年都市部でコミュニティの課題に教育

的に対処してきた社区教育が，都市部に新たに出現した生活集団，出稼ぎ労働者の問題に対応する必要性が現れてきた。

　本章で事例として取り上げたL社区は，社区教育と社区自治という2つの側面において出稼ぎ労働者の住民に教育や学習の機会を提供している。そこで社区教育の出稼ぎ労働者の教育訓練に果たす役割は以下の2点にまとめることができる。

　第一は，出稼ぎ労働者の就労や生活の改善等に現れる外的な成果である。つまり，社区学校等の教育活動を通して，学歴教育，職業訓練，文化・生活教育等，出稼ぎ労働者の多様なニーズに応えるための教育活動を実施していることにより，出稼ぎ労働者自身の職務能力や文化教養が高まっている。

　第二は，出稼ぎ労働者の視野の広さや満足度に現れる内的な成長である。社区における居民委員会や青年センター等の自治組織の成立によって，出稼ぎ労働者が自ら社区の運営に関わり，様々な活動を展開していくなかで相互学習をしている。また，出稼ぎ労働者のみならず，都市市民とのつながりもできてきており，都市生活への融合が実現できつつあるのである。

　むろん，出稼ぎ労働者は都市戸籍を持っていないため，彼らのための社区を作り，主体的な社区自治が実現できたのは，街道や市政府による制度緩和や財政支援等のハード面での整備が不可欠であったが，それは必ずしも政府にとってデメリットになることではない。そもそも政府が投資企業を誘致するために，出稼ぎ労働者の住居や生活環境をより良くしようとしていたが，それをL企業と連携して実施したことで，政府は少額の投資だけで済んだという現実がある。また，住宅や食堂は低価格で出稼ぎ労働者の住民に提供しているが，低価格だからこそ多くの出稼ぎ労働者が入居している。そして，スーパー等のその他の生活サービスの提供を通じてL企業も利益を得ているのである。さらに，出稼ぎ労働者にとっても，当然，学習や教育の機会が保障され，そこで得られることを生活にも仕事にも生かすことができる。それによって必然的に出稼ぎ労働者の主体性は高まり，それは企業誘致の成功にもつながるだろう。地域の経済発展は地元の住民にも出稼ぎ労働者にもさらに良質な生活サービスや福祉をもたらすという良好な循環関係が形成され

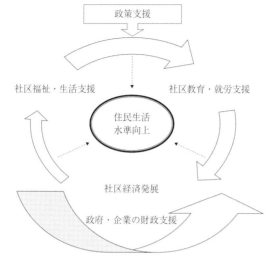

図4-6　社区における出稼ぎ労働者支援のモデル図(筆者作成)

ているのである。このモデル図は図4-6に示すことができる。

　一方で，L社区の事例は現在のところ，全国で唯一の試みとして評価できるが，課題も存在しており，ここでは以下の2点を指摘する。

　第一に，L社区の住民は平均年齢が23歳であり，若年者が多いことから，結婚や出産及びその後の子育て支援に関する教育活動へのニーズが高まると考えられる。現在，社区教育のプログラムでは結婚や出産，性教育等に関する講座が行われているが，その一部は一人っ子政策等の方針を誘導することを目的としていると言っても過言ではない。今後は政策誘導を目的とする講座以外の，子育て支援のような出稼ぎ労働者の身近な生活に寄り添う教育活動の実施が期待される。

　第二に，出稼ぎ労働者は仕事上の流動性が高いため，L社区では毎年約30パーセントの住民の転出入がある。それはほかの社区に比較して非常に高い流動率であると言える。そのため，自治組織やサークル活動等の中核メンバーの流出が，それまで蓄積されてきたものを改めてやり直すことを招き，リーダーとしての仕事に一定の負荷をもたらしている。このような状況の下

で，L 社区では常に新たな住民に，より良い住居や教育・学習の環境が提供されている一方で，転出した住民が L 社区のような学習環境から離れると，学習の積極性を失う可能性がある。L 社区は現在，その第 2 期造成工事をすでに終了しており，さらに多くの出稼ぎ労働者の受け入れを図っているが，L 社区だけでなく，それと同じような自治モデルが全国的に展開し，出稼ぎ労働者がどこに転出しても，自ら積極的に学習できるような生活環境を備えることが今後の重要な課題であると言える。

1）奉化市は市と呼ばれるが，行政区分上では県に相当する「県市」であり，寧波市の管轄の下にある。2016 年に合併が行われ，現在寧波市奉化区となっている。本書では，調査当時の行政区分に従い，「奉化市」に統一する。

2）厳善平「農民工と農民工政策の変遷」愛知大学現代中国学会編『中国 21』第 28 号，風媒社，2007 年，67-88 頁。

3）高橋満「農民工—工業化と都市化の間に漂う第三元群体—」愛知大学現代中国学会編『中国 21』第 30 号，風媒社，2009 年，41-58 頁。

4）中国統計局「2011 年我国農民工調査観測報告」中国統計局ホームページ http://www.stats.gov.cn/tjfx/fxbg/t20120427_402801903.htm（最終閲覧日 2012 年 11 月 23 日）。

5）例えば，厳善平『中国農民工の調査研究—上海市・珠江デルタにおける農民工の就業・賃金・暮らし—』(晃洋書房，2010 年)は，上海市を中心とする長江デルタ地域と広東省を中心とする珠江デルタ地域の出稼ぎ労働者に対するアンケート調査を通して，出稼ぎ労働者の雇用と賃金の実態及びそれらに関連する権利の保障，また，彼らの暮らし方，ネットワークと都市への帰属意識等について検討している；呂学静等『中国農民工社会保障理論与実証研究(中国における出稼ぎ労働者の社会保障に関する理論と実証研究)』(中国労働社会保障出版社，2008 年)は，国家政策と北京市を事例にした実態調査という両側面から，出稼ぎ労働者の労災，医療，失業，年金，生活保護，子どもの教育，住宅等社会福祉保障の制度と実態を解明している；塚本隆敏『中国の農民工問題』(創成社，2010 年)は，出稼ぎ労働者の問題に関して，耕作放棄地と失地の問題，生活・健康状況の問題，第二世代の課題，留守児童の問題，労災の課題，住宅問題と労働組合の現状と参加等の側面から検討している。

6）例えば，嶋亜弥子「農村出身出稼ぎ労働者の職業訓練参加に関する一考察—北京市の事例—」『現代中国』第 84 号，2010 年，141-150 頁が北京市を事例に，民間リサーチ会社に依頼してアンケート調査を実施し出稼ぎ労働者の訓練への参加状況および訓練の参加傾向と出稼ぎ労働者の特徴との関係性について解明している；蔡文「農民工教育培訓—以河南省為例—(出稼ぎ労働者の教育と訓練—河南省を事例にして—)」華中師範大学修士論文，2006 年が河南省を中心に政策制度に対する分析を通して，出

稼ぎ労働者の教育・訓練の現状と問題点について検討している。

7）渡辺登・武井槇次・応隽「中国における『出稼ぎ労働者』の都市定着に関する研究」新潟大学人文学部『人文科学研究』第99号左，1999年，65-87頁による上海市の出稼ぎ労働者への聞き取り調査を通して出稼ぎ労働者の都市定着の可能性について検討した研究，銭文栄・黄祖輝『転型時期的中国農民工―長江三角洲十六城市農民工市民化問題調査―（転換期における中国の出稼ぎ労働者―長江デルタ地域の十六の都市における出稼ぎ労働者の市民化問題に関する調査―）』（中国社会科学出版社，2007年）による長江デルタ地域の出稼ぎ労働者を対象に実施したアンケート調査を通して出稼ぎ労働者の都市社会への適応度，都市に定住する意欲等について明らかにしている研究がある。

8）諏訪哲郎・王智新・斉藤利彦編著『沸騰する中国の教育改革』東方書店，2008年，259頁。

9）「中国の青春―農村出稼ぎ青年の日記―」『朝日ジャーナル』34巻36号，朝日新聞社，1990年9月7日，88頁。

10）厳春鶴「中国における農民工の社会保障問題に関する一考察―就労・生活実態の分析を通して―」国立社会保障・人口問題研究所『海外社会保障研究』第179号，2012年，72-84頁。

11）張京萍「中国における『マイノリティ』のメインストリームへの融和―農民工の福祉問題を通して―」『岩手県立大学社会福祉学部紀要』第13巻，2011年，37-47頁。

12）郝鉄生「正確理解現代企業教育的内涵建立并逐歩完善現代企業教育制度（現代企業教育の内実を正確に理解しその制度を構築し十全にする）」『中国成人教育』，1996年第3号，8-9頁。

13）この点については，「成人高等教育の急速な多様化と拡大は，既存の学歴社会にあって，転職や失業が常態化するなかで，新たな学歴やより高度な学歴を求める人々が急増していることを示しており，リカレント教育が都市部においては一般的なものとして普及し始めていたことを示している」と説明される。諏訪哲郎・王智新・斉藤利彦編著，前掲書，2008年，259頁。

14）同上，281頁。

15）同上，279-288頁。

16）高橋満，前掲論文，2009年，51頁。

17）嶋亜弥子，前掲論文，2010年，144-145頁。

18）「国務院辦公庁転発農業部等部門2003-2010年全国農民工培訓規劃的通知（農業部等による2003-2010年全国出稼ぎ労働者の職業訓練に関する企画）」国辦発（2003）79号。

19）2015年9月現在，1元≒18.9円。

20）前掲註4。

21）諏訪哲郎・王智新・斉藤利彦編著，前掲書，2008年，255-256頁。

22）住民の文化・体育活動や娯楽活動のための公共施設の一種である。

23）青年センター委員に行ったインタビュー調査による（2012年1月4日実施）。

24）現地調査資料，X 街道社区学校「建設外来農民工学習型社区研究綱要（出稼ぎ労働者学習型社区の建設に関する研究要綱）」2011 年。

25）社区学校の校長に行ったインタビュー調査による（2012 年 1 月 4 日実施）。

26）「浙江省教育庁関於開展成人双証教育培訓工作的実施意見」浙政辦発（2008）72 号。

27）個人が独学で得た知識や技能が全国統一の独学試験によって認定され，高等教育学歴を取得する「高等教育自学考試」制度がある。独学大学は独学者の学習をサポートするために設置されている。

28）前掲註 23。

29）社区居民委員会主任へのインタビュー調査による（2012 年 1 月 4 日実施）。

30）居民委員会委員に行ったインタビュー調査による（2012 年 1 月 5 日実施）。

31）同上。

32）前掲註 23。

33）前掲註 30。

34）前掲註 29。

第5章　農漁村地域の産業転換に伴う
就労支援と社区教育

　前章では工業化による労働力の需要から都市部地域へ大量に進出した出稼ぎ労働者のための社区教育に着目して考察してきた。工業化の進展が出稼ぎ労働者の進出のみならず，農村地域そのもののあり様の変化ももたらした。なぜならば，農村地域においても工業化と都市化が進んでおり，農業地域から工業地域への転換により，生活手段自体が根本から揺らぐからである。つまり，農村地域の工業化と都市化による労働力への大量需要がもたらした課題は，出稼ぎ労働者の生活問題，出稼ぎ労働者と都市市民との共存問題のほか，従来の地域住民の生活問題という側面もある。それらの課題に対処するために，社区教育はいかなる取り組みをしているだろうか。

　前者の出稼ぎ労働者の課題への対応については第4章で考察してきたが，本章は後者の課題に着目し，農漁村地域における都市化の進展と産業転換に連鎖して発生した農漁民の失業，転職等の課題の解決に取り組む社区教育実践を通して，人々の労働と生活に関わる社区教育の役割と意義を考察する。

　本章で事例として取り上げるのは浙江省の寧波市と舟山市である。寧波市の場合は，農村地域の都市化によって現れた土地を失った農民たち，いわゆる「失土農民」の失業問題に対して，海曙区が2008年に教育部の指定した最初の全国社区教育モデル区の1つとして積極的に対応を図っている実態がある。海曙区の教育部門は地域の失業問題に対して，社区教育だけでなく，労働部門と連携しながら取り組んでいるため，失業問題への対応に関してはモデル的な存在であると言える。また，舟山市は，中国唯一の群島からなる都市であり，最も大きな漁場でもある。長年にわたって漁業経済が大きく発

表 5-1　調査対象者一覧表

調査地	調査機関	対象者
寧波市	海曙区社区学院	職員1人
	W街道事務所	社区教育担当者1人
舟山市	市社区大学	社区教育課担当者1人
	普陀区沈家門街道社区学院	副院長1人 教員2人 社区教育幹事1人

展してきたが，海洋生態系の環境悪化により近海の漁業資源が減少し続け，地域の経済を牽引する産業の転換が求められるようになった。多くの漁民がそれまでに頼ってきた生活手段がなくなり，新たな生活技能を習得しなければならない状況に置かれるようになった。そこで，社区教育が漁民の転職・転業のための教育の役割を担うことになった。

　以上の理由により，本章ではこの2つの地域を取り上げることとした。住民の生活が危機にさらされ，転職を余儀なくされた状況のなかで，社区教育がいかに産業構造の転換に応じて住民の生活保障に向けて取り組んでいるのかを解明していく。調査対象は寧波市海曙区社区学院，寧波市海曙区W街道事務所，舟山市社区大学と舟山市普陀区沈家門街道社区学院[1]である。分析に際して使用するデータは，社区教育施設がまとめた実践現場の資料，及び表5-1に示される調査対象者へのインタビュー調査に基づくものである。インタビュー調査は具体的には以下の3つのカテゴリーに分かれた大枠の質問項目を設けて実施した。

(1) 調査対象地域における失業問題の特徴について
　　・失業問題の発生に至る経緯
　　・失業者の年齢，学歴，特徴等

(2) 社区教育における職業技能訓練の具体的な取り組みについて
　　・職業技能訓練の専門分野，カリキュラム等
　　・職業技能訓練の規模・資源(指導者，施設，設備等)

・職業技能訓練の成果と課題等

(3) 社区教育における就労支援の位置づけについて
　　・社区教育における就労支援の理念・目的
　　・地域の特質や失業者の特徴に合わせた取り組み
　　・職業技能訓練の実施に対する社区教育の役割

第1節　寧波市における「失土農民」への就労支援活動

　近年，都市化が急速に進んでおり，「失土農民」が急増している。「失土農民」とは，農村地域の都市化に伴って，土地が政府に買い取られ，農耕地を失った元農民のことである。都市化によって，農村単位としての村が都市単位としての社区になり，元農民も農村戸籍から都市戸籍に変わっていく。これらの農民は，土地買収の高額な補償金が支払われ，戸籍は農村から都市へと移行され，一見してメリットが大きい反面，都市システムにおける位置づけが不明確で社会保障制度などが整っていないまま，都市市民になったため，従来の生活手段の喪失による新たな就職の問題，都市型生活への適応問題等にも直面している。これらの農民は農村地域で最低限の教育しか受けておらず，農作業に従事してきたため，新たな職業に従事するための技能も持っていない状況が彼らの就職難をもたらしている。また，一般的な職場での基本的な規則にも慣れていないため，企業等の採用側に避けられる傾向がある。従って，この問題を解決するためには，彼らに教育を受けさせ，都市部で就職するための学歴や職業技能を獲得させることが求められている。この役割を担うのは地域に根ざす社区教育である。本節では，寧波市海曙区 W 街道の取り組みを通して，社区教育が「失土農民」の就職や生活課題の解決に果たす役割を考察していく。

5.1.1　海曙区 W 街道における社区教育と就労支援

　海曙区は寧波市の中心的な行政区であり，市政府の所在地である。区の面

積は約595平方キロメートルで，人口が約62.6万人である[2]。区内には9つの街道，7つの鎮，1つの郷がある。その下に167の行政村，98の社区があり，都市型の社区と農村型の村が混在している地域であるが，農村地域が明らかに多い[3]。

　本節で事例として取り上げたW街道は海曙区の西部に位置しており，2002年から寧波市の都市化計画により元来の郷が撤退され，W街道という名称になった。この経緯を踏まえて，都市化が進んだW街道には「失土農民」が多く存在しており，彼らを都市生活に適応させつつ，就職させることがW街道の大きな課題となった。「失土農民」の就職問題を解決するためには，W街道は農民たちに職業技能訓練を通して技能を習得させることが重要だと認識されている。それで社区教育の一環として取り組むようになった。

　一方で，元農民たちは長年農作業をしてきて，遠くまで出かけて就職すること，働くことに対して抵抗感を持っている。従って，彼らの意識変容を誘導すること，職業技能訓練に参加しやすい環境づくりが重要であると考えられている。そこで，W街道がまず考えたのは，身近なところで職業技能訓練を行うことである。また，農民にとって学びやすく，興味を持つ訓練内容である。

　　　遠くまで行くと，誰も行かないですよ。就職するかどうかは別として，まずは1つの技能を習って，近くで歩いて行ける距離だったら，「じゃ，行ってみようか」と思うようになるかもしれませんし，どうせ私たちが提供している職業訓練は全部無料ですからね。その次に考えたのは，やはり面白くないと農民たちも来ないので，（農民たちは）字も読めないし，書けないし，そういう人が多いです。あまりにも難しいと，誰も来ないですよ。だから私たちは事前にたくさんの調査をして，農民たちが面白いと思う内容（について調査した）。その上で職業訓練を始めましたので[4]。
　　（括弧内筆者註）

　寧波市の社区教育システムは，市レベルの社区大学，区レベルの社区学院

第 5 章　農漁村地域の産業転換に伴う就労支援と社区教育　　139

表 5-2　街道と労働局のそれぞれの役割

街道の役割	労働局の役割
施設の提供	設備の提供
クラス開設の周知	教師の派遣
失業者への呼びかけ	クラスの編成・プログラムづくり
受講生の管理	試験の実施
	資格証明書の配布

出所：筆者の社区教育担当者へのインタビューにより筆者作成。

と街道レベルの「社区分院」（社区学校相当。郷・鎮等の農村地域では「農村成人学校」）から構成される。社区レベルでは農村村と都市社区が混在するため，特定の施設がなく，必要に応じて街道の教育資源あるいは地域施設を活用しながら社区教育活動を展開している。一般的に地域の課題に対応するための社区教育活動は，社区学院や社区分院等の教育資源を利用して展開する場合が多いが，海曙区政府が「失土農民」の課題を非常に重視しているため，海曙区労働局と W 街道が共同出資をし，W 街道 X 社区を拠点として，「失土農民」の身近にある職業訓練施設を設置した。職業訓練施設は使用面積が約 200 平方メートルであり，そのなかには美容，化粧，生け花，お菓子づくり，裁縫の教室等が設置されている。このように街道と労働部門が連携して職業技能訓練を実施しているのは「W 街道の社区教育の特色である」と言う[5]。街道と労働局がそれぞれの役割を担い，「失土農民」の職業技能訓練に取り組んでおり，その具体的な役割分担は表 5-2 に示す通りである。

　W 街道の社区教育になぜこのような特色ができたのかについて尋ねると，担当者が「それは，地域の特徴ですね」と答える。「失土農民」の問題が地域の課題として解決されなければならない状況のなかで，就労支援のための職業技能訓練が実施された後，社区教育の一環として捉えるようになった。

　　「失土農民」は街道の大きな課題としてあるので，それをまず解決しなければならないです。区政府も相当重視しています。だからお金も出してくれて，施設と設備の用意のために。一方で，社区教育として主にやらなければならないのは，農民を市民化させるための教育で，都市生

活のルールとか，教養教育とか，特に識字教育です。教育を受けていない人が多かったからです。海曙区は全国社区教育モデル区であって，区政府から私たちに対する要求も多いです。それぞれの街道が自らの(社区教育の)特色を出さなければならない。「失土農民」の存在自体が我々の街道の特色とも言えるから，市民教育と職業技能訓練とをともにやっているのをW街道の特色として出しましたね。(中略)区政府や労働局が我々のこの(「失土農民」の)課題を非常に重視しているから，連携して実施しています[6]。(括弧内筆者註)

　住民が自らの地域で教育や訓練を受けることができるような環境整備がW街道の社区教育の根本であるため，前述のX社区に位置する職業訓練施設での教育訓練のほか，出張事業を行う場合も少なくない。コンピュータ・クラスのような大量の設備を必要とする訓練以外，街道が資金，施設，設備を調達し，「失土農民」の身近な地域で職業技能訓練を行うように工夫している[7]。

　表5-3はW街道の各社区において行われた失業者のための教育活動である。その具体的な内容を見れば，講座類の活動や職業ガイダンスが多いこと，また，職業技能訓練に関してはサービス業の訓練が中心となっていることがわかる。講座類の教育活動が多いのは，法制・政策を宣伝するための講座を開催する必要性及び社区のハード面の整備の制限が主な要因だと考えられる。一方で，サービス業の教育訓練が多いのは，近年の第三次産業の急速な発展とも関連して，住民の生活の質を向上させるためのサービス業の充実と，サービス業での就職ポストを増やし就労問題を解決するといった政府の方針と深く関わっている。「失業者の再就職を促進するとともに，社区住民の生活向上に資する社区サービス業の展開ないし社区全体の経済発展の向上は我々が再就職支援を実施する趣旨であり，それは最終の目的でもある」と考えられている[8]。

　一方で，前述のように，農民にとって学びやすく，興味を持つ訓練内容を実施するために，街道が事前調査を行い，「失土農民」の要望に基づいて職

第 5 章　農漁村地域の産業転換に伴う就労支援と社区教育　　141

表 5-3　W 街道各社区による失業者のための教育活動一覧表

日時	教育活動内容
1 月 15 日	再就職支援会
2 月 11-13 日	職業技能訓練
3 月 6 日	再就職カウンセリング
3 月 19 日	「失土農民」就職情勢教育
4 月 22-28 日	戸籍知識普及活動
5 月 12 日	「失土農民」就職情勢訓練
5 月 26 日	粽づくりの訓練
6 月 4 日	失業者,「失土」者の就職政策訓練
6 月 5 日	都市住民医療保険政策
6 月 13 日	調理コンテスト
8 月 6 日	造花制作訓練
8 月 13 日	生け花訓練(一)
8 月 18 日	就職指導
8 月 21 日	失業者,「失土」者の社会保険政策法規訓練
8 月 22 日	社区安全教育
8 月 27 日	生け花訓練(二)
9 月 3-8 日	職業技能教育講座
9 月 7-11 日	ポスト提供活動
9 月 10 日	起業支援政策講座
9 月 12 日	再就職講座シリーズ「インターネット・ショップの開設」
9 月 25 日	「十字繍(刺繍の一種)」訓練・展示・交流活動
10 月 15 日	看護技能訓練
10 月 22 日	再就職政策講座
10 月 22 日	お菓子づくり訓練
10 月 30 日	倉庫保管員訓練
11 月 3-10 日	「失土農民」就職技能カウンセリング・訓練
11 月 4 日	再就職講座シリーズ「再就職の心理調節」
11 月 5-7 日	造花制作訓練
11 月 12-13 日	「就職促進政策問答」知識宣伝教育活動
11 月 14 日	「一般人がいかに起業するか」起業講座
11 月 16 日	起業支援政策問答

出所：2009 年 1 月〜12 月の「W 街道各種教育訓練活動状況一覧表」により筆者作成。

業技能訓練のコースを開設していることに関して，農民たちが興味を持って参加するようになるメリットがある一方，「就職を目的としていない」ことが課題として挙げられている。つまり，刺繍，生け花などの技能の習得は，手工芸や花屋などで小さな事業を起こすことができ働くことに役に立つが，趣味教養活動としても捉えることができる。参加者の一部は単に趣味として，日常生活を充実させるために参加している者も少なくない。これは数値上の訓練成果や就職率に影響するが，「まあ，やることがなく，ぶらぶらしてギャンブルばかりするよりはましかな」と担当者は言う[9]。

5.1.2　考　　察

以上，寧波市海曙区 W 街道の事例を通して，都市化の進展のなかで生じた土地を失った農民の都市への適応と生活手段の転換のための社区教育の実態を明らかにしてきた。このような社区教育の意義と課題を以下にまとめたい。

第一は，街道レベルにおいて区労働局とも連携しながら就労支援を実施することが，地域に根ざした職業技能訓練を可能としている点である。地域の失業者の特性や本人たちの要望に応じて，教育訓練の内容を柔軟に調整することができている。この意味においては，W 街道のような取り組みは全国においても先進的であり，有益な事例であると言える。一方で，社区教育の展開の方向性は各地域の特徴に関連しているとともに，行政の方向づけも大きく関わっている。それは，資金面の制約があるからであろう。W 街道の場合，区政府が「失土農民」の課題を重視しているため，施設，設備などのために出資して協力しているが，そうでなければ，街道や社区レベルで職業技能訓練まで実施できる条件整備は難しいだろう。

第二は，地域に根ざした職業技能訓練は，最終的に地域産業の発展や住民サービスの向上にもつながり，地域づくりに良い循環をもたらすことが期待される点である。つまり，現在サービス業を中心に行われている職業技能訓練は，近年のサービス業の急速な発展によってもたらされた労働市場の変化に基づくものである。その結果，受講者の就職をもたらすほか，訓練を受け

第5章　農漁村地域の産業転換に伴う就労支援と社区教育　143

正規の資格を持っている従業員を雇用することによって，住民により良い
サービスを提供することができる。さらに，起業しやすいという観点から，
受講者が自ら事業を起こすことによって，さらに多くの就職ポストを提供す
ることができる。このように，失業者の就職先とともに，一般住民の生活の
質の向上も期待される。

　第三は，社区教育における多様な教育内容が相互に合わせて開催すること
ができる点である。Ｗ街道の担当者は「近所にある訓練」を社区教育にお
ける職業技能訓練の特色だと語っているが，そのほかに，多様な教育内容と
結びつけながら職業技能訓練を展開できることも，社区教育としてのメリッ
トと言えるだろう。例えば，農民の就職意識の変容及び採用側の偏見の解消
に結びつく市民教育，政府の就労支援政策に関する宣伝教育，職業技能訓練
の基礎となる識字教育等が挙げられる。このように「失土農民」という新た
なカテゴリーの市民の文化教養の向上，就職意識の転換，職業技能の習得と
が相互に関連，影響しあって，失土農民を都市生活へ適応させていくことが
社区教育の意義と言えるだろう。

　最後に，社区教育における職業技能訓練の実施の目的に対して，実施側と
受講側の認識の齟齬について課題として挙げたい。街道が職業技能訓練のみ
ならず，就労支援政策やガイダンス，カウンセリング等も行い，農民の就職
意欲の改善を図っている一方，職業技能訓練に参加している農民たちが，必
ずしも就職を目的としているとは限らない。実際に，これらの農民たちは土
地が政府に買収される際に，すでに十分な賠償金を受け，彼らにとって就職
の必要はないと認識している。従って，街道側が彼らを就職させるために実
施する訓練ではあるが，彼らが参加する目的は日常の生活を充実させること
にある場合が多い。このような状況が存在するからこそ，現在行われている
就労支援に関する教育活動のなかでは，「失土農民」の就職意欲を促進する
ための講座が多い。なぜならば，彼らにとって政府からの賠償金が一時的な
ものであり，最終的に就職をしなければならない状況に至るからである。現
在，職業技能訓練の条件整備を進めるとともに，彼らの就職意欲を促進する
ことが今後の重要な課題だと言える。他方で，就労支援としての教育という

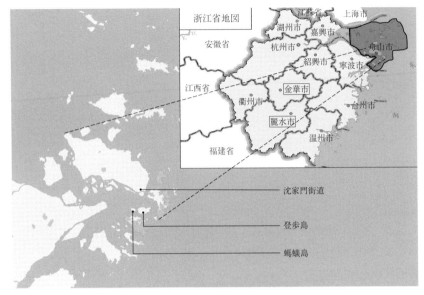

図 5-1　舟山市調査対象地域の地図

実施側の目的と，生活を充実させるための教育という受講側の目的との齟齬が見られるのも，国家にとっての社区教育と民衆にとっての社区教育という社区教育の存在価値の両面性を反映しているだろう。

第 2 節　離島地域の産業転換に伴う漁民への転業支援

本節では，舟山市普陀区沈家門街道の事例を通して，漁業衰退による離島地域の産業転換がもたらす漁民の生活問題とそれに対応するための社区教育の取り組みについて考察していく。

舟山市は浙江省に位置し，中国で唯一の群島からなる都市であり，大小約 1390 の島が散在している。そのうちの 86 は有人島であり，人口は約 112 万である[10]。2011 年に海洋経済戦略の展開を機に，浙江省の海洋経済発展の先導地域として重点的な支援対象として工業化が進み，小さな漁村から著し

第5章　農漁村地域の産業転換に伴う就労支援と社区教育　145

図 5-2　舟山市の漁港風景
2016 年 5 月，筆者撮影

い経済成長を遂げている。

　舟山市の行政区分は大きく2つの区と2つの県からなる。その下に，43の街道・郷・鎮があり，約300の社区・村がある。今回の調査対象である沈家門街道が所在する普陀区は舟山市で2番目に大きい行政区である。普陀区の人口は市全体の人口数の約40パーセントを占めており，32.2万人のうち約12万人が漁業従事者である。近くの島である普陀山，桃花島，嵊泗群島，東極島は有名な観光地である。すなわち，普陀区の主要産業は漁業，臨港・船舶工業と観光サービス業である。

　沈家門街道は普陀区の8つの街道単位のうち最も大きな街道として，人口約15万を有する。2013年に陸地と離れている登歩島と螞蟻島も沈家門街道に合併され，現在街道は両島を含めて24社区を管轄している（図5-1）。臨海地域として，全国漁業の卸売市場に重要な位置づけを有する。国家の海洋発展戦略をきっかけとする経済成長により新市民（出稼ぎ労働者等）が増え，街道の総人口の半分近くに上っている。すなわち，産業転換による転職・就職の課題，離島地域の教育課題，及び新市民の教育課題が，沈家門街道に集約していると言える。

図 5-3　舟山社区大学
2016 年 5 月,筆者撮影

5.2.1　舟山市の社区教育の環境整備

舟山市の社区教育の展開は大きく 3 つの段階に分けることができる。それは,①萌芽期(1980 年代～1998 年),②模索期(1999～2007 年),③発展期(2008 年～現在)である[11]。萌芽期の社区教育は,主に「学校教育,家庭教育,社会教育」の結合であったと考えられている。それは,社区教育を率先して実施する上海市等と同じように,青少年の健全育成のために始まった。歴史遺跡を活用し,アヘン戦争記念館,軍史記念館等の見学や退役軍人や幹部による講義を通して,青少年の「徳育」教育を行っていた。また,1985 年に教育部が主催した「農民職業技術教育座談会」における農村の成人教育に関する検討を契機に,各街道が成人文化技術学校を設立し,識字教育,文化補習,実用技能等の成人教育を実施するようになった。当時から成人教育部門で働いていた羅氏はそれが舟山市の社区教育の始まりだと考えている[12]。後述する舟山市の社区教育が,職業技能教育を中心に展開していったことも最初のこのような基盤と深く関わっているためと考えられる。

舟山市社区教育の模索期の始まりは,1998 年の教育部による「21 世紀教

第5章　農漁村地域の産業転換に伴う就労支援と社区教育　　**147**

表 5-4　舟山市の社区教育施設

	社区教育施設	併設・成人教育施設
市	舟山社区大学	舟山市放送大学・蓉浦学院
【各区 / 県】	社区大学	【定海区】成人文化技術学校 【普陀区】【岱山県】【嵊泗県】放送大学
【各街道 / 郷 / 鎮】	社区学院	成人文化技術学校
【各社区 / 村】	社区学校	社区管理委員会

出所：社区大学社区教育課担当者へのインタビューに基づき筆者作成。

育振興行動計画」の公布がきっかけであった。学習社会の形成に向けて社区教育を積極的に行うという方針の下，市政府の所在地であった普陀区で初めての「社区大学」が設立された。その後，普陀区が 2004 年に浙江省社区教育実験区，2007 年に全国社区教育実験区に指定された。2007 年に市レベルの社区大学も「蓉浦学院」と併設する形で設立されるに至った。蓉浦学院は 2001 年に舟山師範学校と舟山市成人教育センターが合併して成立した教育機関であり，小中学校の教員研修を実施することが主な役割であった。舟山社区大学の名称がついてから，市行政部門や民営教育機関とも連携を行い，機能が複合化されるようになった。例えば，社区大学が成人高等教育機関として機能するほか，家庭教育指導センターでもあり，漁農民管理事務所との連携の下の漁農民学校，婦人連合会との連携の下の婦人訓練センターとしても活動を行っている。

　2008 年以降，社区教育システムの体系化が全市で進み，社区教育の発展期を迎える。それまでのやり方を踏襲し，表 5-4 で示すように，社区教育施設は各区域の既存の成人教育施設に併設する形で設置された。社区教育施設は従来の成人教育施設としての機能を継続しながら，社区教育の部門を増設し，新市民の教養教育，健康衛生教育，家庭教育等の新たな社会課題に対応する教育を各地域の現状に応じて実施するようになった。各レベルでの施設の機能が異なっており，市，区，街道，社区という上から下への指導・評価システムが形成されている。市と区の社区大学は学歴と非学歴のための教育をともに行うが，街道の社区学院は非学歴教育，特に技能訓練を中心に実施する。社区レベルの社区学校の主な役割は住民の教養向上のための教育を実

図5-4 沈家門街道成人文化技術学校・社区学院
2016年5月，筆者撮影

施することとされている[13]。

　この時期に職員の整備も進んだ。社区教育施設では従来の成人教育の職員が継続して務めるが，社区学院には小中学校から教員が1人ずつ配属され，社区教育の専任教員として務める。各社区には社区教育コーディネーターを置き，小中学校から教員が配属される，または社区管理委員会の幹事が兼任する。小中学校の教員の社区教育への配置転換は，社区教育の職員体制づくりに多く用いられる手法であるが，舟山市の場合は，島の学齢期の子どもの減少によって生じた学校の過剰教員の配置問題を考慮して講じた対策でもある。

　また，島の独特の地理的条件から，離島の村において教育資源が不足したり交通が不便であるという課題がある。これらの課題を受けて市社区大学が始めた取り組みは，「発展共同体」の構築である。すなわち，社区学校の教育資源等に関する現状調査に基づいて，「コア」学校と「メンバー」学校とに分かれ，パートナーシップを築き協働で教育活動を行うことである。教育資源が豊富な「コア」学校が，資源が比較的に少ない「メンバー」学校と教育資源を共有し，一緒に教育活動を行うとともに助言・指導をする[14]。

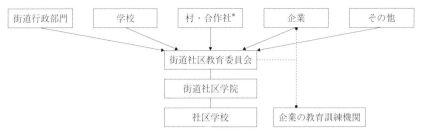

図 5-5 沈家門街道社区教育セクター組織図
出所：沈家門社区教育組織一覧に基づき筆者作成。
＊合作社とは，日本の協同組合にあたる，特に農村地域に多く存在する住民による連合経済組織である。

5.2.2 沈家門街道における社区教育の概要と社区学院の取り組み

　沈家門街道の社区教育施設は，1995年に設立された沈家門成人文化技術学校に併設されており，2002年に「沈家門社区学院」という名がついた。2016年現在，社区学院のスタッフは専任教員11名と兼任教員45名のほか，社区教育コーディネーター22名が各社区にいる[15]。社区学院の院長は街道の最高責任者をもってあて，副院長は成人文化技術学校の校長が兼任する。

　図5-5は沈家門街道の社区教育に関わるセクターを示す組織図である。社区学院を中核としながら，社区教育委員会が設置され，街道の行政部門，学校，企業の教育訓練機関，その他の関連業界や自治組織等，地域のすべての教育資源が活用できるように構成されている。社区学院が教育活動を実際に展開する際も，地域内の多くの部門と連携しながら実施する場合が多い。

　社区学院は成人文化技術学校の校舎のほか，職業訓練を実施するための総合職業訓練施設（面積2500平方メートル）と育児訓練施設（面積200平方メートル）も有している。施設規模から見て取れるように，社区学院が最も力を入れる教育内容は，職業技能訓練である。

　2001年頃，漁業資源の減少，近海汚染の悪化及び近隣諸国との漁業協定の締結等の背景の下で，伝統漁業が次第に衰退し，漁民が失業の危機に瀕することになった。当時の産業転換の戦略として，海水養殖業，遠洋漁業と海上運送業という3つの方向へと切り替えることとなった。漁師は代々従事し

図 5-6　社区学院職業訓練総合施設・各種実習室
2016 年 5 月，筆者撮影

てきた漁業から離れることはないが，海産物の養殖や船舶操作等に関する知識を新たに習得しなければならず，そのための教育が必要となってきた。その際，彼らに新たな知識と技能を習得させるための教育を提供する役割を担うのが社区学院であった。

　沈家門社区学院は 2002 年から動き出し，上記の 3 つの分野に応じて漁民の教育訓練を始めた。最初の 4 年間は，海産物の養殖，農産物の栽培，及び現代船舶の操作や遠洋での漁撈活動を行うための技能を中心に教えていた。特に，登歩島と螞蟻島は離れており，島民が社区学院に通うのが不便な状況を考え，海事部門と調整した上で，初級レベルの船舶訓練を出張クラスとして島で開講することにした。これらの取り組みを通して，多くの住民は伝統

第5章　農漁村地域の産業転換に伴う就労支援と社区教育　　**151**

漁業から転業を果たした。

　2007 年に労働市場のニーズに応じて，初級の技能訓練からレベルアップする動きがあった。しかし，労働者教育調査によると，多くの漁民が中学校あるいはそれ以下の学歴しか持っていないことが明らかになった一方，上級の技能訓練には高校以上の学歴が必要である。そのような状況の中で，社区学院が学歴と職業資格を同時に取得する「双証制（ダブル資格）」成人高校を始めた。成人高校を卒業すると，成人高校の卒業証書と職業資格証書の両方を取得できる。この取り組みの成果として，漁民が資格を取得して就職できたほか，成人高校の学歴を取得できた者，特に若者たちが成人高等教育入試に参加して高等教育を受けるようになるケースも数多くあった。漁業の現代化に伴い，船上の職種も多様化しており，船上機器のメンテナンス，電気工，船上救急等多岐の分野にわたる。現在，社区学院が寧波大学成人教育部，浙江交通職業学院等の高等教育機関と連携し，海運関係の高等専門職業教育も実施している。

　これらの技能訓練の実施により，多くの漁民が転業を果たすことができた。その結果，2011 年には転業のための教育訓練という役割は終焉を迎え，社区学院の今後の発展は困難な状況に直面した。社区学院副院長兼成人文化技術学校の校長である楊氏は，当時，街道の社区教育コーディネーターを務めていた。社区の実態を把握するために住民の希望する教育内容について尋ねた際，孫育てに困っているという話を聞くことになった。祖父母世代による育児が増えつつある社会で，確かに子育てに関する教育が不十分であると感じた楊氏は，寧波市や上海市等に見学にも行った。当時の状況について楊氏は下記のように語った。

　　この地域では失業者が多いし，特に女性が多い，漁民の転職転業の時代から取り残される人たちですね。難しいです。一方で，子どもがいる家庭では，この（育児）ニーズがあります。（中略）大都市なんかでは「月嫂（出産直後の女性と新生児のための看護師）」は普及していますが，私たちのような小さなところでは全然なくて。裕福な家庭がほかの都市からお

図 5-7　左：沈家門街道育児訓練施設・実習室；
　　　　右：「育児天使」訓練クラスの受講生たち
　　　　2016 年 5 月，筆者撮影

手伝いさんを呼んできたり，そのためにやってくる出稼ぎ労働者も実は結構多いですね。収入が多い人は月 8000 元[16]を稼いだり，平均でも 3,4000 元はもらえますね。ここに市場があるんではないかと思ったんです[17]。(括弧内筆者註)

共働きが一般化している中国では，子育ては祖父母がしたり，ベビーシッターを雇ったりするケースが近年増えている。出産直後の母親や乳児の介護をする仕事は収入が高く，供給不足の状況が続いている。大都市で出稼ぎ労働者や失業者は保育関係の資格を取得して仕事を見つけることがひとつの潮流となってきている。舟山市は近年経済が著しい成長を見せるなか，出稼ぎ労働者も増えつつある。このように，楊氏は漁民の転業の潮流に取り残された女性の失業問題，出稼ぎ労働者の就労問題，地域の育児ニーズ及び保育関係資格の保持者が少ないといった現状について，教育局や漁農業振興部門，人力資源労働保障部門等と相談した。婦人連合会も加わり，多くの部門との協力の下で現状調査を行った。その結果，区政府から支援を得られ，育児訓練のための施設と 50 万元の予算が配分され，2012 年に 0〜6 歳の乳幼児の保育全般を含む「育児天使」職業訓練プロジェクトを始めた。「天使」という名前は，保育の仕事や責任をイメージして，企画の当時から協力してくれた市社区大学の羅氏の提案で名づけたと言う[18]。

現在開講しているクラスは表 5-5 の通りである。なかでは，0〜3 歳の乳

第5章　農漁村地域の産業転換に伴う就労支援と社区教育　　153

表 5-5　沈家門社区学院「育児天使」訓練一覧

コース	訓練対象	育児対象
育児士（初級）	無業・失業者，親，祖父母等	0〜3歳
保育士（初級）	幼稚園の保育者等	3〜6歳
保育士（上級）	幼稚園教師（園長等の管理職を含む）	0〜6歳

出所：「『沈家門街道育児天使』社区教育実験項目報告書」により筆者作成。

表 5-6　2013〜2015 年「育児天使」訓練と就職の成果

	訓練人数				就職人数（2013〜2015 合計）	
	2013	2014	2015	合計	就職	家庭育児
「月嫂」	217	218	320	755	179	529
育児士（初級）	0	177	110	287	86	201
保育士（初級）	48	174	120	342	237	42
保育士（上級）	117	93	162	372	206	4

出所：「沈家門成校職業技能培訓功能的実践」に基づき筆者作成。

　幼児向けの育児士初級の訓練が最も多く，訓練対象は主に失業者と親・祖父母である。その原因は2つが考えられる。1つは，0〜3歳の子育ての市場ニーズが最も多く，仕事を見つけやすいことである。もう1つは，家庭内のニーズが多く，親や祖父母にとっての子育ての知識の必要性が考えられる。育児士初級の訓練カテゴリーのなかで，新生児と母親に対する出産直後の1ヶ月間のみの看護を職業とする「月嫂」クラスも含まれている。また，2016 年に哺乳期の母親のための「催乳師」[19]訓練クラスとベビー・スイミングを指導するための訓練クラスも新設された。2017 年には乳幼児のための按摩クラスと栄養クラスも開講する予定であると言う[20]。

　社区学院は地域の病院と連携して実習の場を提供したり，家政サービス会社と連携して就職先を斡旋したりすることも試みている。一方で，就職を目的としない学習者が近年増えつつある。昔の子育てでは親が祖父母の経験を活かして行うことが多かったが，現代社会では子育ての形態や考え方が変わってきており，子育ての知識を適切に学ぼうと考える家庭も増えてきた。表 5-6 における 2013〜2015 年までの3年間における「育児訓練」プロジェクトの成果からも読み取れるように，0〜3歳の乳幼児を対象とする育児士訓練に関しては，就職より家庭育児の人数がはるかに多い。保育士の訓練は

レベルが高いほど，家庭育児より就職する人数が多くなる。「月嫂」や育児士が就職する場合，個人契約や家政サービス会社が多いのに対して，保育士の場合はそれらに加え，保育園や幼稚園においても働くことができ，就職の幅は広くなる。

「育児天使」訓練の実施は，失業者の就職問題や家庭教育の問題の解決のみならず，舟山市の乳幼児教育の専門化を促す役割も果たした。開設当初は，育児士初級クラスのみであったが，教育局との連携で幼稚園の教師を対象とする保育士上級クラスも開講するようになった。初回の保育士上級クラスを幼稚園園長を対象に実施した後，園長たちの要望を受けて，3〜6歳の園児担当の保育者のための保育士初級クラスも始めた。多くの保育従事者が専門資格を持つようになった現在，普陀区では専門訓練機関の技能訓練を受けて資格を取得した者でなければ，家政サービス会社や幼稚園等では保育者として採用してはならないと規定されている。この点について楊氏は，「ほかの社区学院も私たちに見習って，育児クラスを始めるところが多いですね。私たちは，普陀区全体の保育従事者資格の普及にも貢献したのではないか」と語っている[21]。

表5-7の社区学院における職業技能訓練の一覧からわかるように，多様なクラスが開設されているなか，「育児天使」訓練と同じく多く実施されているのは調理クラスである。それは，近年の観光業の振興に伴うホテルやレストラン等の増加に応じて始めたプロジェクトである。舟山市の「魚の都」としての特徴を生かした調理法が多いと言う。教務担当の周氏は，漁民の近海工業への転業がすでに限界を見せた現在，サービス業へと職業技能訓練の方向性を転じていると語った[22]。

社区学院の施設内で行われる職業技能訓練のほか，登歩島と螞蟻島では沈家門社区学院が離島の地域状況と住民ニーズに合わせて行う出張講座もある。登歩島は比較的大きな島であり，陸地面積約16平方キロメートルで，人口約6000人である。沈家門街道の陸地からは船で約25分の距離である。島民のほとんどは農作物の栽培や海産物の養殖で生活を営む。螞蟻島は陸地面積2.8平方キロメートルの島で，人口約4000人である。小さな島であるが，エ

第 5 章　農漁村地域の産業転換に伴う就労支援と社区教育　　155

表5-7　沈家門社区学院・職業技能訓練実施状況(2016 年)

月	内容	日数	人数	月	内容	日数	人数
2	育児士(初)	9	115	6	コンピュータ(上)	15	40
	中華式製菓(初)	10	50	7	保育士(初)	10	42
3	水泳	5	45		高齢者介護(初)	9	40
	「双証制」成人高校	36	96	8	保育士(上)	12	60
	電子ビジネス	15	40		西洋式製菓(初)	8	50
4	西洋式製菓(初)	8	50		コンピュータ(初)	7	42
	ルームサービス＆飲食サービス(初)	7	50	9	「双証制」成人高校	20	50
	電気工(中上)	25	45		SYB 起業訓練	10	45
	生け花(初)	7	40	10	「月嫂」	10	100
5	「催乳師」	9	45		中華式調理(初)	9	48
	中華式調理(初)	10	48	11	中華式製菓(初)	12	50
	茶道(初)	7	40		育児士(初)	10	120
6	家政婦	12	115	12	中華式調理(中)	9	48
	漁業四証書＆漁民・船員	20	80		中華式製菓(中)	12	50

出所：沈家門社区学院「2016 年社区教育処業務総結」に基づき筆者作成。

ビの輸出量が多く，漁獲・加工と観光業を主要産業としている。この２つの島には，すでに学校がないため，学齢期の子どもがいる家庭の多くは沈家門街道本土に移住しており，島の住民は中高年者が多い。

　沈家門社区学院が両島に出張して実施した社区教育活動(表5-8)から読み取れることは，島における社区教育の多くもその産業に応じて実施されていることである。例えば，登歩島における農作物の栽培，海水養殖技術に関する講座，蝦蟻島における漁獲に関わる船上知識の講座等がその典型的な例である。これらの職業技能や安全知識に関する教育は沈家門社区学院が人力資源社会保障部門や労働組合と連携して行っているが，婦人連合会と連携して行う女性に特化した教養教育や，地域住民の高齢化に応じて民政部門と連携して行う中高年者向けの健康知識講座等も見られる。

　蝦蟻島に比べ登歩島の活動の種類が明らかに少ないが，それは登歩島が地理的に本土に近いため，沈家門社区学院に通いながら職業技能訓練等を受けることができるからだと考えられる。また，職業技能訓練以外の市民教育は

表 5-8　登歩島と螞蟻島における社区学院主催活動一覧表(2016 年)

	内容	人数	内容	人数
登歩島	「黄金瓜」*メロン栽培	145	労働の権利・利益と自己保護	89
	綺麗で知恵のある女性に なるために	132	秋の流行病と予防	103
	飲食の衛生と食品の栄養	186	高齢者の健康知識	102
	救急常識	125	海水養殖技術	89
	柑橘類の栽培知識	168	高齢者の飲食と健康	158
	法律基礎知識	96		
螞蟻島	船上鮮度保持技術講座	45	船舶電気機器操作知識	59
	コンピュータ＆ インターネット知識	34	綺麗で知恵のある女性に なるために	121
	漁業の安全教育知識	125	青少年夏休みクラス	57
	花の知識	52	船舶の省エネ知識	68
	高齢者向けの釣りネット修理	48	高齢者向けのベーキング教室	33
	救急知識	54	新市民向けの島の歴史	58
	家庭衛生知識	116	ゴールド・アクセサリー	88
	経営者向け知識	35	中年者の健康知識	125
	果物の知識	65	海上法律知識	52

出所：沈家門街道「2016 年『市民大講堂』統計表」に基づき筆者作成。
＊島の特産メロンの名前である。

主に島の社区学校が担っており，沈家門社区学院は補完的な役割を果たすにすぎない。登歩島における 3 つの社区にそれぞれ社区学校が存在するのに対して，螞蟻島では 1 つの社区学校しかない。これは螞蟻島で実施される教育活動が多いもう 1 つの要因であると考えられる。

　沈家門社区学院が実施するすべての教育活動に住民は無料で参加できるが，副院長の楊氏は，財政面について現段階では特に困難がないと述べた[23]。

　　給料は教育局から支出されますが，社区学院の運営はいわば自給自足ですね。だから当初は漁農民の転職訓練に限界が見えた時に他の方向を考えなければならなかったのです。(中略)今は事業費はまったく困らないです。労働課とか，農林課とか，委託される事業に応じて予算をもらっています。(中略)実は制度上，出稼ぎ労働者の訓練は人数分の補助

金をもらえず，かなり規定が厳しいのです。でも，舟山市の経済に貢献
している人たちですから，黙認して参加してもらっています。

　社区学院の事業費に関して，教育局からの予算は限られるが，それぞれの
連携部門から補助金が拠出される。漁民や失業者の職業技能訓練を行うため，
人力資源社会保障部門と農漁管理部門からは特に多い。社区学院は当初の難
関に直面する状況から，現在の潤沢な財政体制に至っているが，これは地域
課題の解決に向けて，各行政部門と連携しながら取り組んできた結果だと言
えるだろう。

5.2.3　考　察

　以上，島嶼地域の地域産業の転換に関連して，住民の生活課題の解決に向
けて取り組む社区教育の実態を明らかにしてきた。沈家門社区学院の事例を
踏まえながら，社区教育の取り組みの特徴と意義を2点示す。

　第一は，社区教育の展開過程が島嶼の産業と深く関わりを持ち，産業の転
換に伴う住民の生活課題の発生に応じ，その解決に向けて社区教育が取り組
んでいる点である。それは住民の職業生活に最も顕著に現れる。地域の経済
発展戦略として伝統漁業から遠海漁獲，海産物の養殖や加工業へと産業転換
をしていくなかで，社区教育が新たな産業に応じた職業技能訓練を実施する
ことになった。経済発展のための人材育成を目的とする職業教育の性質と異
なり，社区教育が主体として行う職業技能訓練は，それまでに頼ってきた生
活手段がなくなり，当事者の意思に関係なく失業を余儀なくされている漁民
たちの生活を救済する措置として講じられた対策である。

　しかし，社区教育の取り組みにより多くの漁民が転業を果たすことができ
た一方，順調に目的を成し遂げられずに取り残される者もおり，そうした者
には特に女性や高齢者が多い。これらの失業者の特徴と地域の新たなニーズ
に呼応する形で，新しい職業技能訓練が始まった。女性の就労ニーズに応じ
た育児訓練，高齢者向けの釣りネットの修理等の簡易作業，観光業の繁栄に
即したホテルサービスや調理訓練等がその例である。社区教育の方向性は，

地域住民の生活に切実に迫る課題の解決に向けて変わっていく。

　第二は，地域の多様な課題を結びつけた取り組みは，地域課題の解決のみならず，社区教育の新たな可能性も示している。例えば，沈家門社区学院の育児訓練プロジェクトは，住民の育児の課題と失業女性や出稼ぎ労働者の就労ニーズから芽生えた取り組みであると言える。それは今までの成人教育の伝統を踏襲した労働者の教育に限定せず，家庭教育，乳幼児教育にまで広がり，生涯教育の理念に沿った社区教育の新たな展開であると言えよう。失業者，保育従事者及び親，祖父母等を対象にしたこの取り組みは，失業問題の解消を図るとともに，保育従事者の専門性の向上，家庭教育のノウハウの伝授を通して，子育ての環境づくりを家庭から地域にまで広がる波及効果が期待される。

　2010年「綱要」では，0～3歳の乳幼児の教育が生涯教育の重要な部分であり，国民の教養の向上の前提と基礎として重視されるべきであることが提起されている[24]。2011年からの一人っ子政策の一部緩和から2016年の全面的緩和の動きに伴い，今後の出生率の上昇が予想される。家庭，学校，地域がいかに連携しながら子育ての環境を整えていくのかは社区教育の今後の重要な課題になっているのだと言える。

小　　結

　本章では，都市化，工業化が進んでいる農村，漁村地域において，生活基盤を失い，失業や貧困に陥る危機にさらされる住民たちの生活を立て直すための社区教育の実態を解明してきた。農業経済を中心とする地域と漁業経済を中心とする地域とは根本的な違いがある。つまり，法律に基づき農地が政府に買収される際，賠償金が支払われるのに対して，漁業経済は海洋に依存するため，個人や集団所有ではなく，自然資源に依存し予測できない変化が大きいにもかかわらず，政府からの補償がないため，より厳しい現実に直面する。このような背景のもと，いずれの地域においても，地域の特徴に基づき，成人教育の「労働的」な歴史的性格を継承しつつ，住民の労働権の保障

に取り組む社区教育の実践がなされていることが明らかになった。

　地域に根ざした社区教育として実施される職業技能訓練は，地域における失業者の特徴を見極め，それらの特徴に応じた教育訓練を可能にしていると言える。それは元の農民・漁民にとって習得しやすい知識や技能に焦点を当てて訓練を実施することはもとより，彼らの就職に役に立つと考えられる就労意識の変容を図る講座，教養の向上を図る文化・教養クラス，生活基盤の転換に関わる政策の伝達など，本来の縦割型の教育より総合的に行うことが可能となっている。また，失業者のみならず，地域労働市場や地域産業の発展にも合わせて取り組むことで住民全体の生活の質的向上が可能となっている。それは失業問題の解決と，地域産業の発展，地域課題の解決などを相互に関連させながら，いわゆる社区建設を図る実践である。

　第3章で述べた通り，社区教育施設のなかで区レベルの社区学院や社区大学等は，成人高等職業教育機関としての機能を継承しながら，学歴や資格を取得するための生涯教育を行っていることはすでに多くの研究で明らかにされている[25]。これらの教育実践と本書で取り扱った街道レベルでの事例との根本的な違いは，地域連携のところにあると言えるだろう。街道レベルでの社区教育は，ほかの行政部門との連携を行いながら，地域における産業労働者の養成，失業問題，家庭教育等の複合的な課題の解決を目指している。

　地域課題の発生は，つねに産業・経済と社会の発展と強く結びついている。そのため，それは教育部門のみで解決できる問題ではない。社区建設の総合的な計画の一環として，人々の現実生活のなかで発生する諸問題を的確に把握し，それを教育の立場から解決していくことが社区教育の本質ではなかろうか。

1）一般的に区レベルで設置される社区教育施設が「社区学院」と称されるが，舟山市では街道レベルでの施設を「社区学院」，区と市レベルでの施設を「社区大学」と称している。つまり，舟山市の社区学院は，これまでの多く研究で取り上げられる「社区学校」に相当すると理解できる。

2）寧波市海曙区人民政府ホームページ　http://www.haishu.gov.cn/col/col126518/index.html（最終閲覧日 2018 年 10 月 25 日）。

3）近年行政合併等が行われたため，2010年に現地調査を行った当時では，面積が29.4平方キロメートルで，常住人口が約35万人，流動人口は12万人であった。区の下では8の街道事務所，74の社区住民委員会があった。現地調査資料，W街道辦事處「培植『失土農民城市化工程』促進城郊社区和諧発展」2010年による。

4）寧波市海曙区W街道事務所の社区教育担当者へのインタビューによる（2010年5月5日実施）。

5）同上。

6）同上。

7）現地調査資料，W街道辦事處「家門口的培訓―W街道失土農民培訓介紹―（すぐそこにある訓練―W街道『失土農民』の訓練に関する紹介―）」2010年。

8）前掲註4。

9）同上。

10）舟山市政府ホームページ http://www.zhoushan.gov.cn/art/2017/1/23/art_1276175_5394341.html.（2017年1月27日最終閲覧）。

11）舟山市社区大学にて社区教育課羅氏へのインタビューによる（2016年5月3日実施）。

12）同上。

13）羅信席「『海島地区社区教育管理体制与運行機制研究―以舟山市為例―（海島地区の社区教育の管理体制と運営メカニズムに関する研究―舟山市を事例に―）』課題研究報告」2012年。

14）舟山社区大学実験項目組「舟山市新城社区学校発展共同体的実験（舟山市新城社区学校における発展共同体の実験）」2015年。

15）沈家門街道には24の社区があり，市内の陸地地域における20の社区にそれぞれ1名の社区教育コーディネーターがおり，登歩島（3社区）と蝦蟻島（1社区）にはそれぞれ1名の社区教育コーディネーターがいる。

16）1元≒16.6円（2017年9月10日時点）。

17）沈家門社区学院にて楊氏へのインタビューによる（2016年5月4日実施）。

18）同上。

19）主に按摩の手法を用いて乳汁の分泌を促すことを指す。

20）沈家門社区学院の楊氏への追加インタビューによる（2016年12月15日実施）。

21）前掲註17。

22）沈家門社区学院にて調理訓練担当の周氏へのインタビューによる（2016年5月4日実施）。

23）前掲註17。

24）国務院「国家中長期教育改革和発展規画綱要（2010-2020）」2010年。

25）馬麗華「中国都市部における『社区学院』の動向に関する考察―北京市西城区社区学院を事例に―」『生涯学習・社会教育学研究』第33号，2008年，55-65頁等が挙げられる。

第6章　障がい者の自立支援と社区教育の役割

　本章は，障がい者の就労や自立に関わる職業教育，成人教育の機会の保障を支える政策基盤がいかに歴史的に形成されてきたのかを解明した上で，社区における障がい者の教育，労働と福祉を一体化する新たな取り組みを踏まえ，今日における障がい者の教育的支援のあり方を検討する。

　今日，中国の教育現場において，学校に代表されるフォーマルな教育機関とともに，社区教育領域においても様々な学習・文化活動の機会が提供されており，多くの人々がそこに参加してきている。特に，本書で検討してきた改革・開放政策が実施されて以来，競争主義の労働市場に取り残される失業者，都市化・工業化によって生活手段を失った農漁民，及びそれと連鎖して都市へと出かける出稼ぎ労働者などの大量発生といった新たな社会課題を背景に，人々の就労・自立支援に向けた社区教育実践がなされるなか，障がいを持つ人たちに焦点を当ててみると，学習機会の保障が著しく立ち後れていることを問題にせざるを得ない。一方で，地域における基盤整備が進むにつれ，障がい者という従来から地域に存在する就労困難者の課題の解決に向けた成人教育実践は，多くなされているとは言えないものの，社区教育の先進地域では展開されつつある。これらの新たな教育実践を入念に検討し，成人教育研究のなかで適切に位置づけていく必要がある。

　日本でなされている中国の障がい者の教育に関する研究は主に障がい児教育が中心であり，特にその制度や現状についての概括的な内容が多い[1]。また，障がいを持つ子どもたちの教育機会の保障，普通教育を障がい児に開放するインクルーシブ教育の展開等に関する議論もある[2]。中国国内において

も特殊教育[3]に関する研究は数多くなされているが，凌による1990年代の研究レビューから，障がい児教育が中心であったことがわかる。なかには，職業教育に関する議論もあるが，それも学校教育を中心としている[4]。2000年以降の研究も全体的に障がい児の学校教育を中心とする傾向にあるが，なかには，障がい児の教育機会の保障や就労問題に関わる職業技能の習得に焦点を当てながらも，社区や社区教育の視点を取り入れ，特殊教育学校と地域の連携について論じる研究も見られる。インクルーシブ教育を推進し，また，障がい者の社会的統合を促すために，社区教育の役割を重視する必要性や，学校，家庭，社区が協働する社区ネットワークの形成が提起されている[5]。

　一方で，社区教育領域では，地域住民の教育ニーズへの対応とともに社会的弱者の教育が重要なテーマとして捉えられている。そのような現状において，近年の障がい者の福祉施策をめぐるノーマライゼーションの視点から，障がいを持つ人が地域で豊かに生活していくには，地域での生活，就労，学習や文化の充実等の実現をいかに図るのかに関する議論が不可欠となる。従って，今日において障がい者の自立や社会参加をいかに地域で支え得るのかという問いは，社区教育に新たな課題を提起していると言える。このような動向を踏まえた研究はいくつか見られるが，そのなかで特に注目されるのは，上海市における成人の知的障がい者の教育施設「陽光の家」である。「陽光の家」の取り組みは日本においても注目されているが，施設の紹介や条件整備等に関する議論であり[6]，実際に施設で障がい者の自立に向けたいかなる活動が行われているのかについての考察はなされていない。

　そこで，本章は障がい者に対する成人教育の新たな取り組みがなぜ現実化するに至ったのかについて，その基盤となる国家政策の展開過程について明らかにした上で，知的障がい者の自立に向けた取り組みの一端として「陽光の家」の実態解明を通じて成人教育の役割と意義を考察していく。まず，国家政策の展開過程について，障がい者の職業教育，成人教育政策について，「改革・開放」政策が実施されて以降の政策文書を通して明らかにし，それらが障がい者の就労とどのように関連しているのか，障がい者の就労支援になぜ成人教育の取り組みが必要なのかについて検討する。次に，筆者の

第6章　障がい者の自立支援と社区教育の役割　　**163**

フィールド調査を通じて，上海市「陽光の家」の教育訓練の実態を明らかに
する。

　フィールド調査においては区レベルと街道レベルで設置される「陽光の
家」それぞれ1ヶ所を訪問した。施設の活動への参与観察のほか，それぞれ
の「陽光の家」の教師1人と常勤職員1人，及び区障がい者連合会の職員1
人を対象にインタビュー調査を行った。その際の質問項目は，(1)施設の性
格・理念・目標について，(2)日常活動の実態について，(3)職員や教員，ボ
ランティアについて，(4)就労支援活動とその成果，課題についてという4
つのカテゴリーに分けて設けた。それを通じて「陽光の家」の教育訓練の実
態を明らかにした上で，人生を主体的に営む上で極めて重要な成人教育の視
点から，これらの教育訓練は彼らの今後の就労や自立とどのように関連して
いるのかについて検討する。

第1節　障がい者の特殊教育制度の変容と社区教育の登場

　人間の自立には，生活的自立，精神的自立，社会的自立と経済的自立が考
えられる[7]。そのなかでも，経済的自立はそれ以外の自立が成り立つ基礎で
あると言える。経済的自立は，一般的に職業技能を持って，労働に従事して
収入を得ることによって成立する。従って，本節はまず障がい者がいかなる
国家システムの下で，職業技能を身につけるための教育を受けているのかに
ついて考察していく。

6.1.1　義務教育の普及

　1994年に公布された障がい者の教育権を法的に保障する「障がい者教育
条例」(以下，「教育条例」とする)では，障がい者の教育は主に就学前教育，義
務教育，職業教育，後期中等以上の普通教育・成人教育という4つの段階に
区分される[8]。「教育条例」におけるそれぞれの段階の教育内容に関する記
述から，職業教育は義務教育段階の職業準備教育から始まることがわかる。
「教育条例」の規定によれば，義務教育段階の障がい児教育は主に特殊教育

学校の教育と普通学校の教育からなる。普通学校の教育は，「特殊学級」の設置と普通学級における障がい児の受け入れ[9]という2つの形態に分けられる。

1980年代まで，障がい児の教育はもっぱら特殊教育学校が行っていた。特殊教育学校は障がい児のための義務教育機関であり，9年一貫制の学制に基づいて初等教育と中等教育，普通教育と職業準備教育を一体化する障がい者の学校である。その後，1986年の「義務教育法」の公布により，すべての子どもを対象とした義務教育が普及し始め，障がい児も当然そのなかに含まれた。しかし，1987年に行われた全国障がい者抽出調査の結果から，全国の障がい児童は想像以上の数であることが明らかとなった。限られた特殊教育学校では膨大な数の障がい児の義務教育ニーズを保障できないという状況が判明した。

このような深刻な状況を受け，1988年に国務院から公布された「中国障がい者事業5ヵ年業務要綱」(以下，「要綱」とする)は障がい児の教育に関して，新しい特殊教育学校を設立すると同時に，普通学校における「特殊学級」の設置及び普通学級における障がい児の受け入れを積極的に推し進めていくとした[10]。それ以降，障がい児の義務教育は急速に展開された。しかし，これらの措置はあくまでも障がい児の義務教育の普及を主要な目的としており，必ずしも彼らの将来の就労や自立に関わるとは限らなかった。

また，障がい児の義務教育が普及した一方，それまで特殊教育学校において重要な教育内容として行われてきた職業準備教育は軽視される傾向にあった。「要綱」では，特殊教育学校は低学年に労働教育を，高学年に職業教育を実施すべきとされるが，普通学校に就学する障がい児の職業準備教育については触れていなかった。上述の抽出調査によれば，当時全国で就学していた障がい児625.26万人が存在していた一方，特殊教育学校はわずか504校であり，在学者数は約5万人しかいなかった[11]。その結果，教育機会を保障されていない数多くの障がい児の存在が容易に想像できる一方，教育の機会を保障された障がい児も普通学校で教育を受けなければならなかった。

今日に至ってもその状況は改善されつつも，いまだ存在している。世界に

おけるインクルーシブ教育の提唱の下で，障がい児に対して普通学校と同様な教育内容を保障していくことも重要だが，普通学校における職業準備教育の欠如はこれらの障がい児の今後の自立に関わる大きな問題であった。義務教育終了後，高校に進学することが困難である障がい児に対して，何らかの手段を通して，彼らに職業技能を身につけさせることが求められるようになっていったのである。

6.1.2 職業教育の実施

1989年の国務院による「特殊教育の発展に関する若干の意見」(以下，「意見」とする)は，今後の特殊教育の発展の基本方針を「初等教育と職業教育を重点」として推し進めると指摘した[12]。このように職業教育が重視されていくなかで，特殊教育学校において教育を受けることができたごく一部の障がい児を除いて，普通学校で教育を受けた障がい児の職業教育はどのような状況にあったのだろうか。

前述の「教育条例」の「第4章・職業教育」の第1条では，「障がい者の職業教育は初等，中等職業教育を重点的に，高等職業教育を適切に発展させ，実用技能の習得を主な目的とする短・中期訓練を展開すべき」とされている。ここで言う，障がい者の職業教育は学歴教育と非学歴教育という2つに分類することができる。学歴教育は教育部門が管轄するのに対して，非学歴教育の短・中期の職業訓練は就労を目的とするため，人力資源社会保障部門の管轄である。「教育条例」の第24条では，「普通職業教育学校は国家の規定した入学基準に達した障がい者の入学を受け入れなければならない」と明確に規定された。つまり，義務教育終了後の障がい者のうち，上級レベルの教育機関に進学することに支障がない者には，普通中等，高等職業教育機関に進学する機会が設けられ，高校，大学に相当する学歴を取得することができる。一方で，進学しない障がい者たちは，短・中期の職業訓練を受け職業技能を習得することができる。

短・中期の職業訓練は普通職業教育機関と障がい者職業教育機関がともに行うことになる。障がい者職業教育機関は，特殊教育学校を指し，障がい者

のみを職業教育の対象とする。普通職業教育機関は障がい者のためのクラス
を特別に設置して職業訓練を行う。障がい者は短・中期の職業訓練を受けた
後，職業資格証明書を取得することができる。このように，普通職業教育機
関と障がい者職業教育機関，学歴教育と非学歴教育が相互補完するような障
がい者の職業教育システムが形成されている。

　一方で，「教育条例」は，「障がい者の職業教育システムは普通職業教育機
関と障がい者職業教育機関からなり，普通職業教育機関が主体となる」と規
定した。義務教育段階と同じように，「普通教育機関が主体となる」ことが
規定されたのは，前述の通り，特殊教育学校数の不足が理由として考えられ
るだろう。また，教育を受け職業技能を習得することは，仕事をして収入を
得られることを意味するわけではない。また，収入を得ることだけが，自立
することを意味しているわけではない。現在，一般の人々でも就労が厳しい
社会状況のなかで，障がい者の就労は一層厳しい状況に置かれていることは
容易に想像できる。国家は彼らの就労を支援するために様々な政策を打ち出
しているが，障がい者の失業問題や非正規雇用等の労働環境の問題等がしば
しば指摘されている[13]。こうしたなか，障がい者の経済的自立は非常に困難
な状況にあると言える。

　特に，障がい者の職業教育には，認知能力の問題により技能の習得が困難
である知的障がい者に対する特別の配慮が見られない。軽度の知的障がい者
は職業教育を受けて技能を習得できるが，中，重度の知的障がい者は義務教
育でさえ受けることが困難であり，義務教育終了後も家にとどまって家族の
介護に頼って生活している者が多い。また，軽度の知的障がい者でも職業技
能を習得した後に，日々変化しつつある社会や労働市場の変化に適応するこ
とが困難であり，継続的な就労が難しいことも指摘されてきた[14]。

　就労することさえ困難である深刻な状況が存在する一方で，人間の自立に
は経済的自立だけでなく，生活的自立，社会的自立や精神的自立という側面
もある。障がい者たちは学校を卒業した後，地域において社会生活を送らな
ければならない。いかに家族の負担を軽減し，仕事に従事して収入を獲得し，
社会の日々の変化に適応しつつ，自立した生活を送り得るのかは，成人期の

障がい者にとって大きな課題となってきたのである。学校教育の役割に限界があるなか，学校教育の補完として，彼らの今後の自立生活を支える成人教育の取り組みが必要とされたのである。そこで，近年，地域住民の生涯教育や生涯学習を支えるために展開されてきた社区教育が注目されるようになった。地域に暮らす成人障がい者の自立生活を支えなければならない状況のなかで，社区教育はいかなる役割を果たし得るだろうかという問いが，複数の地域のなかで，とりわけ上海市のなかで醸成されつつある。

6.1.3　社区教育の開始

1980年代までの障がい者事業に関する政策文書では，社区に関する記述はほとんど社区における障がい者のリハビリが中心であったが，前述の1989年の「意見」において，初めて社区による教育に関する記述が登場する。「意見」には，「民政部門は児童福祉施設と社区サービス機関を組織し，障がい児に就学前教育，文化教育と職業技能教育を行うべき」と明記された。しかし，その後に国務院から公布された「中国障がい者事業第8次5ヵ年計画要綱(1991年~1995年)」とその次の「第9次5ヵ年計画要綱(1996年~2000年)」では，児童のリハビリ教育や文化教育等に重点が置かれ，職業技能教育に関する記述は見られなかった[15]。つまり，社区サービス機関の活用は必ずしも障がい者の自立や就労を図ることを目的とするわけではなく，むしろ義務教育の普及が十分に実現されていない状況のなかで，障がい児の教育を補完するという目的を持つものであった。

2000年から全国における社区建設の全面的な推進により，民政部，教育部，人力資源社会保障部，障がい者連合会等が連携して「社区の障がい者業務の強化に関する意見」を公布し，社区の障がい者組織や障がい者サービス，リハビリ，文化教育，バリアフリー等を含めた障がい者事業を展開し始めた[16]。2001年の「第10次5ヵ年計画要綱(2001年~2005年)」では，「社区」，「社区建設」に関連する言葉がしばしば見られ，特に障がい者の社区での就労実現について提言された[17]。これは2011年の「第12次5ヵ年計画要綱(2011年~2016年)」に至ってさらに具体化され，「社区サービス，社区の公益

的ポスト，ホームサービス，情報ビジネス等多様な形式を用いて，障がい者の社区での就労と在宅での就労を促進する」とされた[18]。

また，2006年の「第11次5ヵ年計画要綱(2006年～2010年)」において，障がい者の職業訓練における社区教育の役割が重視され，「社区と家庭が役割を果たし(中略)知的障がい児童に対して認知能力と言語交流及び自立生活等に関する訓練を行い，成人知的障がい者に対して簡単な労働技能と社会適応能力に関する訓練を行う」とされた[19]。それとともに，社区において「教育，リハビリ，娯楽，労働を一体化する知的障がい者と重度障がい者のための施設を設置する」ことも提起された。このように，障がい者の教育システムにおいて，学校教育の役割の補完としての社区教育が徐々にクローズアップされている。これらの支援体制の形成は2000年以降の社区及び社区教育の急速な発展と密接不可分な関係にあると言える。

以上，国家が近年公布した政策文書に基づいて，障がい者の職業教育と成人教育の展開過程について考察した。1980年代以降，障がい者の教育機会の保障が進められ，ここ30年近くを経て，障がい者の職業教育システムは初等義務教育から高等教育まで，学校教育を中心とする学歴教育から就労のための短・中期の職業訓練を中心とする非学歴教育まで，障がい児教育から成人教育まで発展してきた。一方で，学校教育の限界が示されているなか，学校教育を補完する役割も含めた，成人教育・社区教育の役割が徐々にクローズアップされるようになった。成人の障がい者を対象とする社区による支援体制の一定の成果として実現した事例に着目する際，社区教育の発祥地である上海市の実践を取り上げることは妥当であろう。従って，次節では，上海市の知的障がい者施設「陽光の家」の事例を通して実際の現場で障がい者の教育的支援はどのように行われているのか，また，それは障がい者の自立にどのような意味を持つのかを考察していく。

第2節　上海市の知的障がい者の就労支援活動
——「陽光の家」の事例を通して——

　上海市の各地域で設置されている「陽光の家」は，知的障がい者の成人教育及び就労の場を提供する施設として注目されている。上海市では知的障がい者6万5000人のうち，成人の知的障がい者が約50パーセントを占めている[20]。これらの成人知的障がい者は学校教育を修了した後，社会に出て働いている者もいれば，就労できず家族の介護に頼って生活している者もいる。家にひきこもっている成人知的障がい者の家庭の負担を軽減し，本人の社会適応能力を高めるために，2005年に上海市政府は「知的障がい者陽光行動」プログラムを始めた。具体的には，上海市障がい者連合会の主導，及び市の民政局，人力資源社会保障局，財政局と情報委員会の協働の下で，上海市の各区，街道において「陽光の家」の設置が進められた。

　「陽光の家」は16〜35歳の知的障がい者を対象とし，リハビリ，技能訓練を行い，単純労働に従事させることを通して，彼らの日常生活と社会適応の能力を高めることを目的とする施設である。現在上海市では「陽光の家」が241ヵ所あり，1万1500人の知的障がい者を受け入れている。職員は1200人であり，大学や地域団体によるボランティアが2400人いる[21]。

　「陽光の家」には2つのタイプがある。1つは，区レベルで設置される模範型「陽光の家」である。もう1つは，街道（鎮）レベルで設置される一般型「陽光の家」である。本章では，模範型の徐匯区「陽光の家」と一般型の黄浦区H「陽光の家」を事例にする。特にH「陽光の家」には就労支援を主な目的とする「陽光職業リハビリ支援センター」も併設されている。これらの取り組みの実態を解明しながら，それが持つ成人教育としての役割と可能性について考察を加えていく。

6.2.1　徐匯区「陽光の家」の取り組み

　徐匯区「陽光の家」の前身は徐匯区にある初等職業技術学校であった。同学校は徐匯区に在住している約3000人の成人知的障がい者の課題を意識し，

表6-1 「陽光の家」の日常活動の内容

分類	内容
教育訓練	生活適応訓練，社会適応訓練，職業適応訓練
単純労働	単純加工，環境緑化，飲食サービス，農業栽培・養殖業等
スペシャルオリンピックス・スポーツ	フィールド・トラック競技，サッカー，ボウリング，自転車，ウエイト・リフティング，バスケットボール，バドミントン，水上競技，ペタンク，フロアホッケー，卓球，ゴルフ等
リハビリ訓練	身体，言語，芸術，職業，社会生活，レクリエーション等

出所：『上海市"陽光之家"優秀訓練方案集』2010年により筆者作成。

未就労者の家庭の負担を軽減し，社区の安定及び彼らの自立を支えるために，国家政策の方針に応じて初めての知的障がい者のための全日制の短・中期の職業訓練クラスを開設していた。クラスは一定の成果を収め，2005年に陽光プロジェクトの展開を機に，職業技術学校が「陽光の家」施設となった。

上海市障がい者連合会が2006年に発表した「知的障がい者『陽光の家』の規範的管理に関する指導意見」[22]に基づき，「陽光の家」で行われる活動は概ね，教育訓練，単純労働，スペシャルオリンピックス・スポーツ，リハビリ訓練という4つに分けられている（表6-1）。それに応じて，徐匯区「陽光の家」は敷地面積が約2500平方メートルの施設においてそれらの活動のための設備を整えている。例えば，教育訓練にはコンピュータ室，閲覧室，マルチメディア教室，音楽・舞踊室等，単純労働には製菓，ルームサービス，調理，洗濯等の実践室，スペシャルオリンピックス・スポーツにはバスケットボールコート，卓球室，ハンドボール場等，リハビリ訓練には心理カウンセリング室，衛生室，運動用器具等がある。

「陽光の家」の訓練課程は全日制，定時制と家庭訪問制という3種類に分けられている。全日制訓練では，参加者は毎日施設に通って，すべての科目を受講する。定時制訓練では，参加者が毎週2，3回，施設でパソコン，生け花，手工芸，絵画，歌謡等の単一科目の教育訓練を受ける。訪問制訓練は，重度の知的障がい者を対象とし，「陽光の家」の教師や支援者たちが，定期的あるいは不定期に，基本的に週に1回以上，対象者の家に訪問し教育を行うものである。現在，徐匯区「陽光の家」では，全日制参加者，定時制参加

第6章 障がい者の自立支援と社区教育の役割　　**171**

者と訪問制参加者の割合は１：１：５である。つまり，施設に通っている少数の軽度の知的障がい者以外，施設の家庭訪問制訓練を通して教育を受けている重度の知的障がい者が多い。

　施設で行われる教育活動は通所者の学習能力に応じて少人数の形式で行われており，１つのクラスにおおよそ14名の参加者がいる。現在，徐匯区「陽光の家」では２つの全日制クラスがあり，１つのクラスには担任教師２名，障がい者の支援者１名が配置されており，障がい者の支援者を主体に，担任教師やボランティア等が協力して働くという体制にある。

　「陽光の家」は３年制となっている。職業技能資格は一般的に初級，中級，上級，技師と上級技師という５つのレベルに分かれているが，「陽光の家」は，基本的に３年間の教育訓練を通して，通所者に最低１種類の初級の職業技能資格証明書を持たせることを目指している。その後，各種の職場に推薦して就労させるようにする。現在，徐匯区の一部のスーパーとコンビニは「陽光の家」と提携して，職業実習と就労の場になっている。重度の知的障がい者に対しては，訓練の期間を本人や保護者の要望に合わせて延長し，終了時期を確定しないこととなっている。この場合には，施設側は訓練だけでなく，非正規雇用の機会をも提供している。

　「陽光の家」は技能訓練や就労の斡旋を行うだけでなく，施設自体も知的障がい者が労働に従事して収入を得られるような取り組みを行っている。例えば，教師の指導や手伝いの下で，障がい者たちが手工芸をする活動がある。その後，「陽光の家」はバザーを催し，障がい者たちが作った玩具，マフラー，手袋，飾り物等を販売する。その収入の70パーセントは障がい者たちのものになるが，30パーセントは施設の運営費に当てられる。

　「陽光の家」は普通学校と同じように，週末や夏休み，冬休みがあり，通所者の休日を充実させるために，合同親睦会，技能コンテスト，見学等の不定期な活動も行われている。また，ほかの区，街道の「陽光の家」と連携して，歌謡コンクール，サマーキャンプ等の大型活動を実施しており，各施設間の参加者の交流を促している。さらに，大学生ボランティアもよく施設に来所しており，通所者と交流活動を行っている。

図 6-1　通所者が作った手芸品など
2011 年 5 月，筆者撮影

　本調査では知的障がい者本人へのインタビューは行えなかったものの，彼らの活動時の言動から，彼らが活動を楽しみ，誇りに思っている様子が見て取れた。「陽光の家」は知的障がい者にとっては単にリハビリや教育の場だけでなく，彼らの自立を促進する，精神的満足度を高める場でもある。

6.2.2　黄浦区 H 街道「陽光の家」の取り組み

　H「陽光の家」は，市街地である黄浦区 H 街道に位置し，「陽光心園」，「陽光職業リハビリ支援センター」(別名「陽光基地」とも呼ばれる)とともに 3 階建ての建物に併設されている。「陽光心園」は精神障がい者を対象とする受容施設であり，主に 50 歳以上の者が多い。社区の治安維持や精神障がい者への居場所の提供を目的とし，重度の精神障がい者も受け入れており，専門医師も配属されている。施設では主にケア活動と娯楽活動が中心となっている。「陽光職業リハビリ支援センター」は文字通り，障がい者の職業リ

第 6 章　障がい者の自立支援と社区教育の役割　**173**

表 6-2　H「陽光の家」授業表（2013 年冬学期）

時間 ＼ 曜日	月曜日	火曜日	水曜日	木曜日	金曜日
8：30-9：00	ラジオ体操	ラジオ体操	ラジオ体操	ラジオ体操	ラジオ体操
9：00-10：00	リハビリ	基礎数学	生活安全	コンピュータ入門	歌謡・舞踊
10：15-11：30	リハビリ	美術	創作工芸	工芸美術	読み書き・朗読
13：30-14：15	科学技術制作	基礎美術	碁知識普及	歌謡・舞踊	体育競技
14：30-15：15	自由活動	自由活動	自由活動	自由活動	自由活動

出所：上海市黄浦区 H「陽光の家」授業資料により筆者作成。

ハビリテーション，いわゆる就労支援を行うための施設である。区レベルで設置される機関であるが，H 街道の「陽光の家」と同じ施設を共用している。そこでの支援活動については次項で詳述する。

　H「陽光の家」は前述の区レベルの模範型「陽光の家」と同じように，16～35 歳の知的障がい者を受け入れの対象としている教育施設である。そこで行われる日常的な教育活動内容は表 6-2 に示す通りである。授業表からわかるように，読み書き，算数等の基礎教育やコンピュータ，工芸等の技能訓練，歌謡・舞踊等の娯楽活動，リハビリ等幅広く行われている。カリキュラムは施設責任者の C さんが作成している。H「陽光の家」への通所者のうち，約半数は学校に行ったことがないため，通所者にとって親しく，易しく感じるように，教授言語はほとんど上海語を使用している。授業の内容も入門レベルで，彼らにとって学びやすいように設定していると言う[23]。

　H「陽光の家」の教師は，ほかの教育機関の教師が兼任している。例えば，技能訓練の教師は，区労働局と連携して中等職業技術学校の教師を派遣してもらっている。読み書き，算数，舞踊，歌謡等に関しては，社区学校の教師が施設に通って教えている。教師 D さんは，現在 H「陽光の家」で教えて 3 年目になる。小学校で国語を 22 年間教えていたが，体調の理由で早期退職し，しばらくして回復できてから社区学校で高齢者教育に携わるように

なった。H「陽光の家」では歌を教えており，毎週2～3回通っている。それが自分の専門ではないが，退職してから社区学校で習って教えるようになったと言う。つまり，Dさんは社区学校で教師として教えると同時に，社区学校の学習者でもある。それとともに，H「陽光の家」の教師も兼任している。H「陽光の家」で教えることとほかと比較して，Dさんは以下のように述べた。

　　ここでボランティアをすることってそんなに簡単ではないですね。ここの子どもたちに対しては，細心の注意を払う必要があります。厳しくしてはいけないです。厳しくするともう来なくなりますので。彼らはとても敏感ですぐに怯んでしまいます。(中略)(私たちは彼らのことを)「子ども，子ども」[24]と呼んでいますが，子どもとはまた違って，成人の意識も若干ありますので，(接する時に)彼らの気持ちについても気をつけなければならないですね[25]。(括弧内筆者註)

　知的障がい者は，小学校の生徒とも社区学校の成人学習者とも異なっており，特殊的な存在である。彼らへの接し方や教え方に関して教師は難しさを感じている。一方で，指導側のこのような課題に対して，特に研修の機会等は設けられておらず，教師の経験に基づいて判断するしかない状況にある。
　また，通所者の学習効果について，学習の面ではあまり顕著な効果はない一方，精神的な側面が充実していることがうかがえる。下記のDさんの語りから見て取れるのは，教師と通所者との間の信頼関係が築かれることによって，それが学習にも良い効果をもたらすことである。

　　私は退職する前には小学校の教師でしたから，学習効果で比べると，ここの子どもたちはほぼ効果がないですね。名前でさえ書けない人がいます。今日教えることは次の日になると全部忘れてしまうから，1つの歌でも一学期ずっと教え続けています。でも，3年目になってやはり変化は感じます。以前より長く座れるようになったし，みなさんも私もお

第6章　障がい者の自立支援と社区教育の役割　**175**

互いに慣れてきて，私の話をもっと聞くようになりましたね。(中略)こ
こで何かを習ってほしいというよりも，精神的に満足してもらうことが
一番かな。精神面で楽しいと思うからこそ，長く座れるし，勉強も多少
できるようになったでしょうね[26]。

　職員Cさんの話からも教師Dさんの語りからもうかがえるように，「陽光
の家」は通所者が自立できるための様々な教育活動を行っているが，それは
学習の場のみならず，たまり場，交流の場としての機能も強いことがわかる。
施設は「彼らにとってセカンド・ファミリーとも言え」[27]，「大晦日でも来る
ぐらい家より楽しい」[28]との教師と管理者の言葉から，通所者が施設に対す
る高い帰属意識がうかがえる。一方で，施設での学習が通所者の日常生活に
おける自立に与える効果に関しては，あまり楽観的ではないように思われて
いる。

　　まあ，何か役に立つと言えば役に立つこともありますが，例えば，算
　数を習って少なくとも自分でバスを乗ることができるんですね。でも，
　普通の学校の子どもたちと違いますから，ここで集まってみんな一緒に
　楽しくやっていけば，それが彼らにとっての意義だと思いますね。(中
　略)働くまでは難しいでしょうね[29]。

　施設では簡単な労働機会を提供できるように取り組んでおり，これまでス
ターバックスに1人，ケンタッキーに1人とコンピュータ入力の作業に2人
を斡旋した。しかし，収入はかなり低いと言う[30]。一部の者は技能訓練を通
して按摩や環境緑化など労働局による職業資格証明書を持っているが，就職
まではできていない。
　H「陽光の家」には現在27人が通っているが，そのうちの3人は35歳を
超えている。年齢超過の場合，政府からの財政支援を受給できなくなるが，
H「陽光の家」は続けて彼らを受け入れている。

図 6-2 左上：元旦セレモニーにおいて通所者が合唱をした後の表彰式；右上：卓球室；
左下：パソコン教室，右下：住宅地の一角に位置する H「陽光の家」入口
2013 年 12 月，筆者撮影

　これらの子どもたちはもう長年ここにいるから，35 歳を超えても一
応来てもらっています。そうしないと，どこに行くのかね。家族は忙し
いし，面倒見てくれる人がいないですし。せっかくここに来ているから，
毎日ここでみんなに会えますからね。いきなり家に帰ってしまうと，今
までの成果がなくなってしまうからですね。(中略)政府からこの3人分
はお金がもらえないけど，そんなにお金がかかるところもないから，普
段みんな一緒にここで昼食を食べるから，その3人の昼食代だけ自分で
払ってもらっています。ほかはみんなと全部一緒です[31]。

第6章　障がい者の自立支援と社区教育の役割　**177**

　上述のように，H「陽光の家」は規定の年齢を超過する知的障がい者に対しても，彼らの居場所がなくならないように受け入れようとしている。一方で，そこから見える課題は，規定年齢を超えても職業的，あるいは生活的に自立できていない知的障がい者の退所後のアフターケア体制である。人数が少ない場合は，続けて通所することができるが，人数が多くなる際の体制を今後整えなければならないだろう。

6.2.3　黄浦区「陽光職業リハビリ支援センター」の取り組み

　「陽光職業リハビリ支援センター」の前身は「陽光工場」という知的障がい者に労働の場を提供するための施設である。「陽光工場」は低レベルの単純労働を中心としており，収入がゼロに近いほど非常に低かったため，状況改善が必要であった。従って，2010年に上海市政府が教育資源の統合を行った際，知的障がい者のみならず，中度障がい以上の身体障がい者への職業リハビリテーション支援も含まれるようになり，「陽光工場」が「陽光職業リハビリ支援センター」という名称に変わった。

　現在，上海市では「陽光職業リハビリ支援センター」は合計約160ヶ所あり，そのなかで最初に設置した地区の1つは黄浦区である。その設置の目的は，中度以上の障がいで就労に困難を抱える者に職業リハビリテーション支援を行い，比較的集中した環境で職業技能を獲得させることである。その主な機能は3つとなっており，つまり障がい者の身体的，心理的及び職業技能のリハビリテーションである。

　黄浦区「陽光職業リハビリ支援センター」(以下，センターとする)は区レベルの施設であるが，H街道に設置されており，H「陽光の家」が位置する建物の3階に併設されている。センターでは現在7つのプログラムを立ち上げており，約40名の障がい者の就労を支えている。その7つのプログラムはそれぞれ，BPO(Business Process Outsourcing)データ入力，事務補給品エコ・リサイクル，室内フラワー・ガーデニング手入れ，足按摩保健，エコバッグ制作，現代物流・電子商取引サービスと服装デザイン・バーチャル・

図6-3　BPOプログラムで作業している通所者
2013年12月，筆者撮影

イメージングである。

　職業リハビリ支援とは，技能訓練等を通して就職させるという意味のリハビリだけでなく，労働を通じて心身の協調も取れるようになり，心身のリハビリ効果も得られるという考え方に基づく取り組みである。

　　　例えば，BPOプログラムは国際企業と連携して，リサーチ会社が市場アンケートをアウト・ソーシングして，うちの障がい者たちがデータをパソコンに入力します。彼らはパソコンを操作している間に，手と目と体が協調して動くので，障がいの度合いも軽減が見られますね。ある程度リハビリの効果もありますね[32]。

　コンピュータ等を使用する比較的高度な作業は主に盲唖聾等の身体障がい者を対象とするが，室内フラワー・ガーデニング手入れ，足按摩保健，エコバッグ制作等の場合は，知的障がい者もその対象となる。特に，足按摩保健プログラムでは，センターが労働局と連携して知的障がい者向けの教材を作

り，按摩師訓練を行っている。黄浦区では二十余名の知的障がい者が国家職業資格を取得しており，足按摩保健師になった[33]。

　障がい者は労働市場で非常に不利な立場に置かれているため，訓練を受けた後に自ら就職活動をするという一般的な労働部門による就労支援の流れと異なり，障がい者連合会が企業側と連携し，就職斡旋に力を入れており，基本的に就職ポストがあることを前提にした職業技能訓練を行っている。職業技能訓練を行う際，街道の事務所が無料で場所を提供し，労働局が訓練を行う。労働局が職業資格証明書も発行しているが，「社区就職」の場合，職業資格を持っていなくても就職に影響はないように定められている。

　「社区就職」とは，現在第三次産業の発展に伴って政府が提唱している就職方針であり，社区の公共サービスを充実させるとともに就労ポストを作り出す就労支援の方策である。区障がい者連合会は障がい者を対象とする「社区就職」の方法を模索している。例えば，知的障がい者の按摩師は毎週社区の老人ホームを訪問し按摩サービスを提供する。その際に発生する按摩師の費用は街道の民政部門が支給する。このようなプログラムの実施は，上海市の障がい者への教育訓練と就労と社区サービスを融合した就労支援の先駆的な取り組みとなっていると言う[34]。

　センターはこれらの取り組みを通じて障がい者の自己実現を図っており，ある程度効果が得られていると区障がい者連合会の職員Eさんは考える。例えば，BPOプログラムを通じた平均収入は月約590元であり，最高収入は約2000元に達している。上海市の平均給料と比較して多いとは言えないが，社会保険や障がい者労働補助金等の政府からの支援金と合わせると，生活ができるだけの収入は得られていると言う。

　　黄浦区の場合は，何重も支援金がもらえますから，上海市の最低賃金に相当する補助金，社会保険のほかに，食費手当，職業訓練手当，交通手当なども黄浦区の基準でもらっています。収入は多いとは言えないですが，彼らはそんなにお金を使うところもないですね。おとうさんとおかあさんからお金をもらわなくて済むので，心の気持ちが良いですね。

収入は目的というより，主に家で引きこもるのを一番防ぎたいです[35]。

　障がい者が自らの手で収入を得ることによって満足感が得られ，収入のみならず，精神的な自立につながる点が重要であると考えられる。上記の語りで言及される引きこもりの問題も改善されると予想される。これはセンターの設置目的である「心身のリハビリ」にもつながるだろう。

　　うちの王さんは，大学を卒業していて，経理士の資格も持っていますが，最初はなかなか就職できないので，センターに来た時も劣等感を持っていたのです。今はうちの（事務補給品の）エコ・リサイクル・プログラムで経理をやっていて，人とのコミュニケーションも上手くなったし，自信を持つようになったと感じますね[36]。（括弧内筆者註）

　就労支援のほか，センターは健康体操等の娯楽活動，誕生日会，日帰り旅行等も企画・実施している。職場コミュニティ，仲間コミュニティなどの居場所を提供しているセンターは，障がい者にとって「守り傘」，「ガスステーション」と「セーフティネット」の機能を同時に有すると言う[37]。

　他方で，センターが抱えている課題も少なくない。本調査から，主に以下の2点にまとめる。

　第一に，障がい者の就職効果に関する課題である。これは労働市場の課題と当事者の就労意識の課題との2つの側面からの要因があると考えられる。障がい者の多くはコミュニケーション能力が弱いため，人間関係も得意ではない。その上に，専門技能の分野が限定されるため，労働市場では厳しい現実に直面している。区障がい者連合会が就職斡旋に力を入れて取り組んでも，積極的に協力する企業はあまり多いとは言えない。「寄付はすると言うが，ポストの提供はなかなか積極的ではないです。しかし，私たちが一番ほしいのはポストですね」とEさんが語っていた[38]。

　一方で，当事者側としては収入が高くないため，就職の意識もあまり高くない。これに関しては，「家族から支持を得て働きかけてもらうと効果があ

るだろう」と考えられている。また，働いていない者より，働いている人たちの手当を増額することも解決策として考えられている[39]。

　第二に，支援側の職員の専門性の課題である。これはセンターだけでなく，上海市の障がい者支援全体の課題だとも言える。現在，各施設のスタッフは学校の退職教職員を再雇用する場合が多い。教育経験や管理職の経験はあるが，障がい者に対応するための専門性は足りないように思われる。

　　　以前各街道ごとに専門指導員を配置する取り組みを実施してみましたけど，（学歴が）大学専科以上のソーシャル・ワーカー（を配置する）。でも，給料が安すぎます。月2000元なので，（スタッフが）なかなか長く続かないです[40]。（括弧内筆者註）

　区障がい者連合会が華東師範大学，上海大学，上海理工大学等に委託して職員研修も実施しているが，理論知識が多く，現場とかけ離れており，実用性が欠けているといった課題も残っている。

第3節　「労働・教育・福祉」を融合する成人教育の意味と可能性

　以上の取り組みの内容を通してわかるように，「陽光の家」は障がい者の居場所，教育，就労，自立，交流，社会参加など多様な機能を内包した取り組みである。なかでも，教育は主な機能を担っている。それは徐匯区「陽光の家」が福祉施設ではなく，初等職業技術学校から始まって変化してきたものであることからもうかがえる。また，街道レベルの「陽光の家」の教師は社区学校から派遣されており，社区教育とも密接な関係を有している。本章が「陽光の家」を成人教育の視点から注目する理由もここにある。

　普通学校は文字の読み書きや算数などを教えるが，学校終了後に実際に社会に出て，一人前に生活し，仕事をし，そこで様々な人と関わっていく。そのための基本的な方法や技能を習得し，他者とのコミュニケーションができる社会的能力を身につけるところに，障がい者にとっての成人教育の持つ意

味と役割が存在する。「陽光の家」はまさにそのような教育施設である。「陽光の家」は読み書きだけでなく，調理，買物等日常生活に関する知識を教え，それを将来の自立生活に向けての準備につなげている。また，短・中期の職業訓練を実施し，企業と連携して実習の場，ないし就労の場をも提供していることは，障がい者の自立の根本をなす経済的自立に役に立つのみならず，仕事や労働を通じた社会的ネットワークやコミュニティの形成が当事者の自己形成にも大きく関わっていると言える。

さらに，就労していない障がい者が家庭内に引きこもらないように，彼らのたまり場，交流の場としての役割もある。「陽光の家」を交流の場としての視点で捉える時，障がい者同士の出会いと交流という場だけでなく，ボランティアが関わることによって，障がい者が大学生や地域の人々と交流する場にもなっており，公共施設などで開催される行事や事業等に参加するきっかけにつながるのではないかと考えられる。他方，ボランティアである住民や大学生等が「陽光の家」で障がい者に関わることにより，自立や仕事などができないとされてきた従来の障がい者に対する認識を変えていく点が重要である。その反面，大学生等の若者にとっても，ボランティアとして関わることで出会いと交流の場になり，障がい者の自立から自らの職業観を見出していく可能性があり，ニート等の若者問題の発生の防止にもつながるだろう。これはボランティアにとっての学習の契機になるとも言えよう。

このように，学習の場，実習・仕事の場，たまり場，出会い・交流の場等，「陽光の家」が実際に果たしている役割をトータルに見た場合，教育と労働と福祉といった従来の領域だけでは包括しきれない機能が混然一体となっており，この施設の持つ役割の多様性と重要性が現れている。つまり，「陽光の家」は，福祉と教育と労働の要素と機能が融合された新たな形の成人のための教育施設であると言える。

むろん，障がい者の就労は福祉的な就労が多く，報酬が少なく，パート・アルバイトとして働く場合が多い。すなわち，全体として不安定な労働条件であるなど，彼らの経済的自立に影響を及ぼしている課題は存在する。その意味では教育だけで解決できない問題が存在しており，労働市場の条件や社

会福祉支援制度等を整えていくことが必要であるのは言うまでもない。だからこそ，社区教育領域で障がい者支援を行う意義がある。すなわち，社区教育委員会など地域レベルのネットワークを活用し，教育，労働，福祉部門等が連携して取り組んでいくことが重要となる。

　一方で，本書で特に注目することは，「陽光の家」が包摂する多様な目的や機能の根底を支える成人教育の理念である。それは，障がい者自身の学習にとどまることなく，彼らの自立と社会参加の実現，人々とのつながりを目指す教育福祉的な理念である。ノーマライゼーションが提唱されるなかで，このような多様性と重層性に基づくダイナミックな成人教育の実践は，障がい者に自立の希望を与えつつ，障がい者を含む多様な人間が相互補完的に，お互いを活かしあって暮らす地域を作ろうとする社区建設の一端を担っていると言えるだろう。

小　　結

　本章は，障がい者の就労・自立に対する教育的支援について，その制度・政策的基盤と上海市の先進事例の両側面から考察してきた。それを通して，障がい者の就労や自立支援に積極的に役割を果たそうとする国家政策の下で，上海市が実践的には先行して取り組んでいることがわかった。このような就労・自立支援の取り組みができたのは，中国の他地区と比較して発展した，上海市の社区教育の基盤があったからと言えるだろう。

　本書の冒頭で述べたように，1980年代に「改革・開放」政策が実施される際，一部の地域が先に発展し，それから他の地域の発展を促すという方針が打ち出された。従って，国家の支援を受け，経済や教育等あらゆる方面において，上海市をはじめとする一部の沿岸地域が先頭に立って発展してきた。特に，上海市は直轄市として一定の自由権限が与えられ，独自の教育改革を進めた動きのなかで社区教育が発足した。

　当時の教育改革が，学校教育改革にとどまらず，社区教育を進めた背景には，国有企業改革に伴う福祉や教育の基盤の喪失，核家族化や少子化による

子どものうつ病や不登校問題，地域の人々の余暇生活の過ごし方をどうする
かなどが議論されたことが要因として考えられている[41]。これらの社会問題
への対応策の一環として社区教育は今日まで発展してきており，現代の失業
問題，出稼ぎ労働者と彼らの子どもの教育問題，障がい者問題等多岐にわた
る課題に対応している。こうした流れのなかで，障がい者の自立問題への教
育的対応，「陽光の家」のような教育と福祉と就労を一体化する取り組みが
可能になったと言える。

　1994年の「障がい者教育条例」の「第5章・普通後期中等教育と成人教
育」の記述からは，障がい者の成人教育は後期中等学歴教育及び企業による
在職障がい者の教育と訓練を中心としていたことがわかる。一方で，社区教
育の登場によって，成人教育の範疇が広がっており，近年クローズアップさ
れている障がい者の引きこもり，失業，貧困等の社会問題にいかに対応し得
るのかが成人教育の新たな課題となっている。本章で検討してきた障がいを
持つ成人に行われている就労・自立支援は，近年中国が向き合わねばならな
い教育実践であり，それを本書で検討してきた就労困難者カテゴリーのなか
で捉え，その解決のための新たな教育実践を現代の成人教育研究に据えてい
く必要性が出てきていると言える。

1）原本昭夫「20世紀における中国特殊教育発展の諸相—知的障害児教育を中心に（そ
　のⅠ）」『鹿児島経済大学社会学部論集』第15巻第3号，1996年，57-79頁；原本昭
　夫「20世紀における中国特殊教育発展の諸相—知的障害児教育を中心に（その2-1）」
　『鹿児島経済大学社会学部論集』第16巻第3号，1997年，33-78頁；原本昭夫「20
　世紀における中国特殊教育発展の諸相—知的障害児教育を中心に（その2-2）」『鹿児
　島経済大学社会学部論集』第16巻第4号，1998年，61-101頁は知的障がい児教育を
　中心に，20世紀における中国特殊教育の諸相について，3つの論文に分けて，中国の
　古典に見られる障がい者観から現代の制度的発展，特殊教育学校における障がい児の
　教育計画から教員養成まで詳しく紹介している。また，徐光興「現代中国の特殊教育
　に関する現状と課題」全国障害者問題研究会『障害者問題研究』第24巻第2号，
　1996年，177-183頁による現代中国の特殊教育の現状と課題に関する考察；玉村公二
　彦・潘彦葵「中国における障害児教育と『障害者教育条例』」奈良教育大学教育学部
　付属教育実践総合センター『教育実践総合センター研究紀要』第11号，2002年，
　219-223頁による1994年に制定された「障がい者教育条例」の内容についての紹

介：大崎博史「中華人民共和国における特殊教育の発展について―インターネットから得た法律や制度，資料等の情報を中心に―」独立行政法人国立特別支援教育総合研究所『世界の特殊教育』第18号，2004年，51-57頁によるインターネットから得た法律や制度，資料等の情報を通した中国の特殊教育の発展についての考察；真殿仁美「国際条約『障害者の権利条約』と中国の国内環境整備―中国での障害者の権利保障確立に向けて―」全国障害者問題研究会『障害者問題研究』第38巻第1号，2010年，58-67頁による中国における2008年の国際条約「障がい者権利条約」の批准及びその後の障がい児教育や障がい者の文化的な活動を促すための環境整備についての考察があった。地方の状況に関しても，徐蓮貞（訳：西村章次，趙建紅）「中国および四川省の障害者事業の現状について」『埼玉大学紀要（教育学部）教育科学』第41巻第1号，1992年，47-54頁による四川省の障がい者事業の現状についての紹介と白崎研司「中国の障害児の教育的対応―親が作った障害児の訓練センター―」北海道教育大学『年報いわみざわ―初等教育・教師教育研究―』第24号，2003年，19-24頁による北京市の自閉症児童の問題に対応するために親が作った訓練センターについての紹介がある。

2）吉利宗久・原本昭夫「中国における特殊教育の発展―福祉思想の淵源と現代特殊教育の勃興―」『京都教育大学紀要』第101号，2002年は，中国の春秋時代からの福祉思想の淵源に遡って，近代における特殊教育の台頭を経て，現代特殊教育学校の設立と量的発展について考察し，特に，障がい児の就学率と教育の場の保障について論じた；真殿仁美「中国における障害児教育形態の改革―単独から多様化にむけて―」全国障害者問題研究会『障害者問題研究』第31巻第3号，2003年は，1980年代以降における義務教育段階の中国の障がい児教育に関する改革について考察し，主に特殊教育学校を主体とした単独の障がい児教育から多様な教育形態の実施への変化について論じた；趙京玉「中国の農村地域における就学前随班就読の実情と課題について―吉林省図門市を中心に―」『広島大学大学院教育学研究科紀要』第3部第58号，2009年は中国の農村地域に焦点を当て，「随班就読」と言われるインクルーシブ教育の実情と課題について論じた。

3）日本では障がい者の教育は「特別支援教育」と称されるが，本章においては，中国の障がい者の教育と教育施設などに関しては，すべて「特殊教育」，「特殊教育学校」など，中国の名称をそのまま用いることにする。

4）凌蘇心「中国大陸二十世紀九十年代特殊教育研究総述」『中国特殊教育』第27号，2000年，1-4頁。凌のまとめた現状から，1990年代において特殊教育に関する掲載論文は1000本近くあるうち，特殊教育の基本理論，教育内容，障がい児の心理，随班就読，就学前教育，職業教育，教員養成，教材・カリキュラムづくりと国際動向等多岐にわたるが，ほとんど障がい児童の教育に限定していた。職業教育のなかでもカリキュラムづくり，教育方法，教員養成と教育効果についての議論がほとんどであった。

5）馮雯雯「全納性職業教育―我国職業教育発展的精神需求―（インクルーシブ職業教

育―我国職業教育発展のニーズ―)」『職教論語』第 15 号，2008 年は，障がい者を含めた失業者の就労，ジェンダー等の視点から，職業学校と社区教育という両方面からなるインクルーシブ職業教育を構想している。全桂紅「学校，社区合作推進智障人士終身教育的研究(学校・社区の連携を通した知的障がい者の生涯教育の推進に関する研究)」華東師範大学修士論文，2011 年は，上海市を事例に，学校と社区が連携して障がい者の生涯教育の実現と社会的統合を促すことについて論じている。

6) 日本・東アジア社会教育研究会『東アジア社会教育研究』第 14 号，2009 年では，中国社区教育に関する調査ノートにおいて「陽光の家」について触れられている。

7) 末弘絵美子「境界身体障害者の就職活動に関する事例研究」『中国四国教育学会教育学研究紀要』第 46 巻第 2 部，2000 年。

8) 中華人民共和国国務院令第 161 号「残疾人教育条例」1994 年 8 月 23 日公布。2017年中華人民共和国国務院令第 674 号により改訂。「条例」と呼ばれる法律は，「法」と呼ばれる法律と立法のプロセスが異なるが，全国的に通用できる法的権力を持つ。「法」は全国人民代表大会会議の審議を通して定立されるが，「条例」の場合は，国務院の審議を通して，「法」となる以前の臨時的・試行的なものとして位置づけられる。「法」は「条例」より法的効力が大きいが，中国の法制度の整備はまだ不完全な状況にあり，「法」より「条例」の数が著しく多い。

9)「随班就読」と言う。

10)「中国残疾人事業五年工作綱要(1988 年〜1992 年)」国務院発，1988 年。

11) 真殿仁美，前掲論文，2003 年。

12)「国務院辦公庁転発国家教委等部門『関於発展特殊教育的若干意見』的通知」国辦発(1989)21 号。

13) 王桂香「培智学校社区導向職業教育課程的研究(培智学校における社区職業教育カリキュラムの導入に関する研究)」『現代特殊教育』第 8 号，2003 年；蘆天慶「上海市智障人士就業問題研究(上海市知的障がい者就職問題研究)」華東師範大学修士論文2008 年。

14) 王桂香，前掲論文，2003 年。

15)「国務院批転中国残疾人事業"八五"計画綱要的通知」国発(1991)72 号；「国務院批転中国残疾人事業"九五"計画綱要的通知」国発(1996)15 号。

16) 民政部，中国障がい者連合会等 14 部門「関於加強社区残疾人工作的意見」残連辦字(2000)142 号。

17)「国務院批転中国残疾人事業"十五"計画綱要的通知」国発(2001)7 号。

18)「国務院批転中国残疾人事業"十二五"発展綱要的通知」国発(2011)13 号。

19)「国務院批転中国残疾人事業"十一五"発展綱要的通知」国発(2006)21 号。

20) 上海市知的障がい者「陽光の家」指導センター http://www.shdisabled.gov.cn/clinternet/platformData/infoplat/pub/disabled_132/ygzjshouye_13103/ (最終閲覧日2011 年 8 月 28 日)。

21) 上海市"陽光之家"優秀訓練方案集編集委員会編著『上海市"陽光之家"優秀訓練方案

集』上海科学普及出版社，2010 年。

22）「関於本市智障人士"陽光之家"規範管理的指導意見（試行）」沪残連（2006）18 号。

23）H「陽光の家」の責任者 C さんへのインタビューによる（2013 年 12 月 19 日実施）。

24）通所している者は成人であるが，職員や教師たちは彼らのことを「子ども」と呼んでいる。

25）H「陽光の家」の教師 D さんへのインタビューによる（2013 年 12 月 20 日実施）。

26）同上。

27）同上。

28）前掲註 23。

29）同上。

30）同上。

31）同上。文中で言及されている昼食代は 1 ヶ月 50 元（2018 年 11 月 1 日現在，約 850 円）である。

32）区障がい者連合会の職員 E さんへのインタビューによる（2013 年 12 月 26 日実施）。

33）現地調査資料：黄浦区残連「上海市黄浦区残疾人職業康復援助労働項目簡介」（2013 年 4 月）による。

34）前掲註 32。

35）同上。

36）同上。

37）同上。

38）同上。

39）同上。

40）同上。

41）新保敦子「中国における社区教育の現状と課題—上海の社区学校に焦点を当てて—」『早稲田大学教育学部学術研究（社会・生涯教育学編）』第 54 号，2006 年，1-11 頁。

第7章　香港の社区における青少年の就労・自立支援

　本章は，旧植民地であった香港が返還された後，植民地時代の社会制度を継承しつつ，中国大陸地区と異なるシステムの下でいかに失業問題に取り組んでいるのかを解明していく。

　香港は，「旧植民地」であり，「移民社会」であると特徴づけられている。100年間以上にわたり植民地支配下にあった香港は，中国ともイギリスとも異なる社会的文脈のなかで，第二次世界大戦後の1950年代からの貧困問題，1960年代からの青年問題，1970，80年代の高齢人口の増加，1990年代からの失業問題，2000年代からの新移民問題等々，様々な社会問題を抱えてきた。

　しかし，植民地であったため，これらの問題への対応において従来から政府が果たす役割が大きくなく，主として民間団体が活躍してきた。自由放任主義と市場競争に基づく社会政策は，経済発展が主となり，社会政策が従となる形で現れており，全国民の労働と経済発展が最優先されてきた[1]。このような社会政策の展開においては，学校教育と成人教育を問わず，市民個々人の職業能力及び市場競争力の向上に教育の目的が置かれてきたと言える。

　香港の教育状況を考察するには，山田美香の研究を欠くことができない。日本占領下，植民地として愚民化政策が行われてきた場所である香港の教育に着目する山田の研究が多数あるなかで，1970年代から1980年代にかけて小中学校の義務教育化に伴って出現した子どもの教育問題に対して，政府，教会，団体がどのように対応していったのかを考察したものがある。山田は，特に「不良少年」への教育対応がいかに正規教育制度に組み込まれたのかと

いうところに着目している[2]。

　歴史だけでなく，山田『公教育と子どもの生活をつなぐ』(風媒社，2011年)
は，香港の現在の教育状況を把握する上で重要な文献となる。同書は香港の
学校調査をもとに，児童生徒中心主義の福祉的な教育政策の土着化について
述べるものである。同書は，問題行動を起こす生徒にも着目し，訓育，補導，
スクール・ソーシャル・ワークなどによる校内での予防的なケア，及び教育
局管轄の訓育学校，社会福利署管轄の少年福祉機関，懲教署[3]管轄の矯正機
関，非政府組織など，学校以外の機関と学校とが連携して問題行動を起こす
生徒に教育を行うモデルを複数用意していることを解明している。

　山田は，「学校のみが独立して問題行動を起こす生徒の教育を行うのでは
なく，社会資源が分散されている点が香港の特徴」とし，香港の豊かな民間
の資源が「教育行政の支援の不足を埋めることに成功している」と述べてい
る。その際，「民間の資源」として大きな役割を果たしているのは宗教団体
を中心とする NGO である。「香港では，天主教，キリスト教団体が積極的
に地域と青少年を結びつけ，独自に青少年向けの活動を行ったり，地域や警
察と密接に連絡を取り活動を行い，少年犯罪予防に一役担っている。また，
日本ではなかなか難しい家庭訪問，保護者支援なども可能な限り行ってい
る」と非政府組織の役割を評価している[4]。

　しかし，山田の研究はあくまでも学校教育に拠点を置いており，学校を基
盤にして福祉的な教育制度・政策を構想している。そのために，学校で問題
を抱える生徒を支援するためのスクール・ソーシャル・ワーカーの役割及び
それと学校外の一般的なソーシャル・ワーカーとの連携を含めて評価してい
るが，青少年の生活の場は必ずしも学校に限定されるわけではない。学校か
らドロップアウトした，あるいは学校を卒業して社会に出た青少年も様々な
困難を抱えており，彼らに対しては異なるアプローチが必要となるだろう。
彼らにとって，学校以外の空間で行われるユース・ワークなどの活動は，学
校教育を補完する役割のほか，居場所としての独自の意味を持つと考えられ
る。

　そこで，本章は，まず香港における青少年を取り巻く環境，問題状況を踏

まえた上で，非政府組織の役割を通じて香港の社会政策と成人教育・生涯教育の特質について解明する。その後，筆者が2014年1月に行った現地調査，主に青少年活動施設の責任者とソーシャル・ワーカーに対するインタビュー調査に基づき，非政府組織による青少年支援の実態解明をしていく。特に，低学歴青年の失業と生活問題を解決するための就労支援に重点を置く。インタビュー調査に際して，主に以下の3つのカテゴリーから課題の解明にアプローチした。

(1) 施設の性格について
　　・規模，職員，財政
　　・政府機関との関係

(2) 教育活動の内容，対象者について
　　・日常的な教育活動の内容，対象者
　　・地域の主な課題とそれについての対応
　　・失業・無業の青年に対する教育的支援活動

(3) ソーシャル・ワーカーの役割について
　　・青少年支援の目的，理念
　　・学校との連携活動
　　・青少年支援，若年失業・無業者支援における課題

　以上を通して，青少年の発達環境がいかに複合的に構築されているのかについての実態を明らかにする。家庭の貧困，学校の中退，不安定な就労環境に置かれるなど，青少年の貧困状況を改善し彼らが社会的弱者にならないように，行政機関，学校や非政府組織などがいかに環境整備を進めているのかについての考察を通して，中国における就労・自立支援のもう1つのモデルを描き出すことを試みる。

第1節　香港における青少年問題

　戦後の1970年代には社会秩序が混乱しており，青少年の非行問題が急激に増えるなか，問題を抱える青少年に対するユース・ワークが盛んになっていた。当時の香港のユース・ワークは広範囲にわたって多様なものが出揃っていたとはいえ，「低所得層地域の青少年，学校脱落者，勤労青少年，社会的および身体的に無能力の青少年，非行のある者，バーの少女，手の届かないところにいる者たち」への効果的なサービスが課題として指摘された[5]。その背景には，当時のユース・ワークを発展させることに主たる責任を持つ機関は厚生局であり，教育局の活動は「主として体育課，成人教育・レクリエーション・センターおよび夏期レクリエーション活動を通じてのもの」[6]など，学校で行われるものの補足に限定されていたことが考えられる。

　このような1970年代からすでに存在していた青少年をめぐる問題状況は，今日に至ってどのようになっているのだろうか。本節では香港における青少年問題を概観し，なぜ青少年支援が必要とされているのか，また，どのような支援が必要なのかを解明していく。

7.1.1　青少年犯罪

　香港は都市化，工業化，西欧化の過程のなかで1960年代から社会の崩壊が急速に進み，当然ながら青少年にも影響を与えていた。「暴力犯罪，徒党を組む行動，麻薬の常用，逃亡，売春および自殺がふえていて，その数はおそらく青少年人口の自然増を上まわる」[7]と考えられていた。特に世界で最悪の麻薬問題を抱えている地域の1つだと言われるほど，麻薬常用者が多かった[8]。このような青少年の非行は今日においても多く見られる。下記の図7-1に示されるのは近年の非行によって逮捕された青少年の人数である。一見して青少年犯罪の件数は減少傾向にあるように読み取れるが，近年の香港の少子化の進展も考慮せねばならないだろう。

　香港の問題状況について論じた黒川の指摘によれば，青少年の犯罪行為は

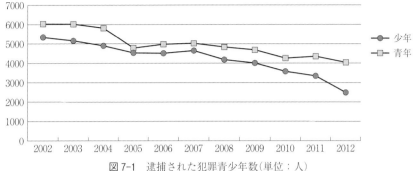

図 7-1 逮捕された犯罪青少年数(単位:人)
出所:香港小童群益会『香港児童統計数字 2013』42 頁。
＊香港では, 15 歳以下が少年, 15-24 歳が青年と規定される。

難民の再定住地に著しい。それは,「一定の地域特に再定住地域では, 地域社会の結合力と伝統的な統制とが弱まっているため」と考えられた。そこで, 大規模な地域社会開発計画が必要となり, 特別警察とソーシャル・ワークあるいはユース・ワークの観点に立った取り組み方が要請されるのだと指摘された[9]。

1970 年代以降, 行政部門もそれらの課題を重視し始め, 社会福利署[10]が青少年施策を策定し, 非政府組織と連携しながら青少年問題について取り組んできた。特に, 青少年犯罪の増加を背景に始まったのはアウトリーチ・サービスである。その取り組みについては第 3 節で詳述する。

7.1.2 就労問題

1990 年代から, 特に 1997 年のアジア金融危機の後, 香港において失業問題が深刻化した。2013 年に香港全体の失業率は 3.5 パーセントと高くなかったが, そのうち 15〜24 歳の青年失業率は 9.1 パーセント, さらに 15〜19 歳の青年失業率は 16.7 パーセントであるように, 青年の失業問題は非常に深刻な状況にある。このような高い数値でさえ近年改善された結果であり, 2003 年のピーク時において 15〜19 歳の失業率は 37.6 パーセント(2 万 8200 人)であった[11]。一般的に 19 歳で高校を卒業することを考えると, これらの失業青年は中卒, または高卒であり, いわゆる低学歴青年であることがわか

る。

　2002年に香港天主教労務委員会と香港理工大学とが青少年の学校から仕事への移行に関する共同研究を行い，低学歴青年が就職する際の困難な状況について解明している。学校から離れた15〜19歳の無業青少年20名に対するインタビュー調査によると，①学歴が低いこと，②仕事経験がないこと，③家庭の経済的なプレッシャーがないことによる就職動機のなさ，④コミュニケーション能力のなさ，⑤研修費用が高いことの5点が彼らの雇用可能性（employability）が低い要因として挙げられている[12]。また，彼らが就職する手段としては，主に友人の紹介に頼ることが多く，正式のルートで職に就けることはほとんどなかった[13]。同調査では，彼らが就職できた場合でも，パートタイムの仕事が多く，収入が低い上に社会福祉保障がないため，彼らは働きがいを感じられず，将来が見えないことが明らかにされた[14]。

　長期の無業・失業，または低階層での仕事に限定されることは，彼らの生活困窮をもたらすほか，自己評価が低いことの原因にもなっており，それは，青少年の非行，犯罪，自殺などにもつながるという点が指摘された。1970年代初頭の報告によれば，青少年自殺の要因は主に生活費が高すぎること，仕事を見つけるのが難しいこと及び生活の目的が欠如していることにあった[15]。それは今日的な状況にも共通していると言えるだろう。前述の2002年の調査で特に指摘されたのは，調査対象となる青年は学校から仕事への移行においてキャリアプランがなく，学校からでも家庭からでも何らかの就職に関する支援を受けていないことである[16]。学校教育の知識偏重，就職指導の不足が青少年の就職困難の要因として考えられる。つまり，彼らに対して就職に関わる再教育が必要であると言えよう。

7.1.3　移民問題

　香港は古くから移民社会として知られていた。さらに近年では都市化および少子高齢化の進展により，1990年代から中国大陸地区や東南アジアからの移民労働者が著しく増加し，従って移民の子どもの数も急増している。1991年の約10万人から2001年のピーク（18万3026人）を経て，その後年々

減少する傾向にあるが，2011年でも10万7273人と，子ども全体数（107万2000人）の10分の1を占めており，依然として非常に多い状況にある[17]。移民家庭の子どもの多くは貧困地域に居住し，親はほとんど社会的に底辺労働に従事しているため，彼らの面倒を見る余裕がない状況にある。また，親の教育レベルが低いため，家庭内で子どもに十分な教育を行うこともできない。このような状況のなかで，移民家庭の子どもたちの学校への適応問題や非行，犯罪などに巻き込まれるリスクが高く，彼らの教育問題は近年香港の新たな課題となっている。

　また，香港返還前後の規制緩和により，2000年代初めから新移民家庭の子どもの教育問題も喫緊の社会的課題となった。新移民の子どもとは，親の両方あるいは片方に外国人または大陸地区出身者，かつ，香港の永住権を持っている者がいる子どもを指す。これらの子どもは永住権を持つが，ほとんどは香港以外の地域で育ち，香港の社会や教育の環境をよく知らないまま，香港に戻って学校に入る者が多い。

　香港返還後においても「一国両制」の原則の下で高度な自治と司法の独立が保たれており，香港で生まれた者は従来通りに香港人として永住権が認められ，社会福祉サービスを受けることができる。それによって1997年頃から大陸の妊婦による香港出産ブームが生じた。2011年と2012年のピーク時は年間それぞれ3万5700人と2万6700人が生まれた[18]。しかし，両親が香港での永住権を持っていないため，出産後に親と子どもとともに大陸に戻って生活することになる。これらの子どもは大陸地区で育つが，入学年齢になると香港の学校に入学することになる[19]。その結果，2004年頃から大陸地区からの通学者が急増し，幼稚園と小中学校合わせて，2004年の約3800人から10年間で約3倍近く増加した[20]。2013年に，大陸地区からの妊婦の入院を制限する政策が打ち出された後，出生数は激減したが，それまでに生まれた子どもたちに対する対応は学校にとって依然として大きな問題が存在していると言える。

　具体的に言えば，入学者の急増が教育資源の不足をもたらすほか，これらの子どもたちの両親は大陸で働いて生活しており，生活基盤が基本的に大陸

にあるため，子どもたちが深圳―香港間を毎日通学しており，片道約1〜2時間の通学時間が必要である。通学時間が長いことにより，これらの子どもたちは放課後，すぐに家に帰らなければならないため，ほかの子どもたちと交流する機会がなく，課外活動にも参加しにくい状況にある。香港青年協会の研究によると，これらの子どもが抱えている最大の問題は，「英語の授業についていけない」，「疲労」，「宿題をやる時間が足りない」という3つである[21]。

　近年，新移民の子どもに関わる問題状況について，様々な新たな対策が出されている。例えば，学校では特別のカリキュラムを設けて特別指導を行っており，学校外のコミュニティ施設であるユース・サービス・センターも子ども向けの放課後クラスなどを設けている。言語をはじめとする様々な学習指導や子どもたちと一緒にゲームやグループ活動をしたり，子どもの家庭教育と学校教育を補完する役割を果たしている。

　しかし，大陸地区からの通学児童の場合は，ユース・サービス・センターの活動への参加が難しい現状にある。前述の香港青年協会の同調査によると，彼らが民間，あるいは非政府組織の補習クラスや趣味クラスに参加している割合はわずか16.8パーセントであり，不参加の約半数は「家に帰るのに時間がかかるため，参加する時間がない」ことを原因としている。このような状況では，スクール・ソーシャル・ワーカーが果たす役割が大きくなると考えられ，これらの子どもの問題を早期に発見し，対応することが求められてくると言えよう。なぜなら，学校への不適応やほかの子どもとの交流が少ないといった困難な状況を抱える子どもたちは，学校からドロップアウトする可能性も大きくなるだろう。なんらかの学歴を取得しないまま社会に出てしまうと，将来的に就職や自立にも困難を抱える可能性が大きくなってくると予想されるため，早期の対応が必要となると考えられる。

第2節　香港の成人教育と非政府組織の役割

　青少年問題に対応するための措置に関して，本章の冒頭でも言及している

ように，非政府組織やソーシャル・ワークの果たす役割が非常に大きい。香港における青少年問題の対応は具体的にどのように取り組まれているかについて実態を考察する前に，本節ではまず香港の社会政策の特質と成人教育の仕組みを通して，香港における非政府組織の役割を明らかにする。

7.2.1 香港の社会政策

香港の社会福祉事業は，民間の慈善活動や社会救済活動から始まった。第二次世界大戦後，難民等の新移民の急激な増加によって，貧困，就労，住宅，犯罪など様々な社会問題が噴出した。植民地政府が不関与の立場を取っていたため，社会問題への対応は主に華人のボランティア団体や宗教団体が行っていた。これらの民間団体は長い間，国内外の募金によって活動を維持していた。当時の社会福祉サービスは主に救済活動であった。例えば，1870年代に成立した華人団体の「東華三院」や「保良局」が医療活動や婦人と子どもたちの保護活動を行っていた。また，18世紀に海外から渡ってきた「聖公会(HKSKH)」や「明愛(Caritas Hong Kong)」などの宗教団体も大きな役割を果たし，現在でも香港の社会福祉サービスの主な提供者として活躍している。

1960年代に入ってから，急速な経済成長が政府の福祉事業への関与を可能とし，香港政府が社会福祉事業に関与し始めた。その背景には，①人口の急増や市民の生活環境の改善と社会福祉サービスへの要望，②経済成長による貧富格差の拡大に起因する貧困層の暴動の発生，③海外の募金がベトナムなどの戦争地に流入し，民間団体が経費不足のため維持が困難であったことが挙げられている[22]。社会秩序を維持するために，1965年に『香港社会福利工作之目標与政策(香港の社会福祉の目標と政策)』という白書の発表によって，政府による社会福祉事業が始まった。その主要な責任部門が1958年に設立された社会福利署とされたほか，医務衛生署，教育署，労工処などの部門も関わっていた。この時期の福祉活動の性格は救済活動からフォーマルな社会福祉サービスへと変わっていった。

1966年と1967年には香港で暴動が起きており，政府の調査報告書によれ

ば，その参加者の多くは25歳以下で，低学歴，低賃金，居住環境が悪い青年であった。社会の安定を維持し，青少年の犯罪を減少させるために，政府は青少年の問題を重視し始め，青少年の活動の場を提供するためのユース・センターやコミュニティ・センターなどを次々と設立した。つまり，この時期に政府によって制度化された社会福祉サービスはユース・ワークを中心に開始したと言える。これらは現在でも続いており，様々な青少年のための活動施設が200カ所以上に及んでいる。

　この時期の政府は政策の制定以外に，民間団体への財政支援も行うようになった。1970年代以降，経済のさらなる成長により，市民の生活水準が高まり，社会福祉サービスへの要望が多様化してきた。青少年や高齢者の人口の増加等の背景の下，1973年から1991年の間，政府が3つの社会福祉サービスに関する白書[23]を発表し，政府による社会福祉事業がユース・サービス（アウトリーチ・サービスとスクール・ソーシャル・ワーク・サービスを含む），高齢者サービス，家庭サービス，コミュニティ・サービスなどへ広がってきた。特に，当時の政府がコミュニティを重視し始め，「関わり合う」，「助け合う」社会を作ろうとする政府の方針が非政府組織による社会福祉サービスの方針と一致し，政府が非政府組織と連携関係を持つようになった。このようなイギリス型の政府と非政府組織との連携関係は現在も続いており，香港の社会福祉体制の基本となっている。政府が社会政策の基本方針を制定した上で，財源を提供し，実際のサービス機能を担うのは非政府組織となる。

　現在，香港における社会福利署の管轄の下で制度化されている社会福祉事業は大きく2つに分けることができる。1つは，社会保障制度であり，総合社会保障援助制度（日本の生活保護制度に相当するものである）に代表される現金の支給による経済的な救済制度である。もう1つは，非政府組織によるソーシャル・サービスである。具体的には，家庭と児童福祉サービス，臨床心理サービス，医療保健社会サービス，リハビリテーション・サービス，高齢者サービス，ユース・サービス，違法者サービス，コミュニティ発展サービス等がある。

　香港の社会学者の周によれば，香港の植民地経験を有する独特な性格によ

り，その社会福祉は福祉国家の社会福祉と異なる性格を有している。香港の
社会政策の目標は，社会福祉サービスを通じて個人の問題対応能力，いわゆ
る自助の能力を高めることにある[24]。従って，非政府組織が行う社会福祉
サービスも，被支援者の尊厳や自信を重視し，彼らの持続可能な能力の生涯
にわたった開発に重点を置いた支援を行っている。このような基本的な姿勢
から看取できるのは，香港の社会的弱者の能力開発に重点を置く支援の仕方
は個々人の生涯発達を目的とする成人教育，生涯教育の領域と密接な関連を
持っているということであろう。従って，香港の社会政策を構造的に理解す
るために，成人教育についての検討は欠かせない。

　前述のように，香港政府は社会政策においても経済発展政策と同じように，
自由放任主義に基づき「積極的不関与」の立場を取っており，財政的な支援
を行うが，事業の実施を基本的には民間団体に委ねる方針である。成人教育
の実施もほとんど同じような形式で行われている。以下では，香港の成人教
育の展開と非政府組織の役割について考察していく。

7.2.2　香港の成人教育

　香港の成人教育は，学歴や資格を取得するための継続教育を中心に行われ
てきた。植民地時代からのエリート教育政策の下で，高等教育を受ける機会
はそれほど多くなかった。1980年代半ば頃，大学進学者は全体の5パーセ
ントにすぎなかった[25]。多くの若者は義務教育，あるいは後期中等教育[26]を
終了した後，社会に出て働くことになる。しかし，市場競争主義の下で，彼
らは就職した後，働きながら成人教育を通して新しい職業資格や学歴を取得
する場合が多い。

　こうした背景の下で，香港のほとんどの大学では成人教育課程が設置され
ており，成人教育課程に通う学生は一般課程の大学生よりも人数が多い状況
がある[27]。進行する学歴社会，激化する市場競争や急速に変動する産業構造
といった社会背景の下で，成人教育は労働者の昇進や転職のための教育に大
きな役割を果たしてきた。近年では学校中退者や失業者等が改めて学歴や職
業資格を取得し生活水準を改善できるように，政府が経済的困窮者のための

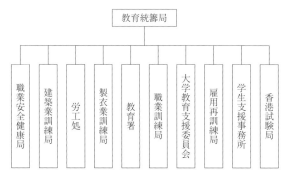

図 7-2　香港教育統籌局組織図
出所：単文経，鄭勝耀，曹常仁著『香港教育』商鼎文化出版社，2000 年，34 頁。

成人教育に資金援助を行っている。これらの政策は新移民者の就労にも大きな役割を果たしている。

　近年の世界中の生涯学習思潮の高まりに伴い，返還後の香港においても 1999 年以降に生涯学習システムの構築への道に進んだ。2000 年に，香港教育局が教育改革報告書『生涯学習・全人的発達』を公布し，生涯学習システムの構築を中心とする教育改革を進める方針を打ち出した。この教育改革は，小中学校等の学制改革についても検討したが，生涯学習に関しては特に高等教育，継続教育と在職学習を重視すると強調した。同報告書によれば，香港の生涯教育体制の基本的な方針は，市民の個々人が人生のあらゆる段階で継続的な学習を通して知識を習得し，個人の競争力を高めることである[28]。つまり，香港の生涯教育体制は，成人の継続教育，特に高等学歴教育に重点を置き，市民の働く場での自立と成長を重視している。その方針を受け，普通教育と継続教育，また多様な教育機関を貫く学歴と資格の認定体制が策定され，2008 年に「資歴架構（学歴と職業資格の相互認定）」システムが構築された。

　当時，香港の教育行政組織のなかで，教育統籌局[29]が設置されており，学校教育だけでなく，産業教育，職業訓練等に関わる教育も教育統籌局の下に統合されていた（図 7-2）。このような行政体制からも，教育システムにおける職業教育の重要な位置づけが看取できる。つまり，香港の生涯学習シス

テムの構築を中心とする教育改革が目指すことは，主に2点あった。1つは，学校教育と学校外教育とを統合した生涯教育体制の構築であり，もう1つは，市民の職業的自立である。

一方で，職業資格や学歴のみならず，市民の生活が豊かになるにつれ，高齢者や主婦などの一般市民のなかでは生活に関わる教育のニーズが高まり，余暇教育，教養教育なども幅広く実施されるようになった。こうした一般住民の生活に即した，または生活課題の解決に向けた教育内容が広がるにつれ，非政府組織によるコミュニティをベースにした成人教育の活動が増えてきた。実際の成人教育施設も「社区教育」へとその名称を変える傾向がある。

香港で成人教育を行う機関は，大学を主とする高等教育機関のほか，企業，慈善団体などが設置する教育機関も多数ある。大学がこういった大学以外の教育機関と連携し，カリキュラムを作ることや研修を行うことも多い。ここでは，従来から福祉行政や労働行政などの多様な行政部門と関わりながら，市民の多様な教育の機会を提供してきた，香港で最も規模の大きな非政府組織が運営する「明愛社区・高等教育サービス」を事例に，成人教育機関における実際の教育活動に関する考察を行う。

「明愛社区・高等教育サービス」(旧称：「成人・高等教育サービス」)は1963年に設立された，香港における教育サービスを提供する最も大きな機関の1つである。設立当初は，主な教育内容は家政や秘書等に関する技能訓練であった。つまり，女性の自立を支援するための取り組みを中心に行っていたと推測できる。1966年に初めての「成人教育センター」が設立され，全日制の成人教育課程や非識字者のための成人基礎教育課程などが設けられていた。2000年の教育改革で打ち出された生涯学習や学習社会の理念が公共政策として実行されていくなかで，明愛が非政府組織として積極的に政府と協力し，その推進に貢献してきており，市民に開放的な学習のルート，及び多種多様な学習内容を提供してきた。表7-1は現在，「明愛社区・高等教育サービス」が行っている教育プログラムである。

「明愛社区・高等教育サービス」は，長年の間に大きな発展を遂げ，国内外の学校，大学，成人教育協会などの教育関係機関や企業と連携関係を作っ

表 7-1 「明愛社区・高等教育サービス」のプログラム一覧

プログラム	概要
高等学歴課程	高等教育の学歴を取得できる教育課程
副学士課程	副学士の学歴を取得できる教育課程
「毅進」学歴課程	新学制*での高校3年の中退者と満21歳の成人を対象とし，高校卒業に相当する学歴を取得できる教育課程
二年制高等教育学歴課程	新学制*での高校中退者や，旧学制*での中学4，5年目の中退者，「毅進」学歴課程を修了した者を対象とする。専門知識の伝授と養成訓練を重視し，進学や就職のための基礎知識の習得を目的とする。
専科証書学歴課程	旧学制*での中学校5年目を修了した者を対象とする。専門的な知識や訓練を提供する。
高校教育課程	中学校4〜7年までの高校レベルの正規教育課程
応用学習課程	高校教育課程の選択科目であり，中学校5，6年生が趣味や志望により選択する。職業能力を獲得し，実践から基礎理論と概念を学ぶことを目的とする。
継続研修基金認定課程	政府の継続研修基金による産業人材を養成するための成人の継続学習課程である。旅行，物流，金融サービス，ビジネス・サービス，デザイン，国文，クリエイティブ産業とコミュニケーションなどの領域がある。
アウトリーチ課程	個別の団体や機関のニーズに応じて，職場に出かけ，職員の向上訓練やキャリア開発の教育を行う。
雇用再訓練局「人材発展計画」	産業人材の養成のための再訓練プログラムである。企業と雇用ネットワークを形成し，就職ネットワークや就職のための教育指導も行っている。
技能向上課程	労働者の技術水準を高め，産業転換に適応する労働者養成，職業観の養成を目的とする。飲食，物業管理，保険と不動産業の専門分野が中心である。
「展翅」青年見習計画	労工処による若者支援プログラムである。職業志向を明確にし，就職の競争力を高めるための就職指導，就職前の養成訓練，職場内外の向上訓練を行う。15-24歳で副学士以下の学歴を持つ者を対象とする。
校本課程[30]	教育局による小中学校の教育改革の一環である。多様な学習ニーズに応じた補習クラスや各種のフォーマルやノンフォーマルな教育活動を行っている。
夏休み学習課程	小中学生を対象とし，一般的な学校教育科目のほか，イギリスでの英語学習や中国大陸地区での標準語学習等を行う。趣味教養に関する課外活動も行われている。
「博雅」課程	早期学校中退者を対象に，生活の質的向上のための養成訓練や余暇教育活動である。
労工福利局「成人教育支援計画」	早期学校中退者，労働者，新移民者，保護者，退職者や転職者を対象とする基礎教育，新移民者適応教育，就職や生活技能教育，夜間中学教育等，広範にわたる。
「長青」学院	高齢者を対象とする生涯学習プログラム
マイノリティー言語課程	民政事務局との連携による，移民を対象とする中国語，英語教育

出所：明愛社区・高等教育サービスHPより筆者作成。
http://www.cches.edu.hk/chi/main_page/index.aspx (2014年12月2日最終閲覧)
*香港は植民地時代にはイギリスの教育制度に従い，「三二二三制」(中学3年，高校2年，大学予備科2年と大学3年制)を採っていた。中国に返還された後，教育改革が進められ，教育機会を保障し進学率を上げるために2009年から「三三四制」(中学3年，高校3年と大学4年制)になった。

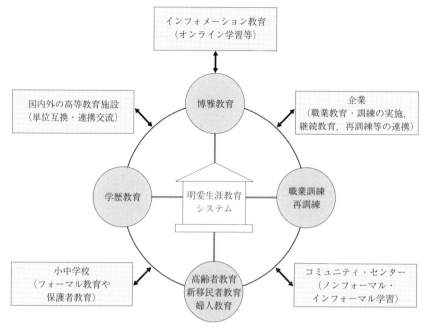

図 7-3　明愛の生涯教育システム構図
出所：明愛社区・高等教育サービス HP より筆者作成。
http://www.cches.edu.hk/chi/main_page/index.aspx（2014 年 12 月 2 日最終閲覧）

てきた。その教育内容は設立当初の簡単な技能訓練と成人基礎教育課程から，あらゆる市民を対象にする非学歴教育や学歴教育を含めた多様な教育内容に広がってきた。その教育内容の分類構図は図 7-3 の通りである。

　学歴教育の場合は，各段階の単位互換制度が整えられており，国内外の高校，副学士[31]から博士学位まで取得することができる。小中学校とも連携しながら，学生の健全な発達や職業生活への準備など，課外活動や，応用学習，言語学習などの学習プログラムを実施している。

　非学歴教育に関しても多様な教育活動を展開しており，高齢者や新移民の文化教養教育，市民教育のほか，教育，民政，労働等の行政部門と連携しながら，新移民者，低学歴者，女性，失業者など特定の対象者に必要な教育を提供している。例えば，表 7-1 に示した「博雅課程」は教育局と連携して進

め，学校中退者を対象に彼らの就職や自立，豊かな生活のための継続教育の機会を提供している。また，民政事務局や労工福利局[32]と連携して，移民者を対象に言語教育などの適応教育を行っている。

「明愛社区・高等教育サービス」の内容からわかるように，香港では成人教育と呼ばれているものは，非政府組織を媒介にしながら，教育局のみならず，労工福利局，雇用再訓練局等の主導によって行われる教育活動も含まれている。そのなかに失業者の職業技能訓練が当然含まれている。また，高齢者，新移民者，学校中退者などの社会的弱者を対象に教育を提供していることからも，香港では，従来の職業能力の向上を中心とする成人教育から，多様な対象に多様な教育内容を提供し，社会や地域課題に即して教育的に対応する生涯教育へと移行していることが見て取れる。このような生涯教育の仕組みは，実際の教育活動を行う主体が異なるものの，大陸地区の社区教育の理念と共通していると言えよう。

以上の体制を踏まえて，次節では，大陸地区の行政主導型の社区教育と異なる，非政府組織による就労支援の実態を考察していく。非政府組織の社会的弱者への支援は一般的に社会福利署の主導によるもので福祉的な観点からのアプローチが多いが，ここでは特に未来の担い手としての青少年に着目し，能力開発という教育的な側面が最も顕著に現れるユース・ワークの支援事例について考察していく。

第3節　非政府組織を主体とする青少年支援事業
——ソーシャル・ワーカーに着目して——

本章の第1節では，青少年の非行，失業，新移民など，近年の香港において典型的に現れる青少年問題について概観した。1990年代以降，青少年問題の多様化と複雑化という背景の下で，社会福利署がそれまでのユース・ワークを統合し，青年期を通じた様々な問題を総合的に支援できるように方針を転換した。新たな総合ユース・ワークは，それまでの非政府組織との連携関係を継続しながら，余暇活動，放課後学習指導，スクール・ソーシャル・ワーク，アウトリーチ・サービス及び家庭サービスなどを総合的に行っ

図7-4 長洲の島風景
2014年1月，筆者撮影

ている。

　本節で事例として取り上げる長洲島は，香港島から約10キロ離れた離島地区である。人口約2.5万人のうち，24歳以下の青少年は約7000人で，居住者の構成年齢が比較的若いコミュニティである。長洲島には小学校が3校，中高一貫制の中学校が1校ある。離島という地域的な特性により，若者をめぐる課題は大きく2つある。1つは，若年の失業者や不安定就労者が多いことである。もう1つの課題は，親が出漁すると長期間不在になることによる，子どもの薬物，非行，犯罪の問題である。つまり，香港の伝統的なコミュニティで存在する青少年問題がこの地域において顕著に現れていると言える。

　よって，本節では島内にあるユース・ワークの施設である「明愛長洲青少年総合サービスセンター」(以下，センターとする)の取り組みに着目し，センター全体の活動に触れつつ，施設担当者と青少年支援に関わるソーシャル・ワーカーへのインタビュー調査を通して，非政府組織による青少年支援の実態を明らかにする。

図7-5 明愛長洲青少年総合サービスセンター入口
2014年1月,筆者撮影

7.3.1 長洲島の若者問題

長洲島は漁業と観光が主要産業となる離島地域であるため,地域内で若者に提供できる就労機会が少なく,観光に関わるサービス業が主な仕事となる。このような仕事は季節によって変化しやすいため,若者の約半数は島外で働いており,島内に残る若者のほとんどはパートタイムで働いている。日雇いの場合も少なくないと言う。

> 若者に提供できる仕事がそもそも少ないです。しかも,観光業に関する仕事は季節性が強いです。例えば,夏には多くて,休日とか多いですが,普段は本当に観光客がいなくて,仕事も不安定ですね。なので,ここの若者は働こうとすると,ほとんどはレストランで働く場合が多い,パートタイムで。例えば,週末に観光客が来るから,1日だけこの(レストランの)仕事があって,パートタイムで雇われて,ほかの時間はまた無業になります[33]。(括弧内筆者註)

第7章　香港の社区における青少年の就労・自立支援　**207**

　上記のセンターの職員が語ったように，若者たちは安定した仕事を求める
には島を出て市内に行くしかない。しかし，モチベーションの不足や金銭面
と時間面の支出などが島外での就職を妨げている。また，長洲島の若者はほ
とんど中卒や高卒である[34]ため，島外に就職しても低賃金労働に従事する場
合が多いことや，島外の社会に対する疎外感などが原因だと考えられる。

　　　1つは通勤時間の問題ですね。中環(オフィスが集中している繁華街)まで
　　本当は30分もかからないですけど，必ずしも中環で就職できるわけで
　　はないから，そこからさらに遠くまで行くと，片道だけでも2時間以上
　　はかかります。しかも，香港は交通費がとても高いですので，計算して
　　みると，毎日交通だけでも4時間をかけて，交通費を除いて残りはほん
　　のわずかですね。だから，パートタイムよりそんなに多くないし，パー
　　トタイムのほうが自由ですし。だから，みんなは外に出て就職するモチ
　　ベーションはあまりないです。(中略)お金の問題だけじゃなくて，地理
　　上の問題で(中略)彼らの人生のほとんどは島内で過ごしているから，外
　　の世界に対してあまりわからないから，島外で就職しようとしても彼ら
　　自身も自信が足りないですね[35]。(括弧内筆者註)

　長洲島の若者をめぐるもう1つの課題は，青少年の性経験の低年齢化と薬
物問題である。地域の半分以上は漁師家庭であり，親の教育レベルが低いこ
とによって，家庭内で子どもを十分に教育してこなかったことにその要因が
あると考えられる。また，親が出漁すると長期間不在のため，子どもたちが
悪環境の影響を受けやすくなり，薬物問題，非行，犯罪が増加することは容
易に想像できる。

　　　中学校1年生から不良に接する機会が急に増えます。特に長い夏休み
　　とか。両親が漁師だと，出漁して3，4日間も家にいないから，子ども
　　たちの面倒を見る人がいなくて，子どもたちは夜中でも出てくるので，
　　悪いことをしちゃうんですね。私たちが以前実施した調査ですが，若い

場合，女の子は12歳でも性経験があります。見てわかるかもしれない
けど，島内での母親はみんな若いですね。(中略)長洲の場合は，薬物問
題が非常にひどいから，子どもたちも誘惑されちゃいますね。特に島は
小さいので，同級生とか薬物に接する人がいれば，すぐに広がるから。
(中略)親たちはあまり教育を受けなかった人たちですから，現代の子た
ちが持っている問題について，親たちは解決できるための資質がないか
らね。だから，センターはこの人たちを助けないといけないです[36]。

　つまり，地区の独特な産業形態や文化環境により，非行，犯罪等の香港に
おける青少年問題がこの地区において顕著な形で現れていると言える。従っ
て，センターは，一般的な青少年活動を行うのみならず，青少年の典型的な
課題に特化して取り組んでいるという特徴を有する。特に，あまり教育を受
けていない漁師家庭における家庭教育を補完する役割も果たしている。

7.3.2　明愛長洲青少年総合サービスセンターの取り組み

　センターは，一般的なユース・センターと同じく，6〜24歳の青少年とそ
の保護者をサービスの対象とする。センターには責任者を含めて，6人の
ソーシャル・ワーカーが勤務している。運営経費は，60パーセントが政府
からの補助金，20パーセントが有料サービス，20パーセントが募金活動に
よってまかなわれている。活動内容は，主に課外指導サービス，アウトリー
チ・サービス，危機介入サービス，職業指導サービス，保護者サービスの5
つの分野である。

(1)課外指導サービスと保護者サービス

　課外指導サービスは，主に小学生を対象とする放課後活動である。学習指
導やゲームなど一般的な活動のほか，学習困難や発達障害を抱える子どもを
対象とする支援も行っている。学習困難を抱える子どもの問題は近年顕著に
現れており，センターが取り組む新たな課題となっている。その要因は主に
2つあると考えられる。1つは近年の学習困難を抱える子どもたちへの政府
による支援政策の拡大により，従来から存在していた学習困難な子どもの問

第7章　香港の社区における青少年の就労・自立支援　　209

題が顕在化してきたことである。もう１つは，香港の近年の少子化の進展により，島外の学校でも子ども数が不足しているため，島内の子どもたちが比較的質の良い島外の学校に入学することが可能となっている。よって，島内に残る子どものなかで学習困難を抱える割合が高くなっていると考えられる。こうして学習困難を抱える子どもたちの課題が顕在化し，センターは特別なサービスを提供することになった。

　学習困難を抱える子どもを対象とする活動には，個人指導とグループ指導がある。センターには「児童遊戯治療室」が特別に設置され，心理カウンセラーとソーシャル・ワーカーがゲームを通じて治療活動を行ったり，学習困難についての講座を開いたりしている。

　学校では専門家を雇って特別な学習支援を行ったりしているが，センターは学校と異なり，学習困難に関する支援の主な目的は，自ら問題解決できる能力を身につけさせることである。つまり，学習効果を上げるよりも，子どもが自らの問題を認識し，情緒のコントロール，ソーシャル・コミュニケーション・スキルなどの特別の訓練を受けることにより，ポジティブな姿勢で自ら適切に対処することである。

　　　実際にこれらの子どもの学習困難そのものについて私たちが貢献できることはあまりないと言ってもいいです。勉強は私たちの専門じゃないですから。私たちにできることは主に子どもたちが自分のことを正しく認識して，自信を持って生活していけるように導くことです。例えば，ここは弱いけど，違う面で強みがあって，できるだけ自分に自信を持つように。長所がわかれば，短所も乗り越える自信が出るかもしれません[37]。

　センターは学校教育を補完するほか，家庭教育を補完する役割も果たしている。例えば，仕事が忙しいなどの理由により子どもの面倒を見られない家庭のために，センターが子どもたちを集めて一緒に料理をしている。それによって，調理を習うことができるとともに，一人で食事することや家に引き

こもることを回避し，居場所や仲間もできる。

　子どもを対象とする支援のほか，親を対象とする支援も行われている。親たちが語り合うためのグループ・ワーク，心理講座やストレス軽減のための健康ダンス教室などがある。特に，学習困難を抱える子どもの親の場合，親自身が子どもの抱えている問題について正しく認識していないため，適切な対応や指導を実施することが困難である。センターは同じ問題を抱える親たちを集め，経験がある親どうしで話を聞くことによって，子どもの問題を正しく認識し対応することを目指して取り組んでいる。「親たちも子どもに対応する時に挫折感を感じる時がありますから，私たちの役割は子どもだけじゃなくて，親たちを助けたり，励ましたりすることも」あるとセンターの職員が述べた[38]。一方で，親を対象とする活動への参加者は近年増えつつあるとはいえ，それほど多くないことが課題として挙げられている。

(2)職業指導サービス

　職業指導サービスは大きく就職指導と職業訓練という2つに分かれている。職業訓練は地域の産業構造に応じて，調理，ドリンクバー・サービス，美容，理容，応用コンピュータ等のクラスが開設されている。センターにはキッチンや美容室など，訓練のための設備が整備されているが，公共職業訓練学校と異なり，センター内の資源が限られているため，体系的な職業訓練を行うことが難しい状況である。

　しかし，センターで職業訓練を行う目的は，技能の習得というより，若者たちに体験させることであると言う。体験によって興味を持つようになれば，それをきっかけにしてさらに学習を深めていくことを目指している。講師はセンターが外部から招聘している場合が多く，できるだけ多様な分野の講師を招聘するように工夫している。それは島から離れたことのない若者たちに，島にあるような漁業やレストランに関わる仕事以外にも様々な職業があることを知ってもらうためである。換言すれば，センターによる就労支援は，若者の見聞を広げることやキャリア意識の変化を重視している。

ずっと島で生活している人たちは，社会に対する認知は違いますね。
島内では漁師ばかりで，レファレンスモデルがないですね。よくツアー
とかもやっています。香港の大学に行ったり，キャンパスを見て，そこ
で夢を見てもらって，そこにいる自分を想像してもらって，モチベー
ションにつなげます[39]。

　就職指導に関しては，進路指導，見習い，面接スキル，就職斡旋等が行わ
れている。それに関する典型的な活動は集団就職活動とソーシャル・スキ
ル・トレーニングである。集団就職活動は，若者にグループで島外へ就職活
動をさせることである。ソーシャル・ワーカーが職業の選択から，服装や面
接スキルなどを支援し，センターが面接のための交通費や通話料などを支
払っている。
　長洲の若者は島から離れたことがないため，外部に赴くモチベーションが
低く，出ていく自信もない。集団で活動することによって，自信がつくため
に，センターがこのような活動を行っている。グループのなかで就職できた
人がいれば，ほかのメンバーのモチベーションも上がる。また，面接が終
わった後に反省会を行い，次の面接に向けグループ内で討論する。このよう
な繰り返しの学習を通して，就職に関する知識や経験を積み重ね，彼らの就
職の意識やモチベーションなどの内面的な変化が促されると期待されている。
　センターの職員によれば，これらの若者が就職することはそれほど難しい
ことではない。課題はいかに仕事を長期的に続けることができるかである。
その要因として仕事がきついことや給料が少ないことも挙げられるが，コ
ミュニケーションの問題による職場環境への不慣れが大きな要因として考え
られている。そのためにソーシャル・スキル・トレーニングが行われている。
仕事に対する責任感を持たせ，職場の上司や同僚とどのように円滑に付き
合っていくのか等のサポートをソーシャル・ワーカーが行っている。仕事が
長く続かない理由には，長期のキャリアプランや目標がなく，働きがいを感
じないことも考えられる。ソーシャル・ワーカーがキャリアプランについて
支援をし，それが次のステップとしての学習や職業訓練につながるように働

きかけている。また，センターは企業や商店等と連携して実習活動を行っている。その主な目的は技能や経験の習得よりも，自分自身の働く際の課題に気づき，それを自ら改善するための方法を見つけてもらうことであると言う。

　　目標は大事ですね。給料じゃなくて，将来どういうふうになりたい，それに向かってどのように歩んでいくかなどを考えることが大事です。そのためにまず自分をわかってもらって，何が好き，何が好きじゃないとか。一番難しいことは，趣味と仕事とどうバランスを取るかです。自分の好きなことがわかっても，それが仕事としてできるのか。(中略)学歴や技能が必要ですから。しかし，多くの人は再教育を受けることには積極的ですね。勉強する意欲はあります。長く続けるための忍耐力は弱いですが[40]。

　一方で，仮に彼らが長く就労を続けられず，短期間の就職であったとしても，彼らにとっては意味があるものだと考えられている。つまり，就職するモチベーションを向上させることが最も基本的なねらいなのである。短期間の就職であっても，収入があることによって，自ら好きなことができるようになり，それをきっかけにより高い目標を目指すようになると期待されている。

　　以前ある人が１月目の給料を全部美容のために使っちゃいました。自分の生活にプランを立てることも大事ですし，それについて私たちソーシャル・ワーカーも後でフォローはするのですが，最初に労働の成果を享受できたらその後にももっとがんばるようになります。彼女は運が悪くて働いていたところは３ヶ月後につぶれたけど，彼女は自分からセンターに来て，ほかに仕事がないかって聞きに来たのです[41]。

(3)危機介入サービスとアウトリーチ・サービス
危機介入サービスとは，薬物，性，タバコ，飲酒等に関わる問題及び徒党

問題[42]への介入・支援活動である。その際，ソーシャル・ワーカーが学校に入って学校と連携して活動を行う場合が多い。例えば，生徒を対象とする薬物濫用を予防するための講座，保護者や教師を対象とする家庭や学校内における青少年指導のための講座などを行っている。学校と連携して活動を行うメリットは，対象となる生徒が集中する環境で行うことができるほか，学校を中心にしてソーシャル・ワーカーと生徒との接点を持たせ，信頼関係を築くための土台づくりができる。

> 社区内の中小学校ともよく連携して活動をしています。学校ではよく薬物とかについての教育活動を行いますけど，それよりも学校の活動を通じて子どもたちが私たちのことを知ることができるんですね。こうやって街で会った時でも話しやすくなるし，悩みがあった時とかも相談に来るから。教育よりはコネクションを作ることがわりと主な目的です。彼らの悩みを知った上で，助けることができるんですね[43]。

ここで役割を果たすのは，センターのソーシャル・ワーカーのみにとどまらず，学校に常駐するスクール・ソーシャル・ワーカーの役割も大きい。スクール・ソーシャル・ワーカーが学校で日常的に学生たちと関わり，問題を抱える学生を早期に発見し支援する体制が整っている。それに加え，学校に派遣されるスクール・ソーシャル・ワーカーが定期的に所属組織に戻り，ソーシャル・ワーカーたちと情報交換を行っている。それによって，学校内外ともに多側面から子どもの状況を把握し，支援することが可能となっている。

すなわち，非政府組織が取り組む主体となることによって，学校内外のソーシャル・ワーカー同士の連絡調整が可能となり，青少年が学校を通じて学校外活動に参加することも可能となる。また，スクール・ソーシャル・ワーカーは子どもたちが離脱しないように早い段階から学校内で支援を行っているが，学校外でのセーフティネットも同時に構築されている。特に，学校からドロップアウトした青少年が関わりがちな薬物問題や徒党問題を支援

する重要な取り組みとして，学校外においてソーシャル・ワーカーによるアウトリーチ・サービスが行われている。

　アウトリーチ・サービスとは，ソーシャル・ワーカーが青少年の集まる地域に出かけ，問題を抱えている対象を発見し，個別の支援を行うサービスである。一般的に高リスクの青少年は自分自身に問題があると思わないため，自ら支援を求める場合が非常に少ない。従って，ソーシャル・ワーカーが対象者にとって安心できる環境に出向くことによって，彼らとの信頼関係を比較的容易に築くことができる。信頼関係が築かれたことによって，彼らが自分自身について語り始め，ソーシャル・ワーカーが問題を把握することができる。また，コミュニティ固有の保守性もあるため，アウトリーチによる個別支援は若者支援において重要なアプローチとなっている。

　　　島はわりと保守的なコミュニティで，問題はありますが，みんな大きい声では言えないですね。早期性行為とか，お酒とか，ドラッグ問題とか，言い出すと政府が怒りますので。(中略)政府の立場ってとても大事だと思いますけどね。隠して言わないと，子どもたちは「これは間違っていないんだ，大丈夫なんだ」と誤解してしまいますから。私たちの希望としては，やっぱりきちんとコミュニティの問題として扱いたいですね。何が正しいか，何が正しくないかとか。でも，コミュニティ固有の文化もありますので，地道に取り組むしかないです。こういう時はアウトリーチが特に重要で，個別にアプローチしていくしかないです[44]。

　問題解決の措置として，ソーシャル・ワーカーが問題を抱える青少年に直接関わって，彼らに代替的な活動を提供している。例えば，同じ趣味を持つ若者グループを結成させ，音楽，ダンス，料理教室などのサークル活動を組織する。その際，ソーシャル・ワーカーはグループのリーダーではなく，彼らが自ら継続的に活動を続けられるように支援する役割を果たしている。

　一方で，アウトリーチとはいえ，小さい島であるため，センターの内と外の境界線はあまり明確でないと言う。それゆえ，日常的に地域の青少年の問

第7章 香港の社区における青少年の就労・自立支援　215

図7-6　センターの楽器，ダンス活動室
2014年1月，筆者撮影

図7-7　左：センターを利用している子ども；右：料理活動用キッチン
2014年1月，筆者撮影

題を発見し，支援することが可能であると職員は認識している。

　　うちではセンター内やセンター外という区別はあまりしないです。スタッフたちは街に出て子どもたちに話かけます。活動の場所もセンターに限らず，学校とか，道端とか，ゲームセンターとか。さっき言った薬物や性行為の早期化は特に注意して取り組む問題です[45]。

　薬物問題であれ，徒党問題であれ，就労問題であれ，地区の独特な産業構造や地域性による生活目標の欠如にその根本的な原因があると考えられる。それは，下記のセンター職員の話からもうかがえる。

この島の問題はここ30年ぐらいずっとありますね。私たちは少しずつ取り組んでいるから、少し改善されています。就職とか、薬物とか、若い子の性行為の問題とか、前からありました。やはりやることがないからですね。島だから、仕事の目標もないし、大した見通しも見えないし。特に女の子の目標は早く結婚できればいいみたいなもんですね。島全体の経済状況が良くなればこのような状況も改善されると思いますが。だから、われわれはよく彼らを組織して島を出て、外の世界を見せるように努力しています。職業訓練とか、仕事にもいろんな可能性があるよというようなことを伝えています[46]。

　つまり、前述のように、島内で生活している青少年は家庭内では職業に関するロールモデルが少なく、また、家庭内でも学校内でも、コミュニケーション等のソーシャル・スキルを学ぶ機会が少ないため、彼らの社会生活が円滑に進まないということが起きている。このような状況のもと、センターのソーシャル・ワーカーが青少年に積極的に関わって、学校教育や家庭教育の不十分なところを補完する役割を果たしていると言える。
　以上、香港のユース・ワークは社会福利署が主導する福祉的な取り組みでありながら、課外学習指導、職業訓練、キャリア・自立支援などの教育的実践が中心となっており、教育がその支援の中核的な要素ともなっていることがわかる。

小　　結

　本章では、香港の社会福祉と成人教育の特質を踏まえた上で、非政府組織が主体となる社会福祉サービスのなかで、青少年の就労・自立支援の実態を考察した。香港の成人教育は、大陸地区の成人教育や社区教育と共通している部分がある。それは、教育の実施主体にいくつかの行政部門が同時に関わっており、福祉サービスに教育的な側面があり、教育に福祉的な要素が組み込まれていることである。このような教育と福祉が媒介しているところで、

個々人の能力開発に焦点を当てた社会的弱者の自立支援が行われている。その典型例としては，能力開発という教育的な側面が最も顕著に現れる青少年の就労・自立支援が挙げられる。

　本章は特に低学歴青少年の生活問題を解決するための就労・自立支援の実態に重点を置いて検討してきた。家庭の貧困，学校の中退，さらに不安定な就労の環境に置かれるなど，青少年の貧困状況を改善し彼らが社会的弱者にならないように，社会福祉行政機関が非政府組織を活用して環境整備を進めている。非政府組織は課外指導サービス，アウトリーチ・サービス，危機介入サービス，職業指導サービス，保護者サービス等，子ども・若者とその両親・保護者とともにサービスの対象として指導・支援を行っている。その際，学習困難を抱える子どもに対して自分自身の状況を正しく理解し対処できるように指導したり，就労困難な若者に対して，職業訓練の実施による技能の習得より若者の職場体験を重視し，それを彼らの今後の就職のモチベーションにもつなげるように指導している。学習困難を抱える子どもであれ，就労困難を抱える若者であれ，成績や就職率を上げるといった一時的な効果を重視するのではなく，ポジティブな姿勢や考え方を養成することが彼らを支援する際の第一の目的であると考えられる。行政支援では容易く評価できる数値的な結果が重視されることと異なり，非政府組織による支援では，被支援者の内面的な変化がより重視されていると言える。それは，彼らの今後の職場での仕事の持続や将来の人生の自立という長期的なスパンでの自立を考える際に有効となるだろう。特に，若者の生活目標の欠如は，就労問題だけでなく，非行など派生的な問題も引き起こしている。言い換えれば，若者への支援がもたらす成果は就職のみならず，若者の健全な発達も期待できるだろう。

　また，非政府組織は学校とも連携しながら，スクール・ソーシャル・ワーカーとソーシャル・ワーカーがコミュニケーションを取りながら，青少年の発達環境を複合的に構築している実態も明らかになった。このようなユース・ワークは青少年の居場所を学校に限定せず，さらに別のキャリアパスを描くように支援している。特に，学校からドロップアウトした青少年にアウ

トリーチ・サービスを通して積極的に関わっている。彼らの抱える問題について早期に解決に取りかかり，彼らが社会から周辺化されないように取り組んでいる。アウトリーチ・サービスは欧米のユース・ワークでは一般的なアプローチとして取り入れられているが，それはアジア地域のなかでは必ずしも一般的ではない。それは，イギリスの影響を受けた香港では，ユース・ワークにおいて長年の間アウトリーチ活動を行ってきた歴史があるからであろう。

　このように，旧植民地の歴史を有する香港では，植民地時代の制度を継承しつつ，歴史的に社会福祉サービスに重要な役割を果たしてきた非政府組織の役割を生かして失業問題に取り組んでいる。大陸地区で民間組織の主体的な活動はまだ盛んではないが，そもそも社区行政のなかで社区教育と社区サービスが容易く連携できる状況から，香港の実践のモデルは今後の社区における各組織間の連携による就労・自立支援に示唆を与えるものとなり得るだろう。

1）黄哲「香港社会工作発展与歴程（香港におけるソーシャル・ワークの展開と経緯）」
　『雲南民族大学学報（哲学社会科学版）』第 26 巻第 6 期，2009 年，17 頁。
2）山田美香「香港の学校における不良少年の戦後史」『アジア文化研究』第 17 号，
　2010 年，49-59 頁。
3）英語では Correctional Services Department と称しており，日本の矯正局に相当す
　る行政部門である。
4）山田美香『公教育と子どもの生活をつなぐ―香港・台湾の教育改革―』風媒社，
　2011 年，323 頁。
5）黒川慧「香港のユース・ワーク（下）」中央青少年問題協議会編『青少年問題』第
　20 号，1973 年，48-52 頁。
6）同上。
7）黒川慧「香港社会の崩壊と青少年」国立国会図書館調査及び立法考査局『レファレ
　ンス』第 23 号，1973 年，89-91 頁。
8）黒川によれば，1960 年代に香港の麻薬常用者は 8 万人，すなわち人口 50 人につき
　1 人の割合であった。アメリカ合衆国における 1000 人に 1 人の割合に比べ，はるか
　に悪い状態にあるとされた。同上。
9）同上。
10）英語名は Social Welfare Department であり，福祉・厚生を管轄する部署である。

第7章 香港の社区における青少年の就労・自立支援 **219**

11）人民日報「做香港青年就業的促進者（香港就業掃描）」2013 年 6 月 6 日（08 版：社会）。http://cpc.people.com.cn/n/2013/0606/c83083-21754766.html（最終閲覧日 2018 年 11 月 12 日）。

12）香港天主教労工事務委員会・香港理工大学応用社会科学系社会政策研究中心『「従学校到工作――一段艱巨的歴程―」香港青少年就業問題研究（「学校から仕事へ―難しい旅―」香港青少年の就業問題に関する研究）』2002 年，6 頁。

13）同上，17 頁。

14）同上，16 頁。

15）黒川慧，前掲「香港社会の崩壊と青少年」1973 年。

16）前掲註 12，18-19 頁。

17）現地調査資料，香港小童群益会「香港児童統計数字 2013」2013 年，5 頁。

18）香港特別行政区教育局ホームページ http://www.edb.gov.hk/sc/about-edb/press/insiderperspective/insiderperspective20130915.html．（最終閲覧日 2017 年 7 月 31 日）。

19）香港の優れた教育資源と福祉制度のほか，香港の永住権を持つ者が大陸地区の戸籍を持っていないため公立学校に入れないことも，子どもたちが越境通学をしなければならない大きな要因だと考えられる。

20）前掲註 17，27 頁。

21）現地調査資料，香港青年協会・青年研究中心『青少年問題研究系列：穿梭両地―跨境学生的学習與成長需要研究―（青少年問題研究シリーズ：コミューター―越境学生の学習と成長のニーズに関する研究―）』2014 年，43 頁。

22）呂大楽『凝聚力量―香港非政府機構発展軌跡―（結束力を高める―香港における非政府機構の発展の沿革―）』三聯書店（香港），2010 年。

23）それぞれ，『香港社会福利未来発展計画（香港の福祉の将来に関する発展計画）』1973 年，『香港社会福利白皮書――進入八十年代的社会福利―（80 年代以降の香港の社会福祉白書）』1979 年と『跨越九十年代―香港社会福利白皮書―（90 年代にわたる香港の社会福祉白書）』1991 年である。

24）周永新・陳沃聡編『社会工作学新論（ソーシャル・ワーク新論）（増訂版）』商務印書館（香港），2013 年。

25）鄔大光「回顧与展望―九十年代香港高等教育―（レビューと展望― 90 年代における香港の高等教育―）」『比較教育研究』第 3 号，1997 年，11-15 頁。

26）義務教育は小学校と中学校の 9 年制教育と規定されているが，2008 年から公立学校による高校教育も無償となった。

27）中国成人教育協会編『中国成人教育改革発展三十年』高等教育出版社，2008 年，952 頁。

28）中華人民共和国香港特別行政区教育統籌局委員会『終身学習・全人発展―香港教育制度改革建議二十一世紀教育藍図―（生涯学習・全人的発達―香港の教育制度改革への意見と 21 世紀の教育ビジョン―）』2000 年。

29）「統籌」は中国語で統括の意味である。

30) School-oriented System の一環である。香港返還後，教育の分権化が進み，「学校本位」の教育制度が構築され，財政，運営，管理等に関する権限は各学校に下ろされた。それによって学校教育に関わるすべてのアクターが学校運営の決定プロセスに関わり，学校出資者，校長，教員，保護者，同窓生等により構成されるインコーポレーテッド・マネジメント・コミッティーが各学校に設置されるようになった。それをきっかけに近年の新移民や大陸地区からの越境通学の子ども，発達障害，情緒の問題等の困難を抱える子どもの増加等，多様化しつつある課題への対応として，学校がインコーポレーテッド・マネジメント・コミッティーの裁量の下で，教師やスタッフの増員，社会団体との連携等を通して，各自の状況に応じて適切な対応を図ることが可能となった。これは，「明愛」が学校の委託を受けて行っている取り組みの1つである。

31) 二年制短期大学に相当する学歴教育である。

32) 英語名 Labour and Welfare Bureau であり，厚生・労働を管轄する部署である。

33) 明愛長洲青少年総合サービスセンターの責任者へのインタビューによる（2014年1月14日実施）。

34) センターの職員によれば，島内の若者の大学進学率は約10％であり，成績が優秀な生徒はほとんど島外の高校に進学することになるという。

35) 前掲註33。

36) 同上。

37) 同上。

38) 同上。

39) 同上。

40) 明愛長洲青少年総合サービスセンターにおけるソーシャル・ワーカーへのインタビューによる（2014年1月14日実施）。

41) 同上。

42) 不良少年が徒党を組んで，不登校，暴力や犯罪を起こすことを指す。

43) 前掲註40。

44) 前掲註33。

45) 同上。

46) 同上。

終　章　就労・自立支援教育の多様性と
　　　　成人教育概念の再提起

第1節　失業問題の複雑化と多様な教育的実践

　本書は，中国の改革・開放政策以降のレイオフ・失業問題に着目し，その問題の解決に向けた教育的支援の実態を明らかにしてきた。社会主義計画経済体制から社会主義市場経済体制へという国家体制の抜本的な変容がもたらす社会変動は，失業という事象に象徴的に現れている。そして，このような失業問題の出現がもたらした影響は，教育領域では成人教育分野で顕著に現れている。本書は，失業問題に対応するための多様な成人教育実践について，実証的な方法を用いて考察し，現代中国の社会主義市場経済体制に基づいた新たな成人教育論の構築に向けた基礎作業を行ってきた。

　第1章では，建国初期の国家経済体制と雇用システムを踏まえ，中国の失業問題が発生する必然性を確認した。また，失業問題の発生と再就職支援を軸に，成人教育の変容を考察し，再就職訓練と成人教育の関係性を考察した。

　計画経済体制下では，企業はすべて国家所有であり，国民の就労の唯一の受け皿であった。国有企業は「単位」と呼ばれており，国民の労働の場のみならず，食堂，商店，学校，病院等を含めて経営し，企業で働く労働者の生活を保障するコミュニティとしての存在であった。社会主義の本質である平等を確保するために，労働者はいわゆる終身雇用制の下で雇われており，ほとんど差のない賃金が支払われていた。また，企業の丸抱えの福祉保障の下で，ほとんど差のない福祉サービスを享受できた。しかし，市場経済体制に

なり，自由競争のメカニズムが導入され，国有企業においても構造改革が進み，企業にとって大きな負担となっていた膨大な数の労働者の社会保障をスリム化するために，生産に直接関わらない部門の外部化及び労働者の減員化が進められた。それが中国の失業問題が発生する最初の兆しであった。

　このような企業の構造的な変革は，従来の労働者のための職工教育を主な内容としてきた成人教育にも大きな変容をもたらした。成人教育制度が設立された当初，それは学校教育とともに生涯教育体系を構築する重要な構成要素であると規定されていた。成人教育制度に関する政策文献を見ると，学校教育は子どもを教育対象とするのに対して，成人教育の対象は文字通りの「成人」というより，「働く者」という意味合いが強いことがわかる。しかし，このような規定は，従来の失業のない社会を前提としており，その後の社会変化に適応できなくなるという課題が浮上した。

　やがて国有企業の改革に伴う「単位」コミュニティの崩壊により，「社区」という新たな地域コミュニティが構築されるようになった。そこで，企業が担っていた成人教育の機能に関してもその再編が進み，社区に受け入れられるようになった。従来の青少年の学校外教育から始まり，社区住民の文化教養を向上させるための余暇教育を中心に展開してきた社区教育は，成人職業教育の部分も吸収して，青少年，成人，高齢者，女性等の多様な対象者に向けた多様な教育内容を保障し，生涯教育・生涯学習の方向へと広がっていった。

　一方で，企業内の教育機関の外部化及び企業再編による失業者の出現に伴い，企業は在職労働者の企業内教育でさえ外部化・個人化するような状況になり，企業から離れた失業者の再就職のための再教育を実施することができなくなった。失業者は労働市場に投げ出され，労働行政部門の管轄の下で，再就職斡旋，再就職訓練等の再就職サービスを受けるようになった。こうして，改革・開放政策以降の労働者概念の解体は失業者カテゴリーを出現させた。その結果，失業者のための教育として再就職訓練が登場し，それが従来の成人教育システムから分離していった。

　他方，その後制度的に再就職訓練が社会の諸教育機関へ委託可能になって

から，教育部門管轄の成人教育機関が失業者の再就職訓練と再び接点が見られるようになった。こうして成人教育領域のなかで，失業者のための教育問題を現代的な新たな課題として捉えなおす必要性が現れてきたのである。以上の検討を通して，失業問題の発生及び失業者の再就職支援を軸にした成人教育の変容過程が明らかになった。

　第2章では，中国で初めての失業形態として現れたレイオフ労働者に着目し，彼らの困窮状況を踏まえた上で，再教育を通じた再就職支援の重要性を明らかにした。中国で失業問題が発生した当初，今日の一般的な失業ではなく，レイオフという手段が講じられた。しかし，それらの労働者はレイオフと言われるものの，実際にレイオフ期間中に企業で最長3年間の生活保障がなされるのみであり，職場復帰の可能性がそもそも乏しく，再就職せざるを得ない状況に置かれていた。つまり，レイオフというものは改革過渡期の一時的な手段に過ぎず，後の10年間のうちにレイオフはやがて失業に一本化した。従って，歴史的に見ればレイオフ労働者というのも体制改革期の一時的な産物であると理解することができる。しかし，改革当初に現れた失業群であるからこそ，それについての対応過程を的確に捉え，その成果と課題を踏まえることが，今後の失業問題の考察と解決に意義を有すると考えられるため，レイオフ労働者の再教育を取り上げることとした。

　レイオフ労働者の再就職支援は，主に労働部門の管轄の下で行われてきた。従って，本章は労働部門による再就職支援の実態について検討することとした。なかでも，国有企業の比重が大きく，また国有企業改革が進むなかでもいち早く先行したがゆえに，レイオフ問題が特に深刻であったハルビン市を事例に，労働部門が管轄する再就職訓練施設において当事者である支援側と被支援側に対するインタビュー調査を通して，再就職訓練の成果と課題を考察した。その結果，労働部門による再就職訓練施設は，当該地域の産業構造に基づき労働市場の変化に合わせて専門分野を設置し，再就職により有効な再就職訓練を実施することができる一方，行政執行的な性格が強いことから，失業者の個々人のニーズや能力形成，生涯発達に着目する教育的な視点が不十分なことがわかった。そこでは，労働部門のみならず，教育部門との連携

関係の発展が期待されると考えられる。こうした考察の成果から，本書の第3章以降で検討する社区教育領域で行われる失業者の就労支援の意義が明確になった。

　第3章以降では主に社区教育領域のなかの就労支援の実態を検討したが，第3章ではまず，社区教育の発祥の地である上海市に着目して，社区教育の発展状況を概観した。社区教育は学習社会を構築するための重要な仕組みと位置づけられており，市学習社会形成指導センターの指導の下，区レベルで設置される社区学院を先導とし，街道レベルで設置される社区学校を中核とし，社区居民委員会レベルで設置される住民教育拠点を基礎とする教育システムが作られている。特に，社区学院の施設自体は，ほとんどは国有企業改革以前の成人教育機関を活用したものであり，旧来の教育内容を継承しつつ新たな教育内容も加える形で社区教育を行っている。ここから成人教育の新たな方向展開としての社区教育の機能が確認された。

　社区学院，社区学校と住民教育拠点の教育内容や教育対象はそれぞれ異なっており，本書で検討した就労支援教育の展開は社区学院と社区学校のみで行われている。社区学院は人々が昇進や転職するための学歴や職業資格を取得するための教育を主な内容としている。社区学校では，住民の文化教養や余暇生活を豊かにするための市民教育・余暇教育がほとんどであるが，地域住民の一部である失業者のために，高度な技術を必要としない，サービス業や手工芸といったような職業技能訓練も行われている。

　上海市の街道レベルの就労支援の実態を考察した結果では，労働部門と社区教育部門が分業してそれぞれ失業者に職業技能訓練を行っていることがわかった。職業技能訓練は社区学校で行われる多種多様な教育のなかでは氷山の一角のようなものであり，社区教育の職員も訓練の実施や訓練による成果に対する意識が薄いことがうかがえた。また，労働部門であれ，教育部門であれ，街道レベルで実施されている就労支援に関して，若者の利用が少ないことも明らかになった。今日の学歴社会の形成，労働市場のミスマッチングや若者の就労意識等の要因が絡んだ若者の就労問題について社区レベルで解決策を講じることが非常に難しいことがわかった。一方で，社区学校の教育

終　章　就労・自立支援教育の多様性と成人教育概念の再提起　　225

内容に対する考察から，出稼ぎ労働者をはじめとする農村から都市への移住者など，都市部の新たな住民層のニーズに合わせた教育活動や自立支援の実践が社区教育領域で行われていることが明らかになった。

このような農村の都市化や都市と農村間の移動による就労問題の浮上を受け，第4章では出稼ぎ労働者の都市部での教育に注目して考察した。牧野篤が指摘する「一方で人々の離転職の激化に対応して，職業教育・技術教育の機会を保障して就労を促しつつ，生活を安定させ，他方で急激に流動化する都市部において，都市住民の相互理解・融和の必要や文化・教養への関心の高まりに応えるための学習機会を提供して，治安を含めた都市生活を安定させるための措置，言わばセーフティネットとして」[1]の社区教育の実態を，浙江省奉化市における出稼ぎ労働者のために設立された社区の教育実践を通して検討した。

農村出身の人たちは農耕地が減少する傾向のなかで，家族を養い収入を増やすために，学歴も技能も持たないまま都市へと出稼ぎに出かけている。従来の労働者養成に役割を果たすべき企業は，市場原理に基づいた効率第一主義を志向し，企業内教育において高学歴人材や高度専門職の養成に力を入れている一方，生産現場で働く学歴の低い労働者層の教育は必要最小限に抑えられている。そこで，コミュニティに固有の問題に教育的に対処してきた社区教育が，都市部に新たに出現した生活集団である出稼ぎ労働者の問題に対応する必要性が現れてきた。

本章で検討した事例であるL社区は，全国においても先導的で独特な事例であり，出稼ぎ労働者のために作られ，出稼ぎ労働者のみで構成される社区である点に特徴がある。この社区は市・区行政部門の管轄，指導の下で，学歴教育，職業技能訓練，市民教養教育を出稼ぎ労働者に行っているほか，居民委員会等の住民からなる社区自治組織は出稼ぎ労働者が構成員となっており，自ら組織を運営し，自ら生活課題を解決していく仕組みが作られている。さらに，この社区における出稼ぎ労働者は若年者が多いため，文化，体育，ボランティア活動等多様なサークル活動を自ら展開している。

むろん，出稼ぎ労働者は都市において周辺化されるグループとして，その

ための社区が単独で形成されることで，さらに外部社会と切り離される恐れがあるが，L社区では特に若者が自ら組織するサークル活動を通してほかの社区の住民と積極的に関わろうとする実態も見られる。そうしたことによって外部住民との交流の機会が増え，出稼ぎ労働者に対する偏見を解消することにもつながり，都市市民と出稼ぎ労働者との相互理解がより深まるだろう。こういった実践こそが，就労支援を社区教育領域で行う意義を表していると言える。社区教育は，一方で就労のニーズに合わせた再教育を提供し，他方でコミュニティ生活に融合するための教育や活動を行い，いわゆる二重のセーフティネットとしての役割を果たしている実態が明らかになった。

　他方，改革・開放政策が実施されて約30年，中国社会の失業問題は最初のレイオフ労働者から始まった問題のみならず，農村地域の都市化に伴う村落の都市社区化，都市と農村間の人口移動等により，失業群の多様化及び失業問題の複雑化が進んでいることもわかった。

　第5章では引き続き，農村と都市の隙間に生きる人々の生活課題に着目し，農漁村地域の都市化・工業化に伴う農民・漁民の従来の生活手段の喪失を背景に，地域の産業転換とそれに連鎖して発生した失業，転業等の課題解決に取り組む社区教育実践の実態を解明し，人々の労働と生活に関わる社区教育の役割と意義を考察した。

　まずは寧波市海曙区における都市化によって土地を失った農民の課題を受けて始めた取り組みを取り上げた。それは，社区教育部門と労働部門の連携による就労支援の先進事例であり，両者が協働で行う就労支援は，その実施の過程では課題が見られる一方，地域の教育資源が有効に利用できるほか，職業技能訓練と受講者の就職を有効につなぐことを可能にしている。このような行政間の横の連携は，上海市の分業する実践で浮かび上がったような課題を克服することができるとともに，地域課題に特化した身近な取り組みの展開を可能としている。

　また，社区教育の実践では，土地を失った農民への職業技能訓練とともに，都市市民としての生活教育や文化教養教育も同時に行われており，非識字者への識字教育も行われている。文化教養教育と職業技能訓練との相乗効果が

終　章　就労・自立支援教育の多様性と成人教育概念の再提起　**227**

生まれると期待されており，ここからも社区教育領域において職業技能訓練を実施する独自の意義が確認できた。

　2番目の事例として取り上げたのは離島地域の舟山市である。舟山市は群島からなる都市であり，中国の最も大きな漁場でもある。長年にわたって漁業経済の発展に大きな役割を果たしてきたが，海洋生態系環境の悪化により近海の漁業資源が減少し続け，地域の経済を牽引する産業の転換が求められるようになった。それによって多くの漁民がそれまでに頼ってきた生活手段がなくなり，新たな生活技能を習得しなければならない状況に置かれるようになった。そこで，漁民の転業のための教育の役割を担ったのが，社区教育である。

　具体的には，地域の経済発展戦略として伝統漁業から遠海漁獲，海産物の養殖や加工業へと産業転換をしていくなかで，社区教育が新たな産業に応じた職業技能訓練を実施することになった。経済発展のための人材育成を目的とする職業教育の性質と異なり，社区教育が主体として行う職業技能訓練は，それまでに頼ってきた生活手段がなくなり，当事者の意思に関係なく失業を余儀なくされている漁民たちの生活を救済する措置として講じられた対策である。社区教育の方向性は，地域住民の生活に切実に迫る課題の解決に向けて変わっていくことがわかった。これらの実践こそが，いわゆる社区教育のセーフティネットとしての機能であろう。

　セーフティネットとしての社区教育の展開により，社区教育による都市部の新たな問題への対応のみならず，従来のコミュニティ住民の生活課題を新たな手法で解決する仕組みの構築も社区教育の重要な課題となってくる。そこで，失業者カテゴリーが現れる以前から存在していたにもかかわらず，これまで議論されてこなかった障がい者の就労問題に対して社区教育が果たしうる役割に着目した。

　従って，第6章では，障がい者に対する新たな取り組みが現実化するに至るまでの経緯について，その基盤となる国家政策の展開過程について検討した。また，障がい者支援という社区教育の新たな課題を提起したいくつかの研究のなかで特に注目されるのは，上海市の社区で成立した成人の知的障

い者の教育施設「陽光の家」であった。そうした動向を踏まえて筆者は「陽光の家」を訪問し，社区教育の新たな取り組みの成果と意義を考察した。

　1980年代以降，障がい者の教育機会の保障が進められ，30年近くを経て，障がい者の職業教育システムは初等義務教育から高等教育まで，学校教育を中心とする学歴教育から就労のための短・中期の職業訓練を中心とする非学歴教育まで発展してきており，その対象者も障がい児から成人まで広がってきた。一方で，学校教育を補完する役割も含め，成人教育・社区教育の役割が徐々にクローズアップされていくようになった。それは，障がい者は学校を卒業した後，地域において社会生活を送らなければならないからである。いかに仕事に従事して収入を獲得し，社会の日々の変化に適応しつつ，自立した生活を送り得るのかは，成人期の障がい者にとって大きな課題となってきたのである。このような成人の障がい者を対象とする支援体制の一定の成果として実現したのが，上海市の障がい者施設「陽光の家」の実践である。

　「陽光の家」の実践は「陽光心園」，「陽光の家」と「陽光職業リハビリセンター」の3つの施設を含んでいる。この3つの施設において精神障がい者，知的障がい者と身体障がい者が受け入れられており，障がい者の身体，心理と職業技能訓練といった側面から総合的な支援が行われている。そこの通所者に読み書き，算数等を教え，リハビリ訓練，生活に関わる単純労働と職業技能訓練，対人交流活動等を実施しているほか，企業と連携して就職斡旋も行っている。施設には地域住民や大学生等のボランティアが定期的に訪れ，障がい者と外部の者が交流する場が作られている。それは障がい者の居場所，教育，就労，自立，交流，社会参加など多様な機能を内包した取り組みであると言える。その実践を通して，社区教育の可能性が広がり，労働と教育と福祉を融合した社区教育の意義が浮かび上がってきた。

　第7章は，中国国内においても特殊な位置づけにある香港地区の成人教育・生涯教育の展開に視点を転じてみた。香港は100年以上イギリスの植民地支配を経験し，1997年に返還されてからも大陸地区と異なる社会体制を有している。このような体制下の成人教育や生涯教育は，大陸地区の成人教育の発展と異なる歴史を有しており，現在も異なる実践が行われている。香

港においても1990年代から失業問題が深刻になっており，特に若年層の失業問題が近年では注目を集めている。また，移民社会である性格から，東南アジアや大陸地区からの移民が増加するにつれ，その子どもたちの学校中退とそれに関連して悪化する青少年の就労問題が危惧される。そこで，本章では香港における青少年への自立支援の実践を取り上げ，大陸地区の社区教育領域で支援対象として明確に位置づけられていない非正規労働者等の若者への支援対策を探ることとした。本章では，香港で歴史的に重要な役割を果たしてきた非政府組織の役割を軸に，香港の社会事業の展開と成人教育・生涯教育の性格を検討した。それを踏まえ，低学歴青少年の就労問題について重点的に取り組んでいる離島地域の非政府組織の施設を訪問し，ソーシャル・ワークを通じた青少年支援の実態を明らかにした。

　香港は植民地であったことから，大陸地区よりも市場原理主義が進んでおり，社会福祉の原則は個々人の自助能力を向上させることである。従って，それと関わって，香港の生涯教育の展開は，イギリス型の成人教育の特徴を継承しており，高度の職業資格や学歴の取得，いわゆる職業的に自立する能力の向上のための教育に重点を置いてきた。また，香港が旧植民地である性格から，植民地政府は社会政策の展開に対してあまり関心を払ってこなかったため，社会事業の実行は非政府組織が主な担い手であった。香港が返還された後でもこのような伝統が継承されており，新政府は財政支援をしつつ非政府組織を活用して社会福祉サービスを提供している。

　つまり，香港の社会福祉サービスは非政府組織によるソーシャル・ワークがメインである。特にソーシャル・ワーカーである職員が果たす役割が非常に大きい。本章で着目する青少年支援の事例は，地域の非政府組織であるユース・サービス・センターが主体となることによって，学校内に配置されるスクール・ソーシャル・ワーカーと学校外のソーシャル・ワーカー同士の連絡調整が可能となっており，青少年のドロップアウト等の問題の発生をスクール・ソーシャル・ワーカーの配置を通して学校内にとどめようとする姿勢が見られる。それと同時に，学校外でのセーフティネットも同時に構築されており，学校からドロップアウトした青少年を支援する取り組みとして就

労支援，アウトリーチなどの活動が行われている。このような青少年サービスは青少年の居場所を学校に限定せず，さらに別のキャリアパスを描くように支援しており，青少年の発達環境が複合的に整備されていると言える。

なかでも重要なのは，非政府組織が主体となって，そこに多くの行政部門が同時に関わることで，社会福祉部門と教育部門との協働が円滑になることである。香港の実践モデルは大陸地区の社区における連携モデル就労支援に示唆を与えるものと考えられる。

第2節　就労・自立支援教育の実態モデル

以上を通して，本書は中国の就労・自立支援の取り組みを多様な側面から考察してきた。上記の事例は，「都市の失業率」と「社区教育の発展水準」という2つの軸に沿って中国の地域を分けたものである。すなわち「失業率が高い・社区教育の未発達地域」(ハルビン市)，「失業率が低い・社区教育の発達地域」(上海市)，「失業率が高い・社区教育の発達地域」(寧波市，奉化市，舟山市)及び香港特別行政区の実践である。

各分類では，一部地域の実践のみ分析しており，特に社区教育が主体となる実践については東部地域に片寄っている傾向を指摘できるが，それは本書の重点的な課題が社区教育の先進的な取り組みを考察することにあったからである。社区教育の発展水準を踏まえ，国家政策によって他地域より社区教育を率先して展開している東部都市の実践を中心に検討することとなった。

これらの事例の検討を通して，中国における就労支援の3つのモデルを描き出すことができる。それは，(1)労働部門が単独で取り組む単一モデル，(2)労働部門と社区教育部門がそれぞれ取り組む分業モデル，(3)労働部門と社区教育部門が連携して取り組む協働モデルである(図8-1)。

第一の労働部門による単一モデルは，ハルビン等の社区教育の未発達地域に代表されるパターンである。社区教育が発達していないため，労働部門が失業者の教育に主な役割を果たしてきた。具体的には，労働部門が管轄している職業訓練施設が，集まってきた失業者に就職指導，職業技能訓練などの

終　章　就労・自立支援教育の多様性と成人教育概念の再提起　231

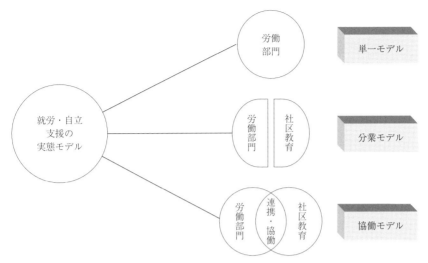

図8-1　中国における就労自立支援の実態モデル

一連の就職サービスを実施するものである。施設の規模が大きいことによって初級レベルの訓練のみならず，高度な専門職業技能訓練を実施することができるという利点がある。また，「起業による就職促進」という方針に基づき，起業訓練も労働部門による就労支援の重要な取り組みの1つとして位置づけられている。失業者が起業することによって，就労ポストを創出することができ，政府の政策支援と相まってさらに失業者の就職を促すことができる。一方で，労働部門の職業技能訓練の実施は，行政執行的な性格が強いため，訓練者数や再就職率など数値的な成果のみが求められ，失業者それぞれの特徴やニーズに合わせた支援を提供することに困難があるといった課題が挙げられる。

　第二の労働部門と社区教育部門がそれぞれ取り組む分業モデルは，上海市をはじめとする社区教育の発達地域に代表される。地域において労働部門は失業者を職業訓練機関に派遣して職業技能訓練を受けさせる仕組みが存在しているが，社区教育部門も独自に地域の失業者に職業技能訓練や職業ガイダンスを提供している。具体的には，社区学院や社区学校が住民の失業や貧困を含めた様々な生活課題に対応するために，社区教育のプログラムに就労の

ための職業技能訓練を設けている。このような職業技能訓練は地域の特質に合わせて，失業者の身近な地域で実施されることから，訓練へのアクセスの利便性は調達される一方，地域における様々な条件の制限によって実施可能な訓練項目が限られていることが課題となっている。

　他方で，社区教育のプログラムにおける失業者の支援では，職業技能訓練だけでなく，住民自らの生涯にわたる主体形成や社区建設に寄与する自治力・自治意識を育むような取り組みがなされる場合もある。それは，出稼ぎ労働者の社区教育に顕著に現れていると言える。奉化市の事例から，出稼ぎ労働者の農村から都市への移住によって生じた都市生活への不適応や住民間の齟齬等の課題の解決に社区教育の寄与し得る役割が明らかになった。

　第三の労働部門と社区教育部門が連携して取り組む協働モデルは，とりわけ寧波市と舟山市の取り組みに代表されるモデルである。上記の単一モデルや分業モデルに指摘される課題を克服できるように，社区において労働部門と教育部門がそれぞれの役割を担いながら，協力しあって地域の失業者への協働支援を図っている。それによって社区教育の利点である地域性と労働部門の利点である訓練の専門性との結合が可能となっている。

　つまり，社区教育は地域における失業者の特質に合わせて地域資源を利用しながら就労支援を行っているとともに，労働部門との協働により，訓練の専門性を保つことができ，また，起業支援や就職斡旋等の失業者の訓練後の出口対策も講じられる。コミュニティレベルにおいて労働部門と社区教育部門がそれぞれ独自に行う支援に比べ，両者が協働で担った取り組みがより有効であると言える。それは，就労だけでなく，住民の切実な生活課題に即した取り組みがなされており，地域全体の経済発展及び住民全体の生活の質の向上にも効果があるものと期待される。

　このような社区レベルにおける行政部門間の連携は，実際に教育部門や労働部門に限らず，障がい者への社区教育実践からうかがえるような社区教育部門と民生・福祉事業を遂行する民政部門等との協働や，出稼ぎ労働者への社区教育実践からうかがえる政府と企業との協働もなされている。従来の縦割り行政の課題を克服するような社区レベルでの連携関係が成り立った要因

は，社区教育の組織構成から見て取れる。社区教育の運営組織である社区教育委員会の主任は街道事務所の責任者に当たる者であるが，委員会のメンバーは労働，教育，民政，財政，体育等のすべての行政部門の責任者及び小中学校の校長，国営・私営企業の担当者から構成される。社区教育委員会での連絡・交流関係があるからこそ，政府の各行政部門間及び政府と学校，企業との連携が比較的容易にできると言えるだろう。

また，行政部門間の連携に基づいた協働モデルの拡張されたパターンは，香港の実践からも見て取れる。大陸地区の成人教育・社区教育と同じような位置づけにある香港の成人教育の行政の仕組みには，教育統籌（統合）局があり，そのなかに教育部門や雇用再訓練部門，労務部門等が含まれている。その内部構成は社区教育と比べてそれほど広範にわたっていないが，職業技能訓練や職業資格の取得に関わる教育に特化しているという特徴がある。また，大陸地区では社区の行政部門が自らの行政資源で失業問題等の地域課題に取り組んでいるのと異なり，香港では非政府組織を活用して取り組む点に特色があると言える。非政府組織は各行政部門の財政支援を受けながら，それぞれのねらいや主張の間のバランスを取り，行政部門間及び行政と住民との間の橋渡しの役割を担っている。大陸地区における行政部門間の意思疎通や住民と行政間の離齬の解決には示唆的な取り組みと言えるであろう。

以上の考察・分析に基づき，現在では一部地域での実施にとどまっている行政部門間の連携に基づいた取り組みの全国範囲での展開を展望しつつ，就労に困難を抱える人たちの就労・自立支援の改善に向けて以下の3点を提案したい。

まずは，いわゆる「大卒無業」等の高学歴で就労に困難を抱える若者の問題を重視し，社区学院をはじめ社区教育領域で積極的に取り組んでいくことである。本書で明らかにしたように，社区教育の現段階では地域の資源が限られること，若者自身の社区に対するイメージや就労意識等により社区での若者への支援の実施は難しく，その取り組みはほぼなされていないと言ってよい状況である。しかし，学歴社会の進展により，高学歴の若者の就労困難の問題は近年しばしば指摘されており，失業問題のなかでもクローズアップ

される課題となってきた。特に，これらの課題に対して大学教育における
キャリア教育の実施が不十分であることも指摘されている。そうしたなかで，
大学生の学校卒業後の職業世界への移行問題への対応が重要となってくる。
つまり，これらの大卒者は卒業してから居場所が学校から職場へ移行するこ
とができない場合，家庭やコミュニティへと回帰することになる。彼らの職
業世界への移行を支援していく役割が社区教育に求められると考えられる。
例えば，社区学院が同じような困難を抱える若者の集いの場を作り，集団で
の就職活動，職場体験や就職指導を行うなど，若者が参加しやすい，また，
興味を持つような活動内容を企画することは，若者の社会への帰属意識や就
労に対する意欲の向上にとって有益であろう。

　2点目は，社区における就労支援の一層の拡充とともに，必要に応じた女
性の就労困難者に対する個別支援の同時実施である。例えば，子育て支援は
その1つである。そもそも女性の就労や社会参加は男性より困難ななか，子
育ての役割等の家庭内の事情が女性の就労を阻害している要因の1つとして
考えられる。現在，社区における子育て支援は，全国的に欠如している状況
である。共働きが多い中国では，子育てに関しては親(子にとっての祖父母
世帯)に頼る場合が多い。働いている女性が子育てなどで悩みを抱える状況
のなか，失業状態にある女性の社会進出はさらに難しいと言える。社区が職
業技能訓練や就職斡旋を実施する際，子どもを持つ女性に対して託児サービ
ス等も同時に提供することによって，女性の社会進出の阻害要因の1つを取
り除き，彼女らの訓練への参加意欲を高めることができるだろう。

　3点目は，非政府組織の活用である。現在，社区で行われる就労・自立支
援は基本的に行政主導で行われている。ここで言う行政主導は，行政機関自
らが取り組む場合のみならず，民間の教育・訓練機関に委託して行う場合も
含まれる。しかし，民間機関に委託した場合にしても，質を担保するために
ノルマが設定される一方，行政の補助金を受けるために，民間機関の取り組
みはいかに行政が設定するノルマに達成するかというところに意識を傾けが
ちであるため，自主性を失い行政主導の性格が強くなるといった課題を指摘
できる。香港の非政府組織の事例や奉化市における企業と行政との連携に基

づいて成立した出稼ぎ労働者支援の事例からうかがえることは，民間セクターに一定の自由度を与えその資源を有効に活用できれば，行政のみの取り組みよりも両者にとって有益な成果をもたらす可能性があるということである。

第3節　現代成人教育概念の再構築

　以上，本書は中国における就労・自立支援に関する3つのモデルを描き出し，それぞれの利点と欠点を分析しつつ，社区教育が就労・自立支援に寄与し得る役割について考察と提案を行った。近年，社区教育の発展が進行するにつれ，従来の成人教育システムにおける学歴教育と非学歴教育をともに社区教育は包含するようになってきたと言える。従来成人教育は国有企業が実施主体となっていたが，国有企業の改革に伴い，成人教育施設はほとんど名称が変更され，社区学院，社区学校などが併設されるようになり，成人教育の再編が進められた。

　社区教育は，1980年代後半から子どもの学校外教育を目的として進められてきたが，成人教育を含めることで，「揺り籠から墓場まで」という社区の全住民のための多種多様な教育を実施することになり，現代中国の生涯教育を展開する重要な切り口となっている。特に，社区教育の最初の展開は，社区における学校，企業，行政部門，非政府組織等からなるネットワークから始まったものであった。従って，学校教育も社区教育のなかに含まれているという理解もあるが，この観点との接続の問題は今後の重要な検討課題の1つである。

　都市部成人教育の社区教育への変容に伴い，成人教育自体の発展が行き詰まった状況がしばしば指摘されるようになってきている。特に，2010年の「国家中長期教育改革発展計画綱要(2010-2020年)」では，従来の成人教育に当たる部分は「継続教育」に代替され，それが学校教育終了後のあらゆる社会構成員の教育活動を表す言葉として使われている。このような政策文書の改訂は，生涯教育システムの構築を意識した教育改革であろうと考えられ

るが，成人教育の今後の存続にも重要な影響を与えると思われる。このような変化について，呉は政策上，法律上において生涯教育・生涯学習体系を構築する際の構成要素として，成人教育を継続教育のなかで改めて位置づける必要があると述べている[2]。

　一方で，成人教育であれ，生涯教育であれ，継続教育であれ，その名称はともかく，成人を対象とする教育活動を根底から支える成人教育理論の本質を改めて検討する必要があると言えるだろう。1980年代に成人教育が始まった当初に提唱された教育と労働との結合を強調する「マルクス主義成人教育論」，2000年代に提起された社会主義共同体の構築を前提とする「社会主義生涯教育論」などは，現代の社会主義市場経済の国家体制ではもはや理論的に適応不可能な時代となってきた。

　本書は市場経済体制以降の社会変動における失業問題の発生を背景に，就労に困難を抱える者たちに対する成人教育の実態を検討し，現代社会の社会実情に即した新たな成人教育論の構築に向けた基礎作業を行ったものである。そこから，成人教育実践としての社区教育を通じた社区建設の1つのモデルが明らかになった（図8-2）。すなわち，社区における第三次産業の振興に基づいたサービス業を中心とする職業技能訓練の展開は，失業者の再就職を実現しやすくするものとするとともに，地域住民の日常生活におけるサービスへのニーズも満たすことができる。それに連動する社区住民の生活水準の向上，社区全体の経済発展とさらに多くの失業者の再就職の実現という循環プロセスの形成は，地域づくりと就労保障をリンクさせる教育実践である。このように，現代中国の就労・自立支援の実践を，社区という側面から照射すると，それが教育と労働と福祉の要素を内包する教育支援モデルであることが明らかにされた。

　また，本書で明らかになった事実の1つは，これまで注目を集めた歴史的に残されたレイオフ労働者の問題や大学教育改革による大卒若者の失業問題のほか，現代の失業問題は都市と農村間の人口流動化によって発生するものが多いということである。このような事態は，現代中国の発展途上という条件に規定された，過渡的な時代における特殊な現象であると言っていいだろ

終　章　就労・自立支援教育の多様性と成人教育概念の再提起　237

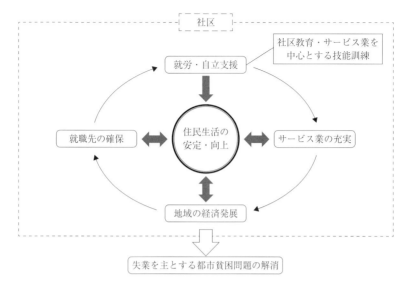

図 8-2　現代中国における就労・自立支援の連環モデル図(筆者作成)

う。今後，農村の都市化に伴い，この問題はさらに顕在化し，多様化していくと予想される。こういった失業群の問題の検討の際には，単なる就労の機会保障という観点だけでなく，都市生活への適応支援や精神面のケアの促進という視点も不可欠となる。農村の都市化や農村と都市間の人口移動の規制緩和により，都市市民と農村出身者の経済的な格差が縮小するかもしれないが，これまでの生活環境の違いによる精神的，文化的な格差は容易になくなるものではない。これらの新たな社会問題に対応するための教育の役割が現代の成人教育に求められていると言える。

　現代中国では，「教育と労働」のみならず，失業問題と連鎖的に発生する新たな生活課題の解決に向けた「教育と労働と福祉」を融合する新たな成人教育論の構築が必要となってきている。中国生涯教育システムを構築する重要な担い手としての成人教育に関する理論の構築は，今後の中国における生涯教育に関する法律・政策の策定にあたって不可欠な視点となり得るだろう。

1）諏訪哲郎・王智新・斉藤利彦編著『沸騰する中国の教育改革』東方書店，2008 年，255-256 頁。

2）呉遵民「中国成人教育会終結嗎？―新時期我国成人教育面臨的重大危機与挑戦―（中国の成人教育は終焉を迎えるのか？―新時代における我が国の成人教育の危機と挑戦―）」『開放教育研究』第 19 巻第 4 号，2013 年，20-25 頁。

主要参考文献

【日本語文献】

阿部洋(編著)『「改革・開放」下中国教育の動態―中国江蘇省の場合を中心に―』東信堂，2005 年。

朝日新聞社「中国の青春―農村出稼ぎ青年の日記―」『朝日ジャーナル』34 巻 36 号，1990 年 9 月 7 日，82-90 頁。

荒井容子「中国成人教育国際シンポジウムと中国東北地方の旅」『月刊社会教育』No. 37 (11)国土社，1993 年，80-86 頁。

生田周二『統合ドイツの異文化間ユースワーク』大空社，1999 年。

生田周二・大串隆吉・吉岡真佐樹『青少年育成・援助と教育―ドイツ社会教育の歴史，活動，専門性に学ぶ―』有信堂，2011 年。

于洋「中国の失業問題とその対策―1998 年以降の失業保険と再就職センターを中心に―」『早稲田経済学研究』58 号，2003 年 12 月，31-52 頁。

上原一慶『民衆にとっての社会主義―失業問題からみた中国の過去，現在，そして行方―』青木書店，2009 年。

尾高進「知的障害教育におけるキャリア教育と職業教育」全国障害者問題研究会『障害者問題研究』第 38 巻第 1 号，2010 年 5 月，20-27 頁。

王越「中国における一時帰休者，再就職及び失業」関西大学大学院『千里山商学』第 50 号，2000 年 3 月，1-36 頁。

王国輝「『改革開放』期の中国における成人教育政策の展開とその特質に関する一考察」『名古屋大学大学院教育発達科学研究科紀要(教育科学)』第 50 巻第 1 号，2003 年，109-121 頁。

応雋「都市基層大衆の自治組織と移入者の定着―中国上海市の事例を通して―」新潟大学大学院現代社会文化研究科『現代社会文化研究』第 28 号，2003 年 11 月，101-118 頁。

大久保幸夫『新卒無，業。なぜ，彼らは就職しないのか』東洋経済新報社，2002 年。

大崎博史「中華人民共和国における特殊教育の発展について―インターネットから得た法律や制度，資料等の情報を中心に―」独立行政法人国立特別支援教育総合研究所『世界の特殊教育』第 18 号，2004 年 3 月，51-57 頁。

大島一二，西野真由「中国における農村労働力移動の深化と課題」愛知大学現代中国学会『中国 21』第 28 号，風媒社，2007 年 1 月，89-102 頁。

賈曄「中国における雇用システムの変遷と労働契約法の制定」『東京国際大学論叢』商学部編第 79 号，2009 年 3 月，75-92 頁。

加藤弘之『シリーズ現代中国経済 6―地域の発展―』名古屋大学出版会，2003 年。

夏鵬翔「中国における成人教育の歴史と課題―日本の生涯学習と比較して―」『東京学芸

大学国際教育研究』第 25 号，2005 年 3 月，39-54 頁。

郭新平「中国における労働雇用制度改革と『下崗』」立教大学大学院『社会学研究科年報』第 10 号，2003 年，89-99 頁。

倉内史郎編『労働者教育の展望―日本の社会教育―（日本社会教育学会年報，第 14 集）』東洋館出版社，1970 年。

黒川慧「香港社会の崩壊と青少年」国立国会図書館調査及び立法考査局『レファレンス』第 23 号，1973 年 11 月，89-91 頁。

黒川慧「香港のユース・ワーク（上）」中央青少年問題協議会編『青少年問題』第 20 巻第 11 号，1973 年 11 月，50-54 頁。

黒川慧「香港のユース・ワーク（下）」中央青少年問題協議会編『青少年問題』第 20 巻第 12 号，1973 年 12 月，48-52 頁。

厳春鶴「中国における農民工の社会保障問題に関する一考察―就労・生活実態の分析を通して―」国立社会保障・人口問題研究所『海外社会保障研究』第 179 号，2012 年，72-84 頁。

厳善平「農民工と農民工政策の変遷」愛知大学現代中国学会編『中国 21』第 28 号，風媒社，2007 年，67-88 頁。

厳善平『中国農民工の調査研究―上海市・珠江デルタにおける農民工の就業・賃金・暮らし―』晃洋書房，2010 年。

古沢昌之「中国における『労使間の摩擦』に関する一考察―『農民工』と『工会』を巡る状況を踏まえて―」国際経済労働研究所『Int'lecowk』第 66 巻第 2 号，2011 年 2 月，22-30 頁。

小杉礼子『フリーターとニート』勁草書房，2005 年。

小杉礼子・堀有喜衣『キャリア教育と就業支援―フリーター・ニート対策国際比較―』勁草書房，2006 年。

小林繁『障害をもつ人の学習権保障とノーマライゼーションの課題』れんが書房新社，2010 年 3 月。

耿鉄珍・戴玲「中国における大学と継続教育―哈爾濱工業大学における継続教育の現状―」『生涯学習研究と実践：北海道浅井学園大学生涯学習研究所研究紀要』第 6 号，2004 年 2 月，53-61 頁。

黄梅英「中国における生涯学習ニーズの構造変化と成人学習支援システム―成人教育を中心に―」『大学研究』筑波大学研究センター第 33 号，2005 年 12 月，81-96 頁。

洪明順「中国国内労働力移動に関する研究動向」法政大学大原社会問題研究所『大原社会問題研究所雑誌』第 530 号，法政大学出版局，2003 年 1 月，44-53 頁。

国立国会図書館調査立法考査局『社会教育における職業教育』国図調立資料 B，1954 年。

呉遵民『現代中国の生涯教育（現代中国叢書 7）』明石書店，2007 年。

呉遵民・何鵬程「生涯教育地方立法における上海の実践と構想」東アジア社会教育研究会『東アジア社会教育研究』第 14 号，2009 年，45-52 頁。

後藤道夫・布川日佐史・福祉国家構想研究会『失業・半失業者が暮らせる制度の構築―雇

用崩壊からの脱却─』大月書店，2013年。

斎藤将『労働者の生涯教育訓練─職業教育訓練の法理と課題─』法律文化社，1981年。

佐々木邦子・白佐俊憲・葛文君「中国の成人教育─現代中国における成人教育の概況─」
　『北海道浅井学園大学生涯学習システム学部研究紀要』第2号，2002年，267-281頁。

佐藤宏『シリーズ現代中国経済7─所得格差と貧困─』名古屋大学出版会，2003年。

沙蓮香(翻訳：李為)「現代中国社会の変動─中国の城鎮の失業に関する研究─」関西学院
　大学『総合政策研究』第5号，1998年，119-129頁。

沢田勲・宋涛「『東北振興』の現状と課題」『金沢星稜大学論集』第40巻第1号，2006年
　7月，97-104頁。

史新田「移行期における国有企業と従業員の新しい関係─『単位人』から『契約人』へ─」
　『立教大学大学院社会学研究科年報』第10号，2003年，75-87頁。

柴野昌山編『青少年・若者の自立支援─ユースワークによる学校・地域の再生─』世界思
　想社，2009年。

嶋亜弥子「農村出身出稼ぎ労働者の職業訓練参加に関する一考察─北京市の事例─」『現
　代中国』第84号，2010年，141-150頁。

白崎研司「中国の障害児の教育的対応─親が作った障害児の訓練センター──」北海道教育
　大学『年報いわみざわ：初等教育・教師教育研究』第24号，2003年3月，19-24頁。

肖蘭「社区教育における職業教育の展開と可能性─失業者の再就職訓練を通して─」『東
　アジア社会教育研究』第15号，2010年9月，62-77頁。

肖蘭「中国における再就職支援と成人教育との関連に関する考察─再就職訓練の実態に着
　目して─」『名古屋大学大学院教育発達科学研究科紀要(教育科学)』第57巻第2号，
　2011年3月，121-131頁。

肖蘭「中国における失業者の再就職訓練に関する研究─旧工業地帯の事例を中心に─」
　『アジア教育研究』第6巻，2012年10月，51-64頁。

肖蘭「現代中国における出稼ぎ労働者の教育実践に関する研究─社区教育の果たす役割に
　着目して─」『名古屋大学大学院教育発達科学研究科紀要(教育科学)』第59巻第2号，
　2013年3月，101-112頁。

肖蘭「中国における障がい者の自立支援と成人教育に関する一考察─社区における知的障
　がい者の就労支援を通して─」『名古屋大学大学院教育発達科学研究科紀要(教育科学)』
　第60巻第1号，2013年9月，117-127頁。

肖蘭「中国における生涯教育，成人教育と社区教育」(科学研究費補助金基盤研究(A)研究
　代表者：松田武雄)研究成果報告書『コミュニティ・カバナンスと社会教育福祉─欧米
　とアジアの比較研究─』第3集，2014年3月，36-43頁。

肖蘭「香港の社会福祉と生涯教育」松田武雄編著『社会教育福祉の諸相と課題─欧米とア
　ジアの比較研究─』大学教育出版，2015年3月，84-102頁。

肖蘭「香港返還から教育の20年」『東アジア社会教育研究』第22号，2017年9月，
　43-46頁。

肖蘭「中国の社区教育施設における就労支援の取り組みに関する考察─離島地域の産業転

換との関連から―」『日本公民館学会年報』第 14 号，2017 年 11 月，70-80 頁。

新保敦子「中国における社区教育の現状と課題―上海の社区学校に焦点を当てて―」『早稲田大学教育学部学術研究（社会・生涯教育学編）』第 54 号，2006 年 2 月，1-11 頁。

徐光興「現代中国の特殊教育に関する現状と課題」全国障害者問題研究会『障害者問題研究』第 24 巻第 2 号，1996 年 8 月，177-183 頁。

徐向東「中国国有企業改革と雇用調整メカニズム―生活保障システムとしての『単位』制度とその変容をめぐって―」『立教大学社会学部応用社会学研究』第 40 号，1998 年，119-134 頁。

徐涛「中国東北国有企業改革の現状と課題―東北振興戦略の進展を踏まえて―」『立命館大学社会システム研究』第 13 号，2006 年 9 月，17-39 頁。

徐蓮貞（訳：西村章次，趙建紅）「中国および四川省の障害者事業の現状について」『埼玉大学紀要（教育学部）教育科学』第 41 巻第 1 号，1992 年，47-54 頁。

諏訪哲郎・王智新・斉藤利彦編著『沸騰する中国の教育改革』東方書店，2008 年。

末弘絵美子「境界身体障害者の就職活動に関する事例研究」『中国四国教育学会教育学研究紀要』第 46 巻第 2 部，2000 年，307-312 頁。

石暁紅「中国における農民出稼ぎ労働の社会・経済背景と出稼ぎ労働者の構造的特徴」新潟大学大学院現代社会文化研究科『現代社会文化研究』第 28 号，2003 年 11 月，119-136 頁。

全国民主主義教育研究会（編）『格差社会と若者の未来』同時代社，2007 年。

曹迪「中国遼寧省 O 市における農民工の実態に関する研究」北海学園大学大学院経済学研究科『北海学園大学大学院経済学研究科研究年報』第 9 号，2009 年 3 月，27-40 頁。

高橋満「農民工―工業化と都市化の間に漂う第三元群体―」愛知大学現代中国学会編『中国 21』第 30 号，風媒社，2009 年，41-58 頁。

田中治彦・萩原健次郎編著『若者の居場所と参加―ユース・ワークが築く新たな社会―』東洋館出版社，2012 年。

立石麻衣子・生田周二「イギリスにおける青少年の自立支援制度『コネクションズサービス』の事例報告―就労支援と性教育を柱にした青少年支援―」『教育実践総合センター研究紀要』第 20 号，2011 年 3 月，307-312 頁。

玉村公二彦・潘彦葵「中国における障害児教育と『障害者教育条例』」奈良教育大学教育学部付属教育実践総合センター『教育実践総合センター研究紀要』第 11 号，2002 年 3 月，219-223 頁。

趙京玉「中国の農村地域における就学前随班就読の実情と課題について―吉林省図門市を中心に―」『広島大学大学院教育学研究科紀要』第三部第 58 号，2009 年，261-265 頁。

張京萍「中国における『マイノリティ』のメインストリームへの融和―農民工の福祉問題を通して―」『岩手県立大学社会福祉学部紀要』第 13 巻，2011 年 3 月，37-47 頁。

張玉琴「中国成人高等教育と職業教育・訓練― 1980 年代以降の経済改革・開放政策との関連において―」『東北大学教育学部研究年報』第 47 号，1999 年 3 月，173-194 頁。

趙楊「中国の成人高等教育における学習支援組織の役割―「自学考試」制度の変容と「自

学助学」の発展に着目して―」『名古屋大学大学院教育発達科学研究科紀要・教育科学』第 55 巻第 1 号，2008 年 9 月，25-35 頁。

陳金霞「中国の社会変動と社会保障制度」『社会文化科千葉大学研究』第 10 号，2005 年，47-62 頁。

塚本隆敏『中国の社会変動』税務経理教会，1996 年。

塚本隆敏『中国の国有企業改革と労働・医療保障』大月書店，2006 年。

塚本隆敏『中国の農民工問題』創成社，2010 年。

東京自治問題研究所『若者格差調査から東京雇用政策の提言―真・自由主義を求めて―』東京自治問題研究所，2006 年。

唐伶「中国国有企業における雇用改革」『桃山学院大学環太平洋圏経営研究』第 9 号，2008 年，149-168 頁。

独立行政法人高齢・障害者雇用支援機構障害者職業総合センター『就職困難な若年者の就業支援の課題に関する研究』No. 39, 2008 年 3 月。

日本公民館学会編『公民館コミュニティ施設ハンドブック』エイデル研究所，2006 年。

日本社会教育学会編『現代的人権と社会教育の価値』東洋館出版社，2004 年 9 月。

日本社会教育学会編『労働の場のエンパワメント』東洋館出版社，2013 年。

日本社会教育学会編『子ども・若者支援と社会教育』東洋館出版社，2017 年。

日本労働研究機構『中国国有企業改革のゆくえ―労働・社会保障システムの変容と企業組織―』調査研究報告書 No.140, 2001 年 3 月。

原本昭夫「現代中国における特殊教育及び教員養成の現状」『鹿児島経済大学社会学部論集』第 13 巻第 3 号，1994 年 11 月，81-101 頁。

原本昭夫「20 世紀における中国特殊教育発展の諸相―知的障害児教育を中心に（その 1 ）―」『鹿児島経済大学社会学部論集』第 15 巻第 3 号，1996 年 11 月，57-79 頁。

原本昭夫「20 世紀における中国特殊教育発展の諸相―知的障害児教育を中心に（その 2-1)―」『鹿児島経済大学社会学部論集』第 16 巻第 3 号，1997 年 10 月，33-78 頁。

原本昭夫「20 世紀における中国特殊教育発展の諸相―知的障害児教育を中心に（その 2-2)―」『鹿児島経済大学社会学部論集』第 16 巻第 4 号，1998 年 2 月，61-101 頁。

馬麗華『中国都市部における社区教育政策』大学教育出版，2016 年。

方如偉「中国成人教育の行政組織に関する一考察―上海市を事例に―」『九州女子大学紀要』第 26 巻第 1 号，1990 年 12 月，27-37 頁。

方如偉「市場経済移行期における中国の成人教育―上海市の事例を中心に―」『九州女子大学紀要』第 34 巻第 1 号，1997 年，17-28 頁。

本田由紀『若者の労働と生活世界―彼らはどんな現実を生きているか―』大月書店，2007 年。

本田由紀『軋む社会―教育・仕事・若者の現在―』双風舎，2008 年。

本田由紀・内藤朝雄・後藤和智『「ニート」って言うな！』光文社，2006 年。

牧野篤「中国における教育の地域化に関する一考察―上海市『社区』教育の試みを一例として―」『中国研究月報』第 563 号，1995 年，1-18 頁。

牧野篤「中国成人高等教育の動向と課題」『名古屋大学教育学部紀要（教育学）』第45巻第1号，1998年9月，81-98頁。

牧野篤「『単位』社会主義から個人市場主義へ―中国都市成人教育変容の背景―」『名古屋大学大学院教育発達科学研究科紀要（教育科学）』第50巻第1号，2003年，45-72頁。

牧野篤『中国変動社会の教育』勁草書房，2006年。

牧野篤「生活実感に寄り添う社区教育へ―上海市の社区教育を一例に―」松田武雄編著『社会教育福祉の諸相と課題―欧米とアジアの比較研究―』大学教育出版，2015年，67-83頁。

松井祐次郎「ユースワークと若者自立支援―青少年総合対策推進法案と今後の課題―」国立国会図書館『調査と情報』第642号，2009年4月，1-11頁。

松田武雄『沖縄の字公民館における地域福祉・社会教育の推進と青年の自立支援に関する研究』平成18・19年度日本学術振興会科学研究費補助金（基盤研究（C））研究成果報告書，2008年3月。

松田武雄『社会教育・生涯学習の再編とソーシャル・キャピタル』第1集，平成20年度科学研究費補助金基盤研究（B）研究成果報告書・その1，2009年3月。

松田武雄編著『社会教育福祉の諸相と課題―欧米とアジアの比較研究―』大学教育出版，2015年3月。

真殿仁美「中国における障害児教育形態の改革―単独から多様化にむけて」全国障害者問題研究会『障害者問題研究』第31巻第3号，2003年，246-257頁。

真殿仁美「国際条約『障害者の権利条約』と中国の国内環境整備―中国での障害者の権利保障確立に向けて―」全国障害者問題研究会『障害者問題研究』第38巻第1号，2010年5月，58-67頁。

丸川知雄『シリーズ現代中国経済3―労働市場の地殻変動―』名古屋大学出版会，2003年。

宮本みち子『若者が《社会的弱者》に転落する』洋泉社，2002年。

毛桂栄「公共サービス提供の制度構築―中国事業単位の改革―」『明治学院大学法学研究』第90号，2011年1月，219-302頁。

山田美香「香港の学校における不良少年の戦後史」『アジア文化研究』第17号，2010年，49-59頁。

山田美香『公教育と子どもの生活をつなぐ香港・台湾の教育改革』風媒社，2011年。

吉利宗久・原本昭夫「中国における特殊教育の発展―福祉思想の淵源と現代特殊教育の勃興―」『京都教育大学紀要』第101号，2002年9月，1-17頁。

李輝「中国国有企業内部労働市場展開と外部化―失業と『再就職サービスセンター』の現状と課題―」『立命館経済学』第55巻第2号，2006年7月，203-222頁。

李振渓「日本生涯学習の特徴と中国成人教育の現状」『立教大学教育学科研究年報』第41号，1997年，79-85頁。

李麦収「中国の国有企業改革に伴う失業原因の分析」『一橋研究』第31巻3号，2006年10月，1-18頁。

陸小媛『現代中国の人口移動とジェンダー―農村出稼ぎ女性に関する実証研究―』日本僑報社，2009年。

陸素菊「中国の成人教育に関する一考察―その概念と歴史的変遷を中心に―」『名古屋大学教育学部紀要（教育学）』第44巻第1号，1997年9月，105-121頁。

陸素菊「中国における社会主義市場経済の展開と職業教育の変容―国家主義的職業教育から個人主義的職業教育へ―」名古屋大学大学院教育発達科学研究科博士論文，2003年。

労働政策研究・研修機構『アジア諸国における職業訓練政策―若年層を中心に―』労働政策研究報告書 No. 29，2005年。

渡辺登・武井横次・応隽「中国における『出稼ぎ労働者』の都市定着に関する研究」新潟大学人文学部『人文科学研究』第99号左，1999年3月，65-87頁。

【中国語文献】

艾書琴編『黒竜江省形勢報告2008年―黒竜江省社会形勢分析与預測―』黒竜江教育出版社，2008年。

鮑海春編『経済社会藍皮書2009年―哈爾濱市経済社会形勢分析与預測―』哈爾濱出版社，2009年。

鮑振東編『東北藍皮書2006年―中国東北地区発展報告―』社会科学文献出版社，2006年。

北京市農村工作委員会・北京市農村経済研究中心編『北京郊区職業教育実践与探索』中国農業出版社，2004年。

蔡昉『中国人口与労働問題報告 No. 4 ―転軌中的城市貧困問題―』社会科学文献出版社，2003年。

蔡文「農民工教育培訓―以河南省為例―」華中師範大学修士論文，2006年。

曹子平「上海市智障人士社会融合実践研究」『中国特殊教育』第75号，2006年，26-29頁。

陳錦華，王志錚編『香港社会政策評論』中文大学出版社，2004年。

程新征『中国農民工若干問題研究』中央編訳出版社，2007年。

鄧文謙「下崗職工再就業培訓問題研究」厦門大学公共管理研究科修士論文，2006年。

杜以徳・姚遠峰・李醒東『成人教育発展縦論』中国人民大学出版社，2007年

馮雯雯「全納性職業教育―我国職業教育発展的精神需求―」『職教論語』第15号，2008年，43-45頁。

高馬可（John M. Carroll）著・林立偉訳『香港簡史―従植民地至特別行政区―』中華書局，2013年。

顧駿『活力与秩序―浙江力邦農民工社区的理論研究―』寧波出版社，2008年。

国家統計局編『新中国五十年1949-1999』中国統計出版社，1999年。

国家統計局編『中国統計年鑑』中国統計出版社，2007-2009年。

国家統計局人口和就業統計司・労働和社会保障部規劃財務司『中国労働統計年鑑』中国統計出版社，1998-2008年。

国家職業分類大典和職業資格工作委員会編『中華人民共和国職業分類大典』中国労働社会保障出版社，1999年。

国務院研究室課題研究組『中国農民工調研報告』中国言実出版社，2006 年。
郝克明・顧明遠・黄堯『90 年代中国教育改革潮流叢書―成人教育巻―』北京師範大学出版社，2004 年。
郝鉄生「正確理解現代企業教育的内涵建立并逐步完善現代企業教育制度」『中国成人教育』，1996 年第 3 号，8-9 頁。
何斉宗『教育的新時代―終身教育的理論与実践―』人民出版社，2008 年。
黒竜江省統計局編『黒竜江統計年鑑』中国統計出版社，2001 年。
黒竜江省統計局編『黒竜江統計年鑑』中国統計出版社，2007 年。
胡宇彬「従我国城鎮失業人員統計分析看下崗職工再就業培訓与職業技術教育」『河南職業技術師範学院学報(職業技術版)』第 6 号，2002 年，39-41 頁。
黄洪『「無窮」的盼望―香港貧窮問題探析―』中華書局，2013 年。
黄京釵「両岸四地終身教育法規比較」『継続教育』，2009 年第 11 号，53-56 頁。
黄哲「香港社会工作発展与歴程」『雲南民族大学学報(哲学社会科学版)』第 26 巻第 6 号，2009 年 11 月，16-20 頁。
季国強・樓一峰・胡麗亜『社区教育実験与実験項目研究』上海高教電子音像出版社，2009 年。
金徳琅『終身教育体系中社区学校実体化建設的研究』上海社会科学院出版社，2007 年。
金徳琅『辦好人民満意的社区教育的理論与実践』上海教育出版社，2012 年
李新慧「建国初期党和国家的就業政策探析」『党史文苑』第 4 号，2007 年，4-7 頁。
厉以贤「社区教育的理念」『教育研究』1999 年，第 3 号，20-24 頁。
凌蘇心「中国大陸二十世紀九十年代特殊教育研究総述」『中国特殊教育』第 27 号，2000 年，1-4 頁。
梁祖彬「香港的社会政策―社会保護与就業促進的平衡―」『二十一世紀評論』6 月号，2007 年，33-42 頁。
劉漢輝『我国終身教育体系研究―可持続発展視角的分析―』人民出版社，2012 年。
劉昊「社区中的教育資源対于推行全納教育的作用」『中国特殊教育』第 42 号，2003 年，6-9 頁。
盧天慶「上海市智障人士就業問題研究」華東師範大学修士論文，2008 年。
呂大楽『凝聚力量―香港非政府機構発展軌跡―』三聯書店(香港)，2010 年。
呂学静等『中国農民工社会保障理論与実証研究』中国労働社会保障出版社，2008 年。
馬慧敏「我国失業問題現状分析」『合作経済と科学技術』第 20 号，2008 年，24-25 頁。
馬金東・寧雪娟・白新睿『終身教育体系下社区教育実践研究』高等教育出版社，2011 年。
馬慶発・唐林偉『中国職業教育研究新進展・2006』華東師範大学出版社，2008 年。
銭民輝『教育社会学―現代性的思考与建構―』北京大学出版社，2004 年。
銭文栄・黄祖輝『転型時期的中国農民工―長江三角洲十六城市農民工市民化問題調査―』中国社会科学出版社，2007 年。
銭麗霞「中国特殊教育社区工作的発展」『中国特殊教育』第 21 号，1999 年，9-12 頁。
曲偉編『黒竜江省情勢報告 2008 年―黒竜江省経済形勢分析与預測―』黒竜江教育出版社，

2008 年。

全桂紅「学校，社区合作推進智障人士終身教育的研究」華東師範大学修士論文，2011 年。

闕一帆「発展社区職業教育促進社会再就職」『職業技術教育（教科版）』第 24 巻第 13 号，2003 年，56-57 頁。

汝信・陸学芸・単天倫『中国社会形勢分析与預測』社会科学文献出版社，1999 年。

汝信・陸学芸・単天倫『中国社会形勢分析与預測』社会科学文献出版社，2006 年。

汝信・陸学芸・単天倫『中国社会形勢分析与預測』社会科学文献出版社，2008 年。

単文経・鄭勝耀・曹常仁『亞洲教育系列─香港教育─』商鼎文化出版社，2000 年。

上海市残疾人連合会・華東師範大学学前教育与特殊教育学院「智障人士社会融合的理論与実践─上海市"智障人士陽光行動"報告─」華東師範大学出版社，2007 年。

上海市"陽光之家"優秀培訓方案集編委会編著『上海市"陽光之家"優秀培訓方案集』上海科学普及出版社，2010 年。

上海市推進学習型社会建設指導委員会辦公室，上海市学習型社会建設服務指導中心『上海社区居民学習需求与社区教育辦学現状調研報告』上海高教電子音像出版社，2007 年。

上海市推進学習型社会建設指導委員会辦公室，上海市学習型社会建設服務指導中心辦公室『上海学習型社会建設(2008)』上海人民出版社，2009 年。

上海市学習型社会建設与終身教育促進委員会辦公室，上海市学習型社会建設服務指導中心辦公室編『2009 ／ 2010 実験与示範(二)─上海市社区教育実験工作総結─』上海人民出版社，2011 年。

上海市「陽光の家」優秀訓練方案集編集委員会編著『上海市「陽光の家」優秀訓練方案集』上海科学普及出版社，2010 年。

石彤『中国社会転型時期的社会排擠─以国企下崗女工為視角─』北京大学出版社，2004 年。

汪国新編『中国社区教育 30 年名家訪談』浙江科学技術出版社，2010 年。

王桂香「培智学校社区導向職業教育課程的研究」『現代特殊教育』第 8 号，2003 年，68-69 頁。

王静敏「当代中国失業保険問題研究」東北師範大学博士論文，2008 年。

王莉麗「城市貧困─現状及対策─」『河南社会科学』第 6 号，2008 年，85-87 頁。

王玉「積極発揮成人教育在再就業培訓中的作用」『中国共産党太原市党校学報』第 1 号，2001 年，54-55 頁。

鄔大光「回顧与展望─九十年代香港高等教育─（レビューと展望─ 90 年代における香港の高等教育─）」『比較教育研究』第 3 号，1997 年，11-15 頁。

呉遵民『現代中国終身教育論─中国終身教育思想及其政策的形成和展開─』上海教育出版社，2003 年。

呉遵民『(新版)現代国際終身教育論』中国人民大学出版社，2007 年。

呉遵民「中国成人教育会終結嗎？─新時期我国成人教育面臨的重大危機与挑戦─」『開放教育研究』第 19 巻第 4 号，2013 年 8 月，20-25 頁。

呉遵民・末本誠・小林文人『当代社区教育新視野』上海教育出版社，2008 年。

呉遵民・末本誠・小林文人『現代終身学習論—通向「学習社会」的橋梁与基礎—』上海教育出版社，2008 年。

夏建中『中国城市社区治理結構研究』中国人民大学出版社，2012 年。

肖艶「关于社区教育在特殊教育中作用的思考」『中国特殊教育』第 51 号，2004 年，13-16頁。

謝国東・頼立『和諧社会的構建与成人教育的使命』中国人民大学出版社，2008 年。

謝建社『風険社会視野下的農民工融入性教育』社会科学文献出版社，2009 年。

徐玉萍編『終身教育社会化的探索—終身学習推進員隊伍建設的実践研究—』上海科学普及出版社，2012 年。

燕暁飛『非正規就業労働力的教育培訓研究』経済科学出版社，2009 年。

楊春英『完善国企下崗職工社会保障制度研究』中国石油大学修士論文，2006 年。

楊硯煥・王伯塤「构建社区化課程和教学机制促進聾生生涯発展」『現代特殊教育』2 月号，2007 年，15-16 頁。

葉立群『成人教育学』福建教育出版社，1995 年。

葉忠海『社区教育学基礎』上海大学出版社，2000 年。

葉忠海『21 世紀初中国社区教育発展研究』中国海洋大学出版社，2006 年。

游鈞『2005 年中国就業報告—統籌城郷就業—』中国労働社会保障出版社，2005 年。

俞恭慶編『感動—成人教育—』上海大学出版社，2009 年。

袁春梅編『新來港学生教育之研究与発展』師大書苑，2004 年。

袁志平「解放初期上海対失業工人的救済和就業安置」『中共党史研究』第 5 号，1998 年，48-54 頁。

張春林・李燕泥「中国国有企業下崗職工再就業培訓調研報告」『中国訓練』第 11 号，1999年，6-9 頁。

張楽天『教育政策法規的理論与実践(第二版)』華東市版大学出版社，2009 年。

張敏傑『中国弱勢群体研究』長春出版社，2003 年。

張維『成人教育学』福建教育出版社，1995 年。

張新穎編『東北藍皮書 2008 年—中国東北地区発展報告—』社会科学文献出版社，2008 年。

張燕農・張琪『社区教育発展模式的理論与実践研究』首都師範大学出版社，2011 年。

趙入坤「『文化大革命』以前中国城市労働就業問題」『当代中国史研究』第 4 号，2008 年，41-48 頁。

趙彦彬編『現代成人教育研究』河北大学出版社，2011 年。

中国成人教育協会編『中国成人教育改革発展三十年』高等教育出版社，2008 年。

周発明・莫鳴・劉峻峰・朱容皋『構建農民終身教育体系研究』湘潭大学出版社，2010 年。

周永新・陳沃聡編『社会工作学新論(増訂版)』商務印書館(香港)，2013 年。

曾栄光『香港教育政策分析—社会学的視域—』三聯書店，1998 年。

【英語文献】

Daniel T. L. Shek, Lam Mong Chow, Au Chor Fai, J. J. Lee. *Advances in Social Welfare in Hong Kong*. The Chinese University Press. New Asia College, CUHK. 2002.

M. Ramesh. *Social Policy in East and Southeast Asia: Education, health, housing, and income maintenance*. Routledge. 2014.

Mark Bray, Ramsey Koo. *Education and Society in Hong Kong and Macao (Second Edition)*. Comparative Education Research Centre, The University of Hong Kong. 2004.

Sharlene B. C. L. Furuto. *Social Welfare in East Asia and the Pacific*. Columbia University Press. New York. 2013.

【政策文献】

「救済失業工人暫行辦法」政務院，1950 年。

『中央人民政府政務院関於労働就業問題的決定』中華人民共和国中央人民政府法制委員会編，1952 年。

『香港社会福利未来発展計画』香港政府印務局，1973 年。

『香港社会福利白皮書—進入八十年代的社会福利—』香港政府印務局，1979 年。

「進一歩做好城鎮労働就業工作」中共中央発(1980)64 号，1980 年。

「関於広開門路，搞活経済，解決城鎮就業問題的若干規定」中発(1981)42 号，1981 年。

「中共中央・国務院関於加強職工教育的決定」中発(1981)8 号，1981 年。

「積極試行労働合同制的通知」労働人事部，1983 年。

「中共中央関於教育体制改革的決定」中共中央国務院，1985 年。

「中華人民共和国義務教育法」1986 年 4 月 12 日中華人民共和国主席令第 38 号公布，1986 年 7 月 1 日施行。

「国営企業実行労働合同制暫行規定」労働人事部，1986 年。

「国家教育委員会関於改革和発展成人教育的決定」国発(1987)59 号，1987 年。

「高等教育自学考試暫行条例」国発(1988)15 号，1988 年。

「中国残疾人事業五年工作綱要(1988 年〜1992 年)」国務院発，1988 年。

「国務院辦公庁転発国家教委等部門『関於発展特殊教育的若干意見』的通知」国辦発(1989)21 号，1989 年。

「中華人民共和国城市居民委員会組織法」中華人民共和国主席令第 21 号，1989 年。

「関於開展崗位培訓若干問題的意見」人事部，労働利社会保障部，国家経済体制改革委員会，中華全国総工会，国家教育委員会，1989 年。

「関於継続做好優化労働組合試点工作的意見」労働部(1990)第 12 号，1990 年。

「中華人民共和国城市居民委員会組織法」1989 年 12 月 26 日中華人民共和国主席令，第 21 号公布，1990 年 1 月 1 日施行。

「国務院批転中国残疾人事業"八五"計画綱要的通知」国発(1991)72 号，1991 年。

「跨越九十年代—香港社会福利白皮書—」香港政府印務局，1991 年。

「関於拡大試行全員労働合同制的通知」労働部，1992 年。

「国有企業富余職工安置規定」国務院令第 111 号，1993 年。

「中国教育改革和発展綱要」中発(1993)3 号，1993 年。

「残疾人教育条例」中華人民共和国国務院令第 161 号，1994 年。

「関於全面実行労働合同制的通知」労働部，1994 年。

「国務院批転中国残疾人事業"九五"計画綱要的通知」国発(1996)15 号，1996 年。

「関於印発『三年千万再就業培訓計画』的通知」労社部発(1998)36 号，1998 年。

「中共中央国務院関於切実做好国有企業下崗職工基本生活保障和再就業工作的通知」中発
　　(1998)10 号，1998 年。

「関於印発『第二期三年千万再就業培訓計画』的通知」労社部発(2000)26 号，2000 年。

「民政部関於在全国推進城市社区建設的意見」中辦発(2000)23 号，2000 年。

「関於加強社区残疾人工作的意見」残連辦字(2000)142 号，2000 年。

「国務院批転中国残疾人事業"十五"計画綱要的通知」国発(2001)7 号，2001 年。

「上海市社区学校設置暫行規定」滬教委職(2001)48 号，2001 年。

「中共中央国務院関於進一歩做好下崗失業人員再就業工作的通知」中発(2002)12 号，2002
　　年。

「教育部関於動員各類学校積極開展下崗失業人員再就業培訓工作的通知」教職成(2002)11
　　号，2002 年。

「関於進一歩推動再就業培訓和創業培訓工作的通知」労社部発(2003)18 号，2003 年。

「国務院辦公庁転発農業部等部門 2003-2010 年全国農民工培訓規劃的通知」国辦発(2003)
　　79 号，2003 年。

「教育部関与確定第二批全国社区教育実験区的通知」教職成函(2003)7 号，2003 年。

「関於印発『2004-2005 年再就業培訓計画』的通知」労社部発(2004)5 号，2004 年。

「関於貫徹落実国務院進一歩加強就業再就業工作通知若干問題的意見」労社部発(2006)6
　　号，2006 年。

「関於本市智障人士"陽光之家"規範管理的指導意見(試行)」滬残連(2006)18 号，2006 年。

「教育部関与確定第三批全国社区教育実験区的通知」教職成函(2006)10 号，2006 年。

「国務院関於解決農民工問題的若干意見」国発(2006)5 号，2006 年。

「国務院批転中国残疾人事業"十一五"発展綱要的通知」国発(2006)21 号，2006 年。

「教育部関与確定第四批全国社区教育実験区的通知」教職成函(2007)5 号，2007 年。

「関於推進本市社区学院建設的指導意見」滬教委終(2007)18 号，2007 年。

「人力資源社会保障部等部門関於促進以創業帯動就業工作指導意見的通知」国辦発(2008)
　　111 号，2008 年。

「教育部関与確定全国社区教育示範区的通知」教職成函(2008)1 号，2008 年。

「関於印発上海市学習型社会建設服務指導中心等 3 個直属単位工作職責的通知」滬教委人
　　(2008)26 号，2008 年。

「関於印発浙江省農業専業技能培訓工作規範(試行)的通知」浙農科発(2008)3 号，2008 年。

「浙江省教育庁関於開展成人双証教育培訓工作的実施意見」浙政辦発(2008)72 号，2008 年。

「関於開展中等職業教育"2211 校企牽手活動"的通知」甬教職成(2009)77 号，2009 年。

「国家中長期教育改革和発展規画綱要(2010-2020)」国務院，2010 年。

主要参考文献　　251

「国務院辦公庁関於進一歩做好農民工培訓工作的指導意見」国辦発(2010)11 号，2010 年。
「教育部関与確定第二批全国社区教育示範区的通知」教職成函(2010)9 号，2010 年。
「教育部辦公庁関与増補湖北省武漢市武昌区等 5 個区為全国社区教育実験区的通知」教職
　　成庁函(2010)14 号，2010 年。
「香港社会福利的長遠規劃(諮詢文件)」社会福利諮詢委員会，2010 年 4 月。
「国務院批転中国残疾人事業"十二五"発展綱要的通知」国発(2011)13 号，2011 年。
「上海市教育委員会関於印発『2011 年上海市終身教育工作要点』的通知」滬教委終(2011)
　　1 号，2011 年。
「教育部辦公庁関与公布第五批全国社区教育実験区名単的通知」教職成庁函(2013)8 号，
　　2013 年。
「教育部関与確定第三批全国社区教育示範区的通知」教職成函(2014)2 号，2014 年。
「教育部関与公布第六批全国社区教育実験区，第四批全国社区教育示範区名単的公示」教
　　職成函(2016)10 号，2016 年。

【現地調査資料】

香港教育統籌委員会『終身学習・全人発展』2000 年。
黒竜江省就業局『黒竜江省創業与創業培訓成果報告書』2005 年。
黒竜江省就業局『就業・再就業培訓経験材料集』2005 年。
上海市推進学習型社会建設指導委員会辦公室『建設上海学習型社会』2007 年。
浙江省奉化市 X 街道辦事処『和諧 L』2007 年。
哈爾濱市就業局「哈爾濱市再就業培訓基地介紹」2008 年。
寧波市海曙区教育局・寧波市社区教育会議交流資料「加強統籌，全面推進，努力構建区域
　　特色的社区教育発展模式」2008 年。
寧波市海曙区社区学院「海曙社区学院工作匯報」2008 年。
楊浦区労働局「楊浦区失業者情況一覧表—D 街道」2008 年 12 月。
W 街道辦事処「培植"失土農民城市化工程"促進城郊社区和諧発展」2010 年。
W 街道辦事処「家門口的培訓：W 街道失土農民培訓介紹」2010 年。
W 街道辦事処「寧波市 W 街道失業人員基本情況統計表」2010 年。
寧波市海曙区教育局「海曙区 2009 年社区教育工作総結」2010 年。
寧波市海曙区教育局「風景這辺独好：寧波市海曙区社区教育 10 大"亮点"」2010 年。
寧波市海曙区社区学院「海曙区社区居民学習需求情況調査問卷匯総表」2010 年。
寧波市海曙区社区学院「新市民家庭情況及学習培訓需求調査匯総表」2010 年。
上海市閘北区教育局「閘北区社区学校及居民委員会課程一覧表」2010 年。
楊浦区 D 街道事務受理服務中心「2010 年補貼培訓目録」2010 年。
奉化市 X 街道社区学校「建設外来農民工学習型社区研究綱要」2011 年。
「寧波市 2010 年 W 街道各類人群培訓匯総表」2011 年。
「奉化市 2011 年度農村労働力培訓指導性計画」2011 年。
「X 街道 2011 年農村労働力素質培訓工作総結」2012 年。

「H 社区教育工作站教師授課表：2013 秋季班」2013 年。

上海市精神文明建設委員会辨公室・上海東方社区学校服務指導中心・華東師範大学終身教
育研究中心「2012：上海社区学校発展報告」2013 年 6 月。

香港小童群益会「香港児童統計数字 2013」2013 年 11 月。

香港青年協会・青年研究中心『青少年問題研究系列：穿梭両地—跨境学生的学習与成長需
要研究』2014 年 2 月。

【インターネット資料】＊アクセス日は本文該当箇所に記入

明愛社区与高等教育服務

　http://www.cches.edu.hk/chi/main_page/index.aspx

上海市智障人士「陽光之家」指導中心

　http://www.shdisabled.gov.cn/clinternet/platformData/infoplat/pub/disabled_132/
ygzjshouye_13103/

人民日報

　http://wangguochun000.blog.163.com/blog/static/13563562520135645936883/

楊浦区政府

　/html/website/website/list/http://www.shyp.gov.cn

中国統計局

　http://www.stats.gov.cn/tjfx/fxbg/t20120427_402801903.htm

あ と が き

　本書は中国の変動期における失業をはじめとする労働と福祉の問題と都市部における新たな成人教育の実践をリンクさせて取り上げたものである。グローバリゼーションが進み日々変化しつつある世界では，どの時期でも変動期と呼び得るが，本書における変動期は主に計画経済体制から市場経済体制への体制転換期，及び今日的に都市化，工業化が目まぐるしく進む時期を意味する。本書の表紙写真（筆者がフィールド調査を行った舟山市の漁港風景）にあるように，手前の港に泊まっている伝統漁船と後ろの都市に向かっている現代漁船，さらに遠くにかすんで写っている現代の高層ビル等々が，漁村コミュニティと都市コミュニティとの対比，および都市化が人々の職業や生活様式にもたらす変化を生々しくえぐり出している。

　近代の産業社会が形成されて以来，教育と労働は表裏一体の関係にある。それは社会教育・成人教育の領域においては，成人にとっての職業（労働）と自立（人間形成）として現れると言える。そのような意味で本書で取り扱われるテーマは，一方では，社会教育の主体に欠落してきた労働者の教育を位置づけ直すことで，社会教育の本質論の検討に意味を持つものであり，他方では，従来の労働問題に社会教育領域で重視されてきたコミュニティの視点や人間形成の視点を加えることで，労働市場との対応関係を超えた労働者教育の本質論の検討に意味を持つものになると考えている。そのような背景のなか，従来から労働との関連性が強く，特に現代の政策，制度，実践等の多くの面において模索期にあり，様々な可能性を秘めている中国の成人教育の展開を取り上げた本書が，日本の社会教育においても世界の成人教育においても，国際比較研究の発展に微力を捧げられれば幸いである。ぜひご批判をお寄せいただき，本書をきっかけに社会教育・成人教育と労働に関する議論を

深めていただければ幸甚の至りである。

　筆者の初めての単著としての本書を世に問うに至るまで，様々な苦慮があったり，多くの方々に多大なお力添えをいただいた。筆者の取り組んできた経緯をご紹介させていただき，またそのなかでお世話になった方々へお礼を申し上げたい。

　研究をするということは，ときには熱くなったり，ときにはその意義を疑ったり，矛盾する気持ちを抱えつつ進めていくものだと感じている。しかし，気持ちが動揺しながらも，確信も持ち続けられるブレない軸を持って研究生活を送りたかった。そんな気持ちで教育と労働という近代社会の基本テーマに取り組んできた。

　筆者が生まれ育った鶴崗市(中国黒竜江省)は，炭鉱の町である。1つの国有大企業で支えられてきた町であった。筆者が子どもだったせいか，企業と行政の区別もあまりつかなかった。10歳の頃，よく「下崗(レイオフ)」という言葉を耳にした。昨日までまわりに羨ましがられる良い生活を送っていた親戚や近隣のおばさんがいきなり仕事を失い，おばあさんの家で涙を流しながら生活の苦しい思いを語っていた様子は今でも鮮明に覚えている。労働の権利が奪われることは生きる権利が奪われることに等しいなどとは，きっとあの頃は考えることができなかったが，側から生々しく感じていた。研究テーマを決める際も，きっとそれが心のどこかで働いていただろう。

　本書は筆者が名古屋大学大学院教育発達科学研究科に提出した博士学位論文「中国における就労・自立支援に関する研究—社区教育の再就職訓練と就労支援を中心に—」の内容，また，筆者が研究代表者となる科学研究費補助金(若手研究(B)「地域における失業者への教育的支援に関する中国，香港と台湾の実証的比較研究」課題番号 15K17345)の研究成果の一部に基づき，加筆修正を行ったものである。

　博士論文の執筆や本書の刊行に至るまでは，九州大学の研究生時代からの指導教員だった松田武雄先生(名古屋大学名誉教授・中村学園大学教授)の指導をなしには成し遂げられないものである。心から深謝を申し上げたい。松田先生は筆者が日本に来てから最初の指導教員であったが，ちょうど筆者が

あとがき　255

大学院修士課程に入った頃，松田先生が九州大学から名古屋大学に異動される
ことになった。それで筆者も博士課程では名古屋大学の生涯・社会教育研
究室に入り，博士学位を取得するまで終始松田先生に師事した。松田先生は
ときには厳しい研究指導をしてくださったり，ときにはやさしいお父さんの
ように励ましてくださったり，一張一弛で育ててくださったおかげで，研究
が続けられた。現在でも国際比較共同研究を一緒にさせていただいており，
引き続き恩師の下で学ばせていただくことを，実にありがたく感じている。
　名古屋大学在学中，寺田盛紀先生（名古屋大学名誉教授・岡山理科大学教
授）にも大変お世話になった。寺田先生がご退職される直前まで博士論文の
執筆，審査指導をしてくださり，大変ありがたかった。寺田先生の厳しいご
指摘のおかげで，研究の精度が高まった。大変感謝している。
　博士論文の指導・審査にあたって，河野明日香先生（名古屋大学准教授）に
も大変お世話になった。河野さんは筆者の指導教官でもあるが，九州大学の
時からの先輩でもあった。公私を問わずいつも相談に乗っていただいたり，
お姉さんのような存在であった。また，何よりたくましい女性研究者として
ロールモデルを見せてくださった先輩である。そして，院生時代に指導教官
になってくださった岡幸江先生（九州大学准教授），李正連先生（東京大学准
教授）にも大変お世話になった。ありがとうございます。
　たくさんの書籍を出版して，中国の社区教育・生涯教育を教えてくれた呉
遵民先生（華東師範大学（中国上海）教授）にも感謝を申し上げたい。本書の基
礎をなす現地調査，特に上海市の調査では呉先生に調査先をつないでいただ
いたおかげで，博士論文の執筆及び本書の刊行ができた。呉先生をはじめ，
現地調査にご協力いただいた数え切れないほど多くの調査協力者に感謝を申
し上げたい。
　九州大学，名古屋大学では名前を挙げきれないほど数多くの先輩，後輩に
もお世話になった。暖かく受け入れてくれて，助けてくれているみなさんに
感謝している。特に九州大学でも名古屋大学でもずっと一緒だった先輩，一
緒に遊んでくれた酒友，一緒に徹夜して論文を書いたり，研究の悩みについ
て議論してくれた研究仲間，たまには喧嘩もする兄弟のようだった農中至さ

ん(鹿児島大学准教授)に特別に感謝したい。また，科研費などの申請にいつもご助言いただき，そのノウハウを教えてくださった丹間康仁さん(帝京大学講師)にもお礼を申し上げる。

北海道大学に来てから研究の仲間に暖かく受け入れてくださった宮崎隆志先生(北海道大学教授)，辻智子先生(北海道大学准教授)にも出版や助成金の申請にあたって何度も相談に乗っていただいた。ご助言をいただいたおかげで，科研費の研究成果公開促進費と北海道大学の学術成果刊行助成との２つの助成金の下で本書の出版ができた。助成金を受けることは，本書の出版の実現のために大変ありがたいだけでなく，何よりも筆者にとっては研究の励ましになった。今後も引き続き身を締めて取り組んでいきたい。

また，様々な調整が必要ななか，本書の出版を引き受けてくださり，そして最後まで念を重ねて作業を進めていただいた北海道大学出版会の今中智佳子さんにも深く感謝を申し上げたい。

日本に来てから出会ってきた多くの方々が多大な影響を与えてくださった。それは一々挙げきれないが，筆者の研究にも研究以外にも様々な形で反映されているのではないかと信じている。特に，それらは，留学を無条件で支えてくれた家族なしには，すべての土台が成り立たなかった。一人っ子である筆者をカッコよく手離してくれた両親に感謝に再感謝。そして，両親が共働きで多忙だったため，筆者はいわゆるおばあちゃん子だ。大好きなおじいさんとおばあさんにも感謝。院生時代におじいさんが往生した。博士になったこと，就職したこと，本書の出版など，人生の多くの出来事を見せることができなくなり，寂しい思いもしているが，子どもの頃から学ぶ習慣を身につけさせてくれたおじいさんがいたからこそ，この道に進むことができたと思う。そして戦時中に苦しい思いをしていたおばあさんも，孫の留学を躊躇なく応援してくれて，何度も孫に会いに日本を訪れてくれた。様々なことを柔軟に受け入れているおばあさんは，筆者に研究以外にも留学の意義を実感させ，国際理解のための架け橋になることを決意させてくれた存在だ。この場を借りて家族に感謝の意を表したい。

以前から大変お世話になった Juha Hämäläinen 先生(University of East

Finland（フィンランド）教授）に筆者が博士学位を取得したことをご報告した際，こう返事してくださった。「Congratulations for Ph.D. We say that it is a driving license in the traffic of research」。Ph.D を取ることは決して研究の道での頂点でも終点でもなく，一人前の研究者としてその道を進むための免許に過ぎないことをズバッと教えてくださった。この言葉を胸に刻んで，今後とも運転技術を磨きながら研究の道に沿って前進したい。本書の出版を出発するための里程標としておきたい。

〈付記〉本書は平成 30 年度科学研究費助成事業「研究成果公開促進費（学術図書）」（課題番号 18HP5216），および平成 30 年度国立大学法人北海道大学「学術成果刊行助成」の助成を受けて出版されるものである。

索　引

ア 行

アウトリーチ　214, 218
育児　152
移住者　83, 91, 100
居場所　181, 217
上原一慶　8

カ 行

改革・開放　32
街道　4, 80, 81
街道辦事処　81
外来嫁　100
学歴教育　6, 203
家庭教育　158
幹部教育　4
起業訓練　58
企業内教育　114
旧工業地帯　54
教育資源の合理化　11
教育的支援　1, 2, 7
教育と福祉　217
教育と労働と福祉　182, 236, 237
教育福祉　183
共同体　3, 12, 28, 29, 148
居民委員会　82
計画経済　35
計画経済体制　30, 31, 113
継続教育　6, 12, 35, 39, 41, 113, 199, 200, 235
県　4, 80
現代企業教育制度　112
郷　4, 80
公共就職支援サービス　38
向上訓練　35, 41, 113
国有企業改革　5, 37, 113
呉遵民　12, 236
戸籍　109, 137
子育て　128, 131, 151-153

コミュニティ　198, 201

サ 行

再就職サービスセンター　33, 36, 49
サービス業　140, 142, 154, 236
事業単位　37, 56, 86
市場競争主義　199
市場経済体制　113
自治　124, 126, 128
失土農民　137
実用性　12, 16
実利主義　8
社会主義　12, 30
社会主義生涯教育論　12, 16
社会福祉サービス　197-199
社会福祉事業　197, 198
社会福利署　193
社会文化・生活教育　35, 39
社区　3-5, 38, 80-82
社区学院　85, 86
社区学校　85, 88, 90
社区教育　2-4, 6, 7, 11, 12, 38, 39, 83, 201
社区教育委員会　6, 38, 82, 149
社区教育コーディネーター　148
社区教育実験区　84
社区教育職員　87, 89
社区教育モデル区　84
社区建設　12, 37, 88, 159, 167, 183, 236
社区自治　130
社区就職　179
就職指導　211
集団就職活動　211
自由放任主義　189
住民教育拠点　85, 93
住民自治　16
就労困難者　1, 7, 17, 18, 161, 184
生涯学習　200
生涯教育　6, 7, 10, 13, 83, 158, 200, 235

生涯教育システム　　85
生涯教育論　　12
職員　　88
職業教育　　9, 10, 13, 39, 112, 157, 200
職業準備教育　　163
職業リハビリテーション　　172, 177
植民地　　189, 197
職工教育　　4, 5, 11, 34, 35
自立　　163, 217
資歴架構　　200
新移民　　195
新規労働力　　10, 32
人力資源社会保障局　　56
スクール・ソーシャル・ワーカー　　190, 196
成人教育　　2, 4, 5, 7, 8, 11-13, 39, 112, 199, 236
成人高校　　151
セーフティネット　　11, 16, 39, 213
潜在就職　　48
双証制　　121, 151
双補教育　　34, 112

タ　行

大学専科　　51, 57, 113, 181
単位　　28, 31
地域産業　　142, 159
地域づくり　　142, 236
地域連携　　159
鎮　　4, 80
通学自動　　196
低学歴青年　　193, 194
出稼ぎ労働者　　1, 91, 109
統包統配　　29, 30, 32
独学受験　　86, 122
特殊教育　　162

特殊教育学校　　164

ナ　行

乳幼児教育　　154, 158

ハ　行

犯罪　　192, 194
半失業者　　1
非学歴教育　　203
非行　　192, 194
非政府組織　　204
ファミリー・プランニング　　100, 122, 124
文化宮　　118
放送大学　　86
補償教育　　5, 35, 112
香港出産ブーム　　195

マ　行

牧野篤　　6, 11, 12, 113, 114, 118
末端組織　　82
マルクス主義　　12

ヤ　行

山田美香　　189
ユース・サービス・センター　　196
ユース・ワーク　　190, 192, 204
余暇教育　　41
余暇大学　　85

ラ　行

リカレント教育　　113
レイオフ労働者　　1, 38, 53
労働予備教育　　56, 66

肖　蘭 (Xiao Lan, しょう　らん)
1987 年, 中国黒竜江省生まれ
2015 年, 名古屋大学大学院教育発達科学研究科博士後期課程単
　　　位取得満期退学
博士 (教育学) (名古屋大学)
現在, 北海道大学高等教育推進機構特任助教
専門領域は, 社会教育学, 成人教育学, キャリア教育学

現代中国の就労・自立支援教育
都市コミュニティにおける労働・福祉と成人教育

2019 年 2 月 28 日　第 1 刷発行

著　者　肖　　　蘭

発行者　櫻　井　義　秀

発行所　北海道大学出版会
札幌市北区北 9 条西 8 丁目 北海道大学構内 (〒 060-0809)
Tel. 011 (747) 2308・Fax. 011 (736) 8605・http://www.hup.gr.jp/

㈱アイワード／石田製本㈱　　　　　　　　　© 2019　肖　　蘭

ISBN978-4-8329-6848-6

高等継続教育の現代的展開 ―日本とイギリス―	姉崎　洋一　著	A5・288 頁 定価 6000円
排除型社会と生涯学習 ―日英韓の基礎構造分析―	鈴木　敏正　編著	A5・300 頁 定価 5800円
地域づくり教育の誕生 ―北アイルランドの実践分析―	鈴木　敏正　著	A5・400 頁 定価 6700円
地域づくりと生涯学習の計画化	山田　定市　編著	A5・568 頁 定価 9500円
繊維女性労働者の生活記録運動 ―1950年代サークル運動と若者たちの自己形成―	辻　　智子　著	A5・508 頁 定価 9000円
近代日本の夜間中学	三上　敦史　著	A5・466 頁 定価 8200円
日本植民地下の台湾先住民教育史	北村　嘉恵　著	A5・396 頁 定価 6400円
満蒙開拓青少年義勇軍史研究	白取　道博　著	A5・272 頁 定価 5400円
近代沖縄における教育と国民統合	近藤健一郎　著	A5・358 頁 定価 5800円
近代日本の水産教育 ―「国境」に立つ漁業者の養成―	佐々木貴文　著	A5・370 頁 定価 8000円
日中の少子高齢化と福祉レジーム ―育児支援と高齢者扶養・介護―	郭　　莉莉　著	A5・290 頁 定価 5800円

〈価格は消費税を含まず〉

北海道大学出版会